国家社会科学基金项目“冷战后美国两洋同盟演化与国际格局转型研究”（批准号：13CKS029）

钮维敢　等著

冷战后美国两洋同盟演化与国际格局转型研究

中国社会科学出版社

图书在版编目（CIP）数据

冷战后美国两洋同盟演化与国际格局转型研究／钮维敢等著.—北京：中国社会科学出版社，2020.8

ISBN 978-7-5203-6168-2

Ⅰ.①冷… Ⅱ.①钮… Ⅲ.①美国对外政策—研究—亚太地区 Ⅳ.①D871.20

中国版本图书馆CIP数据核字(2020)第084654号

出 版 人　赵剑英
责任编辑　许　琳
责任校对　闫　萃
责任印制　郝美娜

出　　版　中国社会科学出版社
社　　址　北京鼓楼西大街甲158号
邮　　编　100720
网　　址　http://www.csspw.cn
发 行 部　010-84083685
门 市 部　010-84029450
经　　销　新华书店及其他书店

印　　刷　北京君升印刷有限公司
装　　订　廊坊市广阳区广增装订厂
版　　次　2020年8月第1版
印　　次　2020年8月第1次印刷

开　　本　710×1000　1/16
印　　张　16
字　　数　270千字
定　　价　98.00元

凡购买中国社会科学出版社图书，如有质量问题请与本社营销中心联系调换
电话：010-84083683

序　言

作为国家社科基金项目成果的《冷战后美国两洋同盟演化与国际格局转型研究》（美国太平洋双边同盟体系与北大西洋同盟体系，简称两洋同盟），是钮维敢教授冷战遗留问题学术体系的承上启下的一部著作，因为，它是继钮维敢攻读博士及博士后研究完成东亚冷战遗留问题研究之后，立项的国家社科基金青年项目“冷战后美国两洋同盟演化与国际格局转型研究”的课题成果，接续又立项了国家社科基金一般项目“冷战后资本主义阵营衍化及其影响研究”，并在此课题办理结项前夕，又中标国家社科基金重大项目“‘一带一路’遭遇的冷战思维挑战及应对研究”；且因为美国两洋同盟、资本主义阵营、冷战思维，都是较为标准的冷战遗留问题，所以这部著作是钮维敢教授在冷战遗留问题研究上的系列国家社科基金项目的阶段性成果之一。

冷战结束以来，学术界对冷战遗留的美国两洋同盟与当代国际格局变化及其性状的相关研究，可谓汗牛充栋，而《冷战后美国两洋同盟演化与国际格局转型研究》另辟蹊径，把维护中国国家利益与促进人类文明发展相互协调作为研究导向，较客观地对问题进行了系统的论述，闪现出较为鲜明的个性化学术亮点。

首先，该著作的研究视角较为新颖、有效且方法多元。在研究视角上，作者针对当代美国两洋同盟和国际格局的由来都与冷战有着重要的历史继承及现实变迁的关系，采用了冷战遗留的视角，有效地检验了国内曾经十分流行的学术判断“当今国际格局多极化趋势明显”是非科学的，并深刻剖析了美国整合两洋同盟，分化瓦解多极化力量，是基于冷战机制在国际矛盾发展中的残存与“复兴”而推进单极化诉求的外交实践。在论证方法上，该研究采用经济数学方法，借助博弈论、数据挖掘、建模以及大量图形和表格，把美国意向下现存秩序的“威胁”与优化同盟的实践自然地桥接，而不是强行捏合，来剖析国际格局转型与美国两洋同盟演化及其根源；将研究对象置于数理归纳与推导论证中，挖掘出其核心要素冷战思维及其实践的本质属性。

其次，该著作借助其前期研究成果界定的冷战概念、冷战遗留问题，梳理其他概念，并定义了美国重返亚太与亚太再平衡战略，且联系到特朗普政府的印太战略对当前国际格局的多重影响；更为重要的是，作者与时俱进地通过解构霸权护持概念，创造出一个新概念安全护持并进行了假设论证，用于对相关问题进行更深入的探讨，增强了本书创新度和解释力；本书在目标、功能、成员关系、角色定位与未来趋势等方面比较了冷战结束之前与之后美国两洋同盟的变化，详细分析了其历史、现状及特点等，大致由三大板块形成逻辑回路，构成较为完整的学术系统。第一大板块，从军事安全与经济发展两个方面论析了美国两洋同盟影响当代国际格局转型：美国两洋同盟是因为冷战而产生的，直接构成两极中的一极资本主义阵营且为其服务。冷战结束以来，美国两洋同盟仍然存在，成为美国单极化诉求的主要外在依靠力量。从美国老布什政府到特朗普政府执政期间，美国两洋同盟变得更加具有扩张性，其两洋军事同盟不断得到优化，而且北约不断东扩，与美国“重返”亚太及国际金融危机之后的亚太“再平衡”战略相得益彰，构成了国际格局新冷战的态势，直指中国与俄罗斯等被美国认定的现实对手，与多极化力量角逐。并且，在国际金融危机爆发之后，美国主导打造两洋经济同盟 TPP 和 TTIP，为保持和扩大美国的国际经济格局领导权服务，制定新规则，创设新机制，并对外扩张与渗透，改造现有国际经济格局，迟滞新兴国家经济发展，围堵和遏制中国崛起，萎缩中国的国际经济影响力。特朗普政府执政以来，尽管美国两洋同盟的凝聚力有所弱化，离散倾向较为明显，但是，其基本框架仍未动摇，在同盟内部争执加剧中依然运行。第二大板块，当代美国借助两洋同盟引领单极化国际格局变动态势并与多极化力量竞争：基于自身实力与具体国际问题上的外交与安全空间来优化同盟力量，吸引中间游移力量，形成巧实力，与要求多极格局趋势的力量博弈；北大西洋同盟是美国全球战略的强大稳定器，亚太同盟是美国操控冷战遗留问题热度的调温器与介入亚太事务的抓手。两洋同盟相互策应，维护美国超级大国地位与“领导权”，极力构建美国单极霸权。第三大板块，当代国际格局变化对美国两洋同盟的影响具有两面性：其一是，全球经济重心转移，尤其是非资本主义特色的社会发展模式蓬勃兴起，在外向竞争上，一定程度地刺激使发达资本主义国家间在自由、民主及价值观的认同上出现抱团倾向；冷战经验与冷战思维，是最难清除的冷战遗留，造成当今美国政界的安全观严重冷战化，不利于多极化力量凝聚，却有利于美国两洋同盟的存续；其二是，全球经济格局变化也有不利于美国凝聚两洋同盟的一面，因2008 年以来的金融危机，致使美国经济阶段性相对衰退，欧洲深陷主权债务危机、韩日等国经济提振较为乏力，加剧了它们对新崛起经济体的依赖。从当前全球新冠病毒疫情灾害中的美国联合日本从中国撤资将生产型企业搬家回流的举动看，美国作为单极化力量，也明显地认识到对中国经济依赖程度严重会影响其维护和扩大霸权。在这一点上，从成书时间和论述内容及当今新冠肺炎疫情全球爆发进行综合考量，也说明该专著具有较强的前瞻性。

再次，该研究成果逻辑性强。该成果基本上是围绕着当今国际格局单极化力量与美国两洋同盟的共同轴心理想主义与现实主义矛盾的畸形结果——冷战思维，展开论证，将理论与事实相结合，对相关美国两洋同盟与当代国际格局变化的国际关系进行国际政治经济学分析，同时穿插地采用哲学与历史学相结合的系统研究方法来剖析其中的冷战思维和“中国威胁”论、解构民主和平论；持续跟踪国际时事，对美国的两洋同盟发展和国际经济政治格局的短期震荡与趋势进行溯源，将最新的时事动态与本研究内容进行比照。整个成果分为经济与政治两大板块，相得益彰，实现了彼此融合与映证，一定程度上能为人们提供一条理路较为通畅、逻辑较为严密的当代国际关系认知框架。

另外，该研究成果还形成了一些学术创新观点和思辨理路。其中，让人耳目一新的是创建出关于国际格局的分析模型，认为当代国际格局处于单极化趋势与多极化趋势并存状态，并将其中的力量结构划分为单极化力量和多极化力量及介于两者之间的中间游移力量。据此，对冷战结束以来的美国两洋同盟与国际格局之间关系的分析及得出的论断，具有很强的解释力。因此，该成果对推进研究当代资本主义国际同盟发展趋势及其对发展中国家的影响，为人们客观认识当今国际格局打开了一个较为科学有效的学术窗口。

钮维敢教授主持的国家社科基金项目成果《冷战后美国两洋同盟演化与国际格局转型研究》从完成课题书稿提交申请结项到 2020 年 1 月最后校稿即将付梓，历时五年反复修订与完善。如今恰逢全球新冠肺炎疫情暴发，世界绝大多数国家深陷于这场人类灾难中，而美国两洋同盟的众多成员国，在全球抗疫中表现出的聚散离合以及其中的主要大国与新兴国家的复杂关系态势，也映证了这部著作中的许多观点；联系前述，该著作具有较强的学术启发性。

然而，任何研究成果都不是尽善尽美的，该部著作也同样存在可以进一步完善的地方。

比如，该研究成果在材料使用上，没有使用日语、法语、德语及俄语的原有研究成果，只是使用了一些翻译的文献或其他间接材料，这与课题的研究团队不懂这些两洋同盟成员国的母语有极大的关系，如果能引用这些国家的母语原文文献，无疑会有助于提高论据的说服力。在此，我们也希望钮维敢教授在推进后面的课题研究中，对研究团队加强多元化外语能力的提升。

再比如，关于国际格局在 21 世纪的变化趋势，目前国内外学术界存在不同的观点，其中有一些学者认为当今世界存在较为明显的两极化趋势，且也有一定的理论说服力，值得本书作者们关注和借鉴。而本书建构的国际格局两种趋势三支力量的说理，还没有对其进行假设论证与验真的学理推演，还需要在接续课题研究中进行补充和完善。

瑕不掩瑜，懂得不完美才可能助益后继研究日臻完善，但愿该著作及其接续研究能够助推相关冷战遗留问题的学术体系升级并更上一层楼。

金灿荣

2020 年 5 月 8 日

自　序

本书研究冷战后国际格局演化历程，得出自己对当今国际格局变化态势的个人判断，发现美国借助两洋同盟引领单极化国际格局变动态势：基于自身实力与具体国际问题上的外交与安全空间拓展来优化同盟力量，吸引中间游移力量，形成巧实力，与要求建立多极格局趋势的力量博弈；大西洋同盟是美国全球战略的强大稳定器，亚太同盟是美国操控冷战遗留问题热度的调温器与介入亚太事务的抓手。两洋同盟相互策应，共同维护美国超级大国地位与“领导权”，极力构建美国单极霸权，尽管特朗普政府执政以来，美国在对其全球同盟体系的态度上发生了与往届政府不同的政策波动，但这却并不影响美国谋求霸权及其与同盟关系的整体状况及未来走向。

首先，关于课题来源

作为国家社科基金项目结项成果，本书的核心思想在立项前就经历了两站博士后研究的酝酿，期间不断把零散的新发现和新思考尝试着申请种种基金项目，获得两个省社科基金规划项目、两个中国博士后科学基金项目及其他课题的立项，并在推进这些研究的进程中，优化和提升原有成果的理论，最终酝酿出这本专著的核心思想，于2013 年获得国家社科基金立项。之后获得江苏省政府留学奖学金资助并于 2014 年下半年赴美国首都的威尔逊研究中心专门研究本课题，形成本书初稿。

长期以来，我们一直专注于冷战遗留问题演变态势及其影响。该研究成果的选题源自对当代资本主义发展趋势与国际关系变化这个领域，而选取美国两洋同盟在国际格局中的角色及其对国际格局的影响，无疑将当代资本主义阵营作为国际格局演进的重要影响者的核心部分抽取出来，以此来论证要旨。

其次，关于视角、思路与方法

在该研究成果的多视角中，我们继承了前期成果中的冷战遗留视角。它在本书中不仅被旗帜鲜明地使用，而且非常有效地将历史与现实巧妙地衔接，这是因为这种视角对作为冷战遗留物的美国两洋同盟及当今国际格局中频繁出现的冷战现象，有着很强的解释力与穿透力。

该成果以贯穿美国两洋同盟、美国全球战略与当代国际格局转型中的冷战思维因素，作为论证内容的轴线，然后分别在研究军事政治安全板块中融入必要的经济论证，在经济板块的研究中适当辅以必要的军事安全因素分析，这两大板块的有机联系被纳入研究两洋同盟运行与国际格局的彼此影响中，从而形成了本书的脉络和论证框架。

该成果采用了多种论证方法来分析国际格局转型与美国两洋同盟演化的关系及根源，其中，较为突出地借助经济数学的论证技巧，采用了数理统计的挖掘与模型及模式图、趋势图、对比表等综合方法，并结合逻辑推理与历史、现实佐证的方法，希望能有效地剥离出美国意向下现存秩序存在的“威胁”与优化同盟的根本原因，点明其带来的种种负面影响，为中国的应对设计了许多建议性的策略与战略。

再次，关于作为

本研究论证了当代国际格局变化对美国两洋同盟影响的两面性：全球经济重心转移，尤其是非资本主义特色的社会发展模式蓬勃兴起，在民主与价值观认同上影响发达资本主义国家间出现抱团倾向；冷战经验与冷战思维，是最难清除的冷战遗留，造成资本主义世界的安全观严重冷战化，不利于多极化力量凝聚，有利于美国两洋同盟的存续；全球经济格局变化也有不利于美国凝聚两洋同盟的一面，因2008年以来的金融危机，致使美国经济阶段性衰退，欧洲深陷主权债务危机、韩日等国经济提振乏力，加剧了它们对新崛起的经济体发展的依赖。

在对文献梳理与历史、现实对比中发现问题，论证出“当代国际格局多极化趋势明显”这个判断的非科学，提出新的结论——当代国际格局处于多极化趋势与单极化趋势并存的三支力量角逐的态势中。从宏观上论证了冷战遗留的美国两洋同盟在当今国际格局中的经济政治与军事角色，并考察了美国利用两洋同盟进行单极化外交的实践及其带来的影响，也论证了当代国际格局对美国两洋同盟运行的制约性一面；在中观上，该成果首先从战略行为模式的选择上考察了美国及其两洋同盟的战略行为与国际格局的关系，创建出一个新概念及其理论——美国安全护持行为战略，有效地辅证了上述宏观论证所得观点的科学性，然后，沿着这个思路，该成果又分别从经济的 TPP 和 TTIP 及其后继变化、军事安全领域的乌克兰危机、美国亚太“再平衡”战略及亚太安全困境上较为详细地论证了美国两洋同盟的国际角色及其与国际格局变化的关系；在微观上，该成果研究了 2014 年北约峰会及其影响，对人们关于东亚地区领土主权争端上的冷战遗留问题与“二战”遗留问题的区分模糊与错误认识进行了界定和澄清，最后，该成果还梳理并考察了当今学界争论的国际格局是否存在新冷战的问题，认为已经出现了新冷战的苗头。

最后，存在问题及预想

一是虽然该成果的论证已经较为完善与有力，但有学界同人认为，似乎选题的题目字数太多，显得题目太长。建议作者在与有关主管部门沟通并得到其允许后，考虑是否精简浓缩题目，替换为更精练醒目的题目。对此，等我们再加深思熟虑后，如果确实需要改变题目的话，等将来修订再版的时候，我们将适时改变之。

二是由于该书是国家社科基金结项成果，实际完成于 2015 年 6 月。但紧接着美国总统大选，到 2016 年初美国特朗普总统上台，很多涉及美国的问题在形式上都发生了重大变化，如特朗普退出 TPP 并冷却 TTIP、退出巴黎气候协定等，因此，本书对此做了一些说明，但还来不及进行详细论证，只能在姊妹课题 2016 年 6 月获得立项的国家社科基金项目“冷战后资本主义阵营衍化及其影响研究”，及 2019 年度国家社科基金重大项目“‘一带一路’遭遇的冷战思维挑战及应对研究”中进行详论。

三是该选题涉及美国重要的盟国日本、韩国、法国、德国等，安全上明显涉及俄罗斯，但我们由于语言能力有限，没有使用日语、韩语、法语、德语及俄语的原文文献。未来我们会尽力创造条件，希望能直接从这些文献中选用证据资料，力争使该成果的学术支撑更加厚重牢实。

四是个别句子可能因为是从外文引用时直接翻译过来的原因，虽然意思明了，但不一定太符合中文语句的习惯，其中一定还有待精细提炼与润色的部分。

总之，撰写这本专著，是爱好驱使下，不擅长人云亦云、力图有所为，但限于我们的能力与经验，只能表达我们的浅见，或许中间还有一些错谬，我们会在后继研究中认真对待其中的问题，并将优化此书的论证。

前　　言

本书是国家社科基金课题研究成果，专门研究冷战结束以来，尤其着重研究国际金融危机爆发以来的国际格局变化与美国两洋同盟发展态势、影响及中国的关切。

一　理论与现实

本书是国家社科基金项目成果，立足于课题主持人十多年研究积累的基础之上，在梳理现有研究成果、历史史料与当今国际关系状况中，发现了一些约定俗成的观点存在着误区，并对其进行了纠偏。

在研究本课题过程中，作者重新对当今国际格局性状进行探索与补正，得出新的结论——当代国际格局处于单极化趋势与多极化趋势并存，且其相应的单极化力量与多极化力量之间还存在一个中间游移力量，即两种趋势三支力量处于角逐、竞争中；作者还创建出这种态势的直观模式图以助说明。

在理论上，本研究借鉴霸权护持理论并在此基础上进行了再创造，形成了安全护持理论。并对这个安全护持概念进行了逻辑上的理论假设，然后结合美国和其领导的同盟在亚太地区的角色变化及其形成的复杂国际关系，对假设进行了推理；又用美国的大西洋同盟关系对这个概念进行延伸解读与检验，再用相对微观一点的国际关系南海争端问题进一步加以验证，创新了相关新概念的完整论证过程。

二　结构与视角

第一，本研究除了进行总体的一个相关学术研究现状的述评之外，还有一个重要环节是，对每个重要的子论题，几乎都进行了个案性的相关研究述评，所以，本书的很多章节都出现前半部分的理论探讨，然后结合这样的理论综述与评价，围绕研究重点，有针对性地拿出相应个案展开了更为细致的微观论述。

本研究既重视美国两洋同盟的军事安全方面，也同样重视其经济方面，将美国两洋军事安全同盟的运行及其对国际格局的影响，与美国两洋经济同盟的构建进程及其带给国际格局变化的影响相结合进行论证。

第二，本课题围绕维护中国国家利益这个立足点，去观察国际格局变化的趋势，并重点研究美国两洋同盟在国际格局中的动态角色及其带给国际、地区与具体国家的影响，将这种影响与中国国家利益间的关系与中国因素对国际格局、美国两洋同盟的影响相合进行双向探究。

从国家利益这个角度，本研究认为，虽然美国两洋同盟在地缘空间上是分离的，但在国际关系的内在构成上，是与美国作为两大同盟体系的最大“股东”有着密切的联系的，而这种联系的一体性特征是被美国外交战略政策与实践所维护的美国国家利益所决定的。

第三，由于美国两洋同盟是冷战遗留的产物，当今国际格局从冷战两极格局结束中进行转变还没有完全定型，且美国依托其两洋同盟继续谋求全球领导权并以许多冷战遗留问题，诸如钓鱼岛问题、台湾问题、南海岛礁主权争端等，作为维持地区乃至全球领导权的支点。因此，本研究从冷战遗留这个视角对其进行了论述，并着重研究了新冷战是否存在。

第四，尽管美国特朗普政府在内政与外交上改变了奥巴马政府的一些做法，但其抛弃同盟的念头难以付诸实践，而且不得不再次回到美国两洋同盟中去为美国谋求海外利益最大化，这只是策略变化。

三　路径与方法

本书所有研究的内容都被纳入国际格局变化态势这个宏观框架内，将美国两洋同盟的历史、现状及结构性矛盾与影响，分别与国际格局变化中的两种趋势三支力量进行动态彼此验证说理，形成从宏观到微观，再从微观到宏观的论证回路。其间采用了历史与现实事件佐证，理论逻辑推理、计量、建模、对比表与直观模式图等，还在一些领土主权争端上采用了国际法的标准，进行综合论证。

四　应对性建议

美国两洋同盟与当今国际格局变化对地区和世界产生影响。针对带给中国的负面影响与挑战，本研究在具体章节中提出较微观的应对建议，也在总体上，提出了全局性的应对建议。

目　录

第一章　导论

第一节　学术建构

一　问题的提出

在理论上，当今国际格局变化是冷战结束以来的一个动态过程，直到如今，国内外关于国际格局与美国两洋同盟的研究虽然成果丰硕，但分歧杂陈。尤其是中国学术界主流学者们大多认为其性状是多极化趋势明显，而且非主流的观点更加复杂纷呈。这些对当今国际格局性状的判定，影响着国内政界及普通民众对国际大势的总体认识，其中形成的舆论误导至今长期存在。这需要对当代国际格局与美国的全球同盟体系进行更加精细的再研究。

在现实上，一来，美国两洋同盟在国际格局转型中的角色及其内部存在的矛盾，是当今国际关系的持续热点；二来，国际格局变化对美国两洋同盟存续的影响，也是受到国际社会关注的问题，这两者互动的大体脉络与未来走势，都影响着中国崛起进程，需要将其厘清并针对未来可能出现的对华挑战预设方案并提出建议。

基于理论与现实上的研究需要，本研究拟对美国的两个跨洋军事同盟及美国近年来主导构建的两个跨洋准经济同盟进行研究，并将其置于当代国际格局变化的大背景下，结合其他重要的国际行为体角色变化，进行综合探讨。

二　国内外相关研究现状及趋势①

1. 国内外相关研究：第一类，只研究格局或美国同盟：（1）只对格局进行研究，有的从地区格局入手来展现国际格局的性状，有的把全球格局作为背景来凸显地区格局，有的将不同地区格局进行对比研究，有的将地区格局分为经济格局与政治安全格局进行比较研究，如认为东亚经济格局的等级关系向不明显的方向变化较大，而安全格局的等级关系明显变化较小；② 对格局的定性及其标准，复杂而矛盾，或认为当代国际格局属复合型格局，其实质是多极化与单极化并存、③ 或认为是单极格局、④ 或认为是“一超多强群弱”格局，但是其内部大国力量对比发生了重大变化，多极化趋势更加强劲，⑤ 或认为已是多极格局⑥等。（2）对美国同盟的历史、现状与发展趋势进行定量、定性或比较研究，对单个同盟研究的较多，对多个同盟研究的较少。结论大相径庭：肯定的观点主要出自联盟成员国的学者，认为联盟有助于国际和平与稳定，是保卫自由世界的关键手段，⑦ 维持当代国际秩序是美国领导世界的使命转嫁为联盟职责的表现；⑧ 而否定观点主

① 本部分内容已发表，见钮维敢、孙灿《当代美国两洋同盟演化与国际格局转型研究概论与学术展望》，《太平洋学报》2014 年第 12 期。

② 周方银：《中国崛起、东亚格局变迁与东亚秩序的发展方向》，《当代亚太》2012 年第 5 期。

③ 赵为民：《理论与战略的集成之作——评〈国际格局论〉》，《现代国际关系》2006 年第 2 期。

④ John Ikenberry, *The Crisis of American Foreign Policy: Wilsonianism in the Twenty-first Century*, Princeton 2009.

⑤ 陈积敏：《美国防部 2010 年有关中国军力的〈报告〉评析》，《现代国际关系》2010 年第 9 期。

⑥ 叶江：《试论跨国社会运动的特点及其对当代国际格局演变的影响》，《上海行政学院学报》2012 年第 3 期。

⑦ The Tokyo Foundation and the Center for a New American Security Study Group on the Future of the Japan-U. S. Alliance, Joint Statement: *Renewing Old Promises and Exploring New Frontiers: The Japan-U. S. Alliance and the Liberal International Order*, Center for a New American Security and The Tokyo Foundation, October 27, 2010.

⑧ Michael O' Hanlon, "Star Wars Retreats? Rethinking U. S. Missile Defense in Europe" *Foreign Affairs*, September 23, 2009. https://www.foreign affairs. com/articles/65420/michael-ohanlon/star-wars-retreats，2013 年 3 月 6 日。

要出自联盟针对国的主流学者，如认为美国的联盟是霸权工具，影响地区格局的平衡与稳定，破坏国际格局多极化与民主化。[①] 第二类，把美国的同盟与国际格局或地区格局结合起来研究：认为联盟是美国主导地区或国际格局的主要手段，为美国的安全与利益的实现和拓展提供保障：（1）从同盟的增力作用与制约作用入手，分析其在维护美国实力和影响上发挥的作用。美国同盟体系不断调整职能以适应形势变化，显现出任务多样化与制衡地区化趋势。美国同盟体系之所以基本原封不动地过渡到21世纪，根本原因在于同盟作为美国重要的权力资源，对维护其全球霸权仍具有至关重要的作用。[②]（2）认为全球政治格局正在发生结构性变化，地缘政治格局发生较大变化，战略中心从大西洋转向太平洋；传统安全重新成为世界的主要矛盾，未来世界体系中的权力博弈将围绕传统安全展开角逐。[③] 第三类，从国际格局的力量结构与大国的影响力方面：（1）研究美国的全球影响力衰落、美国浪费了冷战和平结束所提供的独特全球机遇，同时也考察了美国在恢复活力方面的优势，比如拥有跨洋战略同盟资源，主张美国必须重新确定地缘政治方向，以重塑其全球威望。[④]（2）研究同盟对格局影响：有的学者认为，北约东扩将使美国失去唯一超级大国的地位，世界将更加向多极化方向发展。对欧盟各国来说，基于安全利益可以勉强接受美国的意图，但在经济利益上，将会出现更大的矛盾，以致各国从长远角度来说都不愿接受美国的这种帝国政策。而且，北约的进一步扩大使北约在美国政策中的重要性明显下降，因为要领导一个由26国组成的集团比以前更加复杂，更加难统一意见和

---

① 余起芬：《论影响新世纪国际安全形势的消极因素》（http：//jczs. sina. com. cn），2013年3月4日。

② 孙茹：《美国的同盟体系及其功效》，《现代国际关系》2011年第7期。

③ 中国战略思想库：《大西洋同盟解体太平洋轴心显现未来十年世界格局几大趋势》，《人民论坛》2012年第24期。

④ Zbigniew Brzezinski，“Balancing the East，Upgrading the West：U. S. Grand Strategy in an Age of Upheaval” *Foreign Affairs*，January/February 2012. http：//www. foreign affairs. com/print/134018，2013年3月6日。

作出决定。[①] 有的学者持相反的观点，认为冷战后美国失去了昔日的对手，成了世界上唯一的超级大国，北约东扩又将其军事势力范围大大扩大，北约东扩是美国在地缘政治的变化中构建单极世界的一大战略步骤。北约东扩不仅在军事上，而且在政治上加深了国际关系格局的单极化。此外，北约东扩和北约新战略冲击了联合国维护和平与安全机制，令联合国集体安全机制难以发挥作用。例如：认为美国为了维护其世界霸权地位、维护和扩大在亚洲的经贸利益、防止被排挤出亚洲、围堵中国和俄罗斯，近 20 年来，美国通过北约东扩，将战略重心从欧洲转为欧亚并重，通过阿富汗战争和伊拉克战争，将战略重心从欧洲转向亚洲。[②]

2. 简评：上述研究状况表明：（1）已有成果丰硕，不乏新观点、新视角和新启示，但还鲜见对两洋同盟体系进行对比研究；（2）当代国际格局变化与美国两洋同盟发展有着密切的关联，但多数研究者对两者分别进行考察，而将两者的变化综合比较的研究不多；（3）关于当代国际格局转型与美国两洋同盟演化中大量冷战遗留的现象与问题，还鲜见从冷战遗留视角研究其现实运行与趋势，即便人们认为这是冷战思维作祟，承认其中的一些现象是冷战的活化石，也只是笼统模糊地一带而过，对它们的变化研究只是从时间节点、外在性状进行通识性的讨论，很少见到有关其内在变化的衡量标准与逻辑解读。本研究试图对这些状况进行完善和补正性探究。

这里需要说明的是，到目前为止，由于特朗普政府正式运行时间相对较短，我们无法从短暂的美国新政府外交实践来把握其规律，尽管学术界对美国新一届政府的外交研究较多，但多是时评类成果，现象研究需要更加丰富的案例比照，因此，我们还需对 2017 年初以来美国新政府的外交政策变化及其未来实践进行深入观察，因而没有对这一部分研究成果进行梳理。

---

① 苗花寿：《北约东扩的发展趋势及影响》，《和平与发展》2003 年第 1 期。

② 李长久：《美国全球战略重心东移及其目标》，《亚非纵横》2011 年第 1 期。

三　研究意义及创新之处

（一）选题价值与意义

1. 理论上，建构新的研究视角与较有效的分析框架：（1）在前期成果已梳理冷战与冷战思维概念的基础上，建立判断冷战两极格局瓦解的标准与当今国际格局变化中出现的冷战现象界定尺度，进而探析国际格局变化、冷战遗留问题的判断标准与论证逻辑，并在这个变化中考察美国两洋同盟的历史条件与现实支撑点的差异与联系。（2）抓住冷战遗留问题的核心——冷战思维的特性，分析美国两洋同盟对当今国际格局转型的影响，透视当今学界关注的新冷战问题。

2. 现实上，为人们认清当今美国两洋同盟本质与国际格局变化趋势，提供参考意见：冷战结束以来，美国的两洋同盟体系经历了摇摆动荡期、稳定调整期和优化发展期；在美国“重返”亚太的进程中两洋同盟间的关系逐渐密切并有合流的趋势。而当今国际格局转型正是在美国两洋同盟影响下难以尘埃落定，以至于几次重大的国际事件使多极化发展进程遭受挫折。

（二）创新之处

1. 视角与方法：（1）从冷战遗留的视角看，美国整合两洋同盟，分化瓦解多极化力量，是基于冷战机制在国际矛盾发展中的残存与“复兴”而推进单极化诉求的实践。（2）方法上，通过溯源冷战思维的思想基础和哲学方法论，将其逻辑和实践置于数理归纳与推导中进行检验，把美国意向下现存秩序的“威胁”与优化同盟的实践自然地桥接，而不是强行捏合，来剖析国际格局转型与美国两洋同盟演化的关系及其变化的根源。

2. 观点与理论：（1）借鉴现有成果，修正关于当代国际格局变化的传统判断，修正其判断标准与论证逻辑，结合历史与现状，推理出当今国际格局转型的结构与趋势；（2）将美国两洋同盟置于当今国际格局变动中进行考察，揭穿其“粉饰自我、妖魔化对方→铲除对方→泯灭世界发展的多样性→营造美国领导下的单极世界”的图谋；

（3）发现三个密切相关的不平衡，即当今国际格局基本结构不平衡、冷战结束的地区不平衡、欧亚地区秩序不平衡；（4）重新界定与创新概念，在考察霸权护持概念时对其修订并创造出安全护持概念；对冷战概念进行界定并给新冷战下定义，结合冷战结束以来的国际关系变化过程，确定新冷战的是否存在及其特点。

四　主要研究内容与方法及技术路线

（一）研究的主要内容

1. 相关概念界定：（1）界定和梳理冷战遗留问题；（2）明确当代国际格局的时间起点、主要力量与基本结构；（3）在考察历史起点、现实发展与本质的基础上定义美国两洋同盟；（4）从历史与现实的相对延续性进行考察，从经济、政治、文化与价值观的四维来定义美国"重返"亚太与亚太"再平衡"战略。

2. 比较冷战结束之前与之后美国两洋同盟的目标、功能、成员关系、角色定位与未来趋势等方面的变化，对其历史、现状与特点等进行研究。

3. 美国两洋同盟影响当代国际格局转型（参见第一章第二节：国际格局转型模式图）：

美国两洋同盟是因为冷战而产生的，直接构成两极中的一极资本主义阵营且为其服务。冷战结束以来，美国两洋同盟仍然存在，成为美国单极化诉求的主要依靠力量。冷战结束之后的美国两洋同盟发展更加具有扩张性，其两洋军事同盟不断得到优化，而且北约不断东扩，与美国"重返"亚太及国际金融危机之后的亚太"再平衡"战略相得益彰，构成了国际格局新冷战的态势，直指中国、俄罗斯等被美国认为的潜在对手，与多极化力量角逐。并且，在国际金融危机爆发之后，美国主导打造两洋经济同盟 TPP 和 TTIP，为保持和扩大美国的国际经济格局领导权服务，其制定新规则，创设新机制，并对外扩张与渗透，改造现有国际经济格局，迟滞新兴国家经济发展，围堵中国，借以遏制中国崛起，萎缩中国的国际经济影响力。虽然 2017 年初特朗普政府开始运作以来，退出了 TPP，并把 TTIP 谈判搁浅，而且特朗普总统本人还曾经扬言要退出北约，但特朗普不仅很快就收回威胁退出北约的说辞，而且对亚太地区的外交战略没有做根本的变化——仍然软硬兼施地要遏制中国与俄罗斯，只是选择性地变化方法而已。

4. 当代美国借助两洋同盟引领单极化国际格局变动态势：基于自身实力与具体国际问题上的外交与安全空间来优化同盟力量，吸引中间游移力量，形成巧实力，与要求多极格局趋势的力量博弈；大西洋同盟是美国全球战略的强大稳定器，亚太同盟是美国操控冷战遗留问题热度的调温器与介入亚太事务的抓手。两洋同盟相互策应，维护美国超级大国地位与“领导权”，极力构建美国单极霸权。

5. 当代国际格局变化对美国两洋同盟影响的两面性：

（1）全球经济重心转移，尤其是非资本主义特色的社会发展模式蓬勃兴起，促使发达资本主义国家在民主与价值观的认同上出现抱团倾向；冷战经验与冷战思维，是最难清除的冷战遗留，造成资本主义世界的安全观严重冷战化，不利于多极化力量凝聚，有利于美国两洋同盟的存续。

（2）全球经济格局变化也有不利于美国凝聚两洋同盟的一面，由于2008年以来的金融危机，致使美国经济阶段性衰退，欧洲深陷主权债务危机、韩日等国经济提振乏力，加剧了它们对新崛起的经济体发展的依赖。

6. 未来趋势：当今国际格局因大量历史遗留问题而存续和演化，主要国际行为体力量兴衰还处于量变的反复阶段，随着质变阶段的到来，美国两洋同盟将难逃“任何同盟最终都会破裂”的规律。

（二）基本观点

1. 美国借助两洋同盟介入或主导的几次重大国际事件证实了“当代国际格局多极化趋势明显”是伪判断。我们在关注多极化趋势时，千万不要忘记一定会有单极化趋势的存在，要考察单极化力量的衍化态势与当前性状，更应该关注单极化力量与多极化力量的交集部分——中间游移力量，尤其是要考察其变化特性与规律。

2. 当代国际格局变化的两种趋势之三支主要力量角逐，为美国两洋同盟维持与优化提供了机制性空间；冷战遗留问题为美国两洋同盟提供了丰厚的历史根基与重要的现实条件；多极化趋势在理论上是可期待的，但短期内在某些热点问题上还可能表现暗淡，而不会一帆风顺；美国通过保持和扩大其两洋同盟，要尽力延缓或阻止多极化趋势发展，保持其霸权地位。但决定国际格局发展演变的不是美国的战略和策略，也不是其冷战思维，而是国际力量对比。在这一点上无论美国怎么做，多极力量崛起可以被延缓，多极发展趋势可以被暂时阻止——多极化趋势是不会一帆风顺的，但终究是要出现的，且美国的两洋同盟终究是要瓦解的。

3. 美国两洋同盟在国际格局变动中合流，并由军事功能向经济文化多元综合功能转变，深化了资本主义同盟的冷战思维安全观；美国推进“重返”亚太、亚太“再平衡”战略及所谓的印太战略，是通过两洋同盟的运行而实施的，体现了当今国际格局变化态势；美国两洋同盟体系影响当今国际格局转型，体现了资本主义历史发展的整体排他性与内部复杂关系的矛盾性。

4. 中国外交的去冷战思维化，不应单方面进行；没有得到认同地去冷战思维外交政策及其实践，易受到冷战思维外交的困扰而陷入困境；冷战思维是中性词，不要把冷战思维看成贬义词。

（三）基本思路

追踪当今国际格局单极化力量与美国两洋同盟的共同轴心冷战思维——理想主义与现实主义矛盾的畸形结果，展开论证，参看下面研究路径图示（冷战后美国两洋同盟演化与国际格局转型的逻辑与实践图）

1. 美国两洋同盟是冷战遗留，它们与冷战及其结束在欧亚的不平衡性直接相关，在美国要求领导世界的单极化外交实践中扮演重要角色，其成员间关系的紧密度与功能发挥体现资本主义体系的聚散性。

2. 在经验主义哲学观和西方民主和平论基础上，美国主流政治圈用不完全归纳法推演现实条件下新兴国际行为体的崛起，得出现有全球战略中存在着对美国“威胁”的结论。

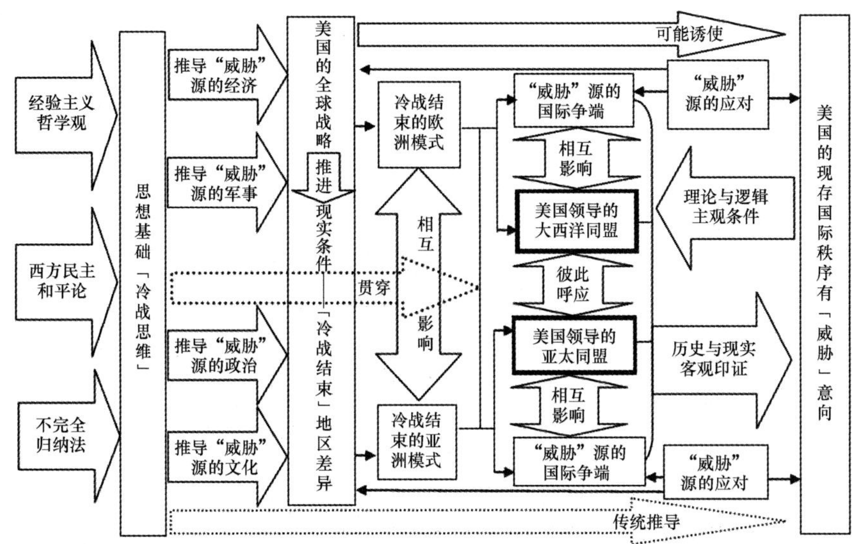

图 1－1　冷战后美国两洋同盟演化与国际格局转型关系的逻辑与实践

3. 美国与主要盟国对同盟面临的问题与任务存在共同利益，且在异质行为体的崛起是否影响现有国际秩序上存在共识，这是同盟得以存续、优化的认同基础。冷战结束的非彻底性与冷战遗留问题的复杂变化又印证了“共识”；

4. 这些构成了“冷战后美国两洋同盟演化与国际格局转型关系的理论逻辑与实践框架”。

（四）研究方法

1. 理论与事实相结合地对相关美国两洋同盟与当代国际格局变化的国际关系进行国际政治经济学分析，同时穿插地采用哲学与历史学相结合的系统研究方法来剖析其中的冷战思维和中国“威胁”论，解构民主和平论。

2. 在采用博弈论论证国际格局转型中重要的国际行为体角力时，引入事件史的数据分析与挖掘方法，推测美国两洋同盟在冷战结束以来影响国际格局的政策变动与实践趋势，并从侧面照应本研究针对美国安全护持战略的演化进行综合考察。

3. 持续跟踪国际时事，追踪美国的两洋同盟发展和国际经济政治格局的短期震荡与趋势，将最新的时事动态与本研究内容进行比照，在接受国际关系实践检验的基础上，及时纠偏和完善本选题论证的基本观点与框架。

4. 在上述论证方法的实施中，关注国内外同行专家的相关最新研究，借鉴其最新成果，尽可能多地得到了他们的宝贵建议和指导，这在某种程度上有助于科学推进本选题的综合研究。

五　关键概念

（一）冷战遗留问题

1. 谈论冷战遗留问题，必须先确定相关概念——冷战、冷战结束、冷战思维。[①]

冷战，是指资本主义阵营（或国家）与社会主义阵营（或国家）因为意识形态和价值观对立而经常形成彼此间或一方对另一方采取除正式战争手段之外的各种措施，敌视与遏制对方的势不两立态势。冷战不仅是大规模的全球性的，而且是持续性的，不是偶发的、零星的。

冷战结束，是指冷战主体各方全部消失或主流意识形态质变转化，或者冷战主体的一方消失或主流意识形态质变而不被另一方认同为价值观异质的核心利益竞争对手。

本研究所言的冷战思维，是指冷战开始以来社会主义与资本主义两种不同国家间，或国家集团之间，或国家集团与另一国家间，“在制定外交政策或者进行外交活动时，不但强调国家间意识形态或价值观念的对立，而且以权势政治，甚至极端的权势至上立场或眼界来对待国际事务的思维方式和行为准则”。[②] 其中，国家利益之争与意识

① 本研究使用的冷战、冷战结束、冷战思维概念，其主旨来自：钮维敢：《论冷战结束的亚洲模式与欧洲模式》，《社会科学》2008 年第 10 期；钮维敢：《我国学术界关于冷战思维研究现状述评》，《社会主义研究》2008 年第 5 期。

② 钮维敢：《偏见和对立——当代“中国威胁”论透视》，《马克思主义研究》2010 年第 1 期。

形态、价值观念对立是冷战思维的核心因素。强烈意识形态对立、势不两立的非此即彼的零和博弈认知模式是冷战思维的重要特征。抱有冷战思维的一方，在认知其意向下的对立一方时，总是完全排除彼此间会存在双赢或共赢的可能性。

2. 关于什么是冷战遗留问题，人们对该词语的使用率较高，但关于该关键词语的学术界定与专论不多。冷战遗留问题的存在说明冷战结束不是一刀切式的，也表明了这些现存问题具有冷战的一些特性，但与冷战又有所区别了，即通常所说的被遗留的问题。

因此，冷战遗留问题，是因冷战需要而产生的，却并没有因为冷战结束而得到解决的重大国际问题。

它还带有冷战色彩，因为植根于冷战而为冷战服务，即便在冷战结束之后，这类问题的相关方，因为不同的利益诉求而难以在去冷战化上达成一致的认同，即便某一方有意愿且努力争取去冷战化，因关涉的其他方不愿意认同或刻意维持该问题的冷战性而仍然还带有冷战特点，表现在，资本主义与社会主义的两种意识形态对立仍然存在，两种社会力量之间的不融合甚至对峙现象仍然存在，有时还出现激化的现象。

但它不等同于冷战，首先，隐蔽性：各个关涉方都不愿意公开承认在这类问题上继续采用冷战思维的方法来对待与处理之。其次，非对称性：冷战两极力量总体上具有一定的对称性，而冷战遗留问题中的关涉方在力量结构上具有一定的非对称性，尤其是美国及美国盟国力量成为冷战遗留问题的关涉者，致使这类问题的力量结构明显失衡。最后，复杂性：这类问题没有因为冷战结束而消失，本身就是太过复杂。它既继承一些冷战史特点，又能在现实中汲取自身存续所需的营养，反映历史，也表现出现实矛盾的畸形性。

（二）美国两洋同盟

美国两洋同盟就是以美国作为核心的全球资本主义同盟体系。因为包括以北约为核心的北大西洋同盟和以美国作为连接点的亚太双边同盟体系。人们一般认为这两大同盟是政治的，其实不乏经济的同盟功能；由于自然地理的因素，人们有时认为这个同盟是松散的，其实不然，两洋同盟具有同质性，都是以美国作为核心支柱，而具有一体性特征。

美国两洋同盟是冷战的产物，带有强烈的冷战色彩，在安全上变化不大，尤其是亚太同盟直接继承了冷战时期的安全机制，在经济上变化较大，主要体现在随着经济全球化加速发展，原有国际经济秩序被改造，在 2008 年国际金融危机后美国与盟国企图改造或重新构建国际经济秩序，孤立潜在竞争对手，确保本国的全球经济霸权。

两洋经济同盟与安全同盟是一体的，有着互补性。

（三）当代国际格局

本研究所述的当代国际格局是指冷战结束以来的国际格局。

当代国际格局存在于不同国际行为体间相互作用形成的既对立又统一的有机整体这一国际关系体系中。它与国际关系体系都是一个历史范畴，同属资本主义生产方式的产物。它孕育于世界经济体系的形成与发展过程中，两者密切联系，且以世界经济体系为基础性而运行。

当代国际格局是指冷战结束以来，存在于国际关系体系母腹之中，是充当主角的行为体间相互作用形成的一种力量结构及该结构运行与变化的态势。它以大国、“主角”“主要关系”和重大国际事件为基本要素，其中以大国间的主要关系为核心。它具体表现为主要角色在追求权利与权力、利益、维护和平与发展等国际活动中形成的复杂关系，以及相互间展开的多层次、多方位的对抗与合作或两者交替融合的式样。

当代国际格局具有相对稳定性与变动性。这是由于国际行为体自身力量变化决定国际力量结构的阶段稳定性与长期变动性（参见第一章第二节：国际格局转型模式图）。

（四）转型

本研究主题中的转型，是指东欧剧变、苏联解体后，国际格局从冷战两极格局结束向新型国际格局转变的趋势及其性状。这里要特别指出，转型不是一定向着多极格局转变。国际格局的转型及其过程不是主观一厢情愿的，而是因为国际行为体相对实力消长构成动态变化的一种阶段性力量结构演化。

在本研究中，主要强调运用历史比较的方法进行验证性检验，得出一种经验式的总结，认为这种总结即为当今国际格局演化的趋势。必须说明的是，本研究无法突破文史哲学科的一个固有研究困境——在研究有限的历史文献或案例样本中得出不完全归纳的结论，却想要穷尽所有样本得出完全归纳的结论。实际上很多研究最终是把不完全归纳推理的结论当作完全归纳的结论来看待和推广了，但这不一定是研究者主观刻意的，而很多时候只是有意无意地进入了这个学术困境中。

然而，必须强调的是，本研究所得出的趋势只是对当代国际格局及运行特征的宏观把握，是对本书稿完成时间点之前的国际事件典型样本进行研究而得出的当代国际格局转型情况及其趋势。

（五）当代美国全球战略

冷战结束以来，国际环境发生了巨大变化，美国是全球性大国，因此，其全球战略也必然随着国际形势而调整较为长远的外交规划，以保证本国在国际关系中获取预期的经济利益与政治主导权。美国全球战略是围绕其传统的经济利益、安全与军事、全球事务主导权及民主扩展四大支柱为核心，随着冷战结束以来的不同阶段国际力量变化而进行阶段性优化。本研究将美国全球战略变化分为经济战略部分与政治军事安全战略两大部分。

（六）安全护持

安全护持是美国为了保持和扩大霸权国自身的地区及全球主导权，以国际系统进程为分析框架，建立在霸权国与其他国家（或国家集团）之间差异化的利益共生增量基础上而形成的兼具预防型、管控型及合作型三种制衡方式（基本战略行为）的复合型战略行为模式。

本研究以理解国家安全环境、霸权含义及霸权国对所掌握权力运用的三重逻辑作为建构美国安全护持概念的起点。然后详细论证制度/机制建设、规范/价值传播、联盟管理、应对中国崛起和全球公域治理，认为这些组成了美国自冷战结束以来在亚太地区安全护持战略行为模式的诉求集合。然后从基于维度的时间上存在和连续、空间上全覆盖及学理的逻辑合理几个方面出发，论证并界定了美国安全战略上的制衡概念，将其分为预防型制衡、管控型制衡与合作型制衡三种类型，并探讨了这三者与近岸制衡、巧制衡的关系，即“近岸制衡”强调的管控型制衡第一的原则和“巧制衡”强调的预防型制衡第一的原则，且这两个方面并不矛盾，只是在具体的实践操作过程中会有相应的侧重，不会因此形成相互冲突。

第二节　概要

美国在 1949 年领导建立北约，形成大西洋集体安全同盟体系，1951 年主导旧金山和会并借此建立了亚太双边同盟体系。美国领导的双边同盟既是对苏联为首的社会主义国家等敌对势力的遏制，也是管控同盟成员国的平台。[①]

当代国际格局变化中的美国两洋同盟，是最强大的资本主义同盟体系，有着深厚的冷战遗留根基，影响着当今几乎所有的国际事务，引人注目。美国利用国际格局变动中的结构性矛盾，加固与优化同盟，借此与多极化力量角逐，力推国际格局向单极化发展。

一　当代美国两洋同盟的角色

从历史与现实的联系性看，当今美国两洋同盟是从冷战时期的资本主义同盟直接继承而来。从资本主义体系看，美国两洋同盟从创始到现在，都是资本主义世界的核心，也实实在在地凝聚了资本主义世界的所有国际行为体的精英，集聚了资本主义世界的最重要力量。可以说，在政治经济与文化等几乎各个领域，美国两洋同盟都可以代表当今资本主义体系的核心。当今变动中的国际格局，对冷战两极格局的历史继承较多，在冷战时期为冷战服务而建立的美国两洋同盟的基本框架及其实质没有太多变化，为了适应国际格局的变动与转型，美国按照自己全球战略重心的转移而优化同盟，为

① Victor D. Cha, “Powerplay: Origins of the U. S. Alliance System in Asia” *International Security*, Vol. 34, No. 3 (Winter) 2009/2010, pp. 158 – 196.

实践美国战略服务，美国正是在外交实践中利用同盟的力量来实现自己的外交目标。

（一）美国两洋同盟在国际格局变化中的角色①

美国两洋同盟的变化主要与美国对其自身所处的国际环境认知有关。美国军方与安全智库较为详细地梳理了冷战后全球力量结构与安全威胁，突出地表现在美国国会专门为参谋长联席会议主席列述了20世纪90年代、21世纪00年代、21世纪10年代三个10年内美国战略环境及面临的挑战，见表1－1：

表1－1　三个10年内美国战略环境及面临的挑战②

1990—1999	2000—2009	2010—2012
区域竞争和威胁	全球反恐战争与暴动	持续的紧张和暴力极端主义
海湾战争	在伊拉克和阿富汗的战争	伊战即将结束与亚太地区平衡
多样化的军事行动	军事行动速度和紧张度增加	加强国内训练和网络布点
金融资源剧减	金融资源激增	金融资源剧减
军力裁员三分之一	使用预备部队并增加地面部队	整体缩减的军事力量结构
需要整合技术	需要转变能力	平衡能力与技术
强劲的海外基地和军力	减少全球基地设施	减少海外驻军
冷战时的美军装备	保养、维修和购买新装备	退役、重装和购买新装备

20世纪90年代，美国的全球战略环境急剧变化，海湾战争之后不久是苏联解体，紧接着是频率提高的地区冲突及随之而来不断增多的地区战争；而且面临财政来源紧缩、裁减三分之一军事力量，同时还要控制因保养和维护基础设施而增加的费用，此外还要对因冷战而带来的老装备进行改造，注入新技术。

自2000年以后的10年，尤其是2001年9月之后，美国面临着

① 该部分内容的核心理论已经发表，见钮维敢《国际格局转型中的北约运行及美国对外战略变化——从科索沃战争到乌克兰危机》，《北华大学学报》2016年第3期。

② Richard M. Meinhart, *Joint Strategic Planning System Insigjts: Chairmen Joint Chiefs of Staff 1990 to 2012*, Strategic Studies Institute and U. S. Army War College Press, June 2013, pp. 3 –4.

完全不同的战略挑战。这些挑战主要表现在恐怖主义、阿富汗战争与伊拉克战争，并且需要转变发展能力来实施未来的全方位军事行动。应对这些挑战，要加快提升和发展装备、发展军力和就业、增加金融资源。此外，一旦伊拉克战争和阿富汗战争久拖不决，要加强使用预备役部队和海军陆战队力量，同时要加强包括军人及其家庭的多方位安置。

第三个10年的挑战始于2010年，它与之前10年的挑战有明显不同，最为重要的原因是美国的财政问题，军费减少导致军事规模萎缩、武器装备系统更新换代受限，其次是2011年从伊拉克撤军、2012—2014年从阿富汗减少驻军，更多的军力回到美国本土，将加大军队针对执行更广泛任务的训练。最后，一些难以确定的挑战，更多的是基于外交、军事和经济综合力量的国家利益变化，而不仅是基于对立集团在安全上的残酷竞争。这包括涉及亚太地区的新兴大国、其他地区的盟国以及持续紧张的热点问题。

美国安全战略的研究人员中不乏精英认为，美国曾经凭借自己的科技与军事优势赢得冷战胜利，并凭借此优势保持了冷战后20多年美国国际超强主角地位，但其他国际行为体的实力也在科技与经济发展的推动下，将成为美国的潜在对手，因而美国政府应该高度重视保持和推进科技发展的全球引领者地位，以此为基础来加强自身、盟国及其伙伴国的实力，保持对潜在挑战者具有绝对优势力量，这是美国安全的重要保证。①

观察冷战结束以来高科技军事背景下美国主流政治意向推动的海湾战争、科索沃战争、阿富汗战争及伊拉克战争，无论主动发起战争的力量名称如何变化，其主力都是美国的盟国，因而都与美国及其领导的两洋同盟有着直接的关系。这些重大国际事件的发展与趋势，很大程度上反映了国际格局变化动向。

冷战两极格局瓦解不久，美国两洋同盟内部的离散倾向有所增

---

① Robert O. Work and Shawn Brimley, 20*YY*: *Preparing for War in the Robotic Age*, the Center for a New American Security, January, 2014, pp. 4 – 5.

强，增加了多极化力量，使得多极化力量要求国际秩序革新与民主化的诉求比冷战时期更加明显。1995 年前后，美国的两洋同盟度过了动荡期而进入优化整合期时，国际格局的多极化趋势出现了反复，美国在逐步消除成员国对同盟使命的怀疑时，凝聚同盟力量，为实现美国在重大国际事务的外交目标与国际行动服务，先后发动了 1990 年的海湾战争、1999 年的科索沃战争、2001 年的阿富汗战争、2003 年的伊拉克战争，加上 2008 年之后的国际金融危机、2010 年以来的中东北非动荡、2011 年以来的乌克兰政局动荡与克里米亚分离问题，这些都较为清晰地体现了美国政府的战略意愿及其实现度（见表 1 - 2）。这一系列重大国际事件也表现出多极化趋势与单极化趋势的比较，究竟哪个趋势更加突出？

表 1 - 2　　**冷战结束以来的重大国际事件**

不同力量角逐 / 重大事件	美国的态度与行动	美国盟国的态度与行动	反对者的态度与行动			最终结果
			（苏联）俄罗斯	印度、巴西	伊朗、古巴	
1990 年海湾战争	借助同盟，不仅获得安理会授权，而且带领两洋同盟实施军事行动	绝大多数支持美国的军事行动	苏联希望通过外交手段解决，没有谴责战争手段	外交政策表现出摇摆不定、犹豫彷徨	反对	伊拉克投降，美国的意志基本实现
1999 年科索沃战争	先是隔岸观火静待欧盟自己解决，后来美国借助北约被邀请解决科索沃危机而凸显角色	欧盟在冷战结束后怀疑北约的作用，反对美国染指欧洲事务，但难以应对科索沃问题而邀请北约干预，请美国介入；日本韩国等支持北约行动	坚决反对北约和美国干涉南联盟	坚决反对北约和美国干涉南联盟	坚决反对北约和美国干涉南联盟	南联盟米洛舍维奇政权被美国领导的北约推翻，科索沃独立

续表

不同力量角逐 / 重大事件	美国的态度与行动	美国盟国的态度与行动	反对者的态度与行动			最终结果
			（苏联）俄罗斯	印度、巴西	伊朗、古巴	
2001年阿富汗战争	借9·11事件，发动对塔利班与基地组织的战争，成功插足中亚	盟国表示支持，不久北约介入	未反对	未反对	未反对	推翻塔利班政权、打死拉登并削弱基地组织、美国势力留驻中亚
2003年伊拉克战争	借口伊拉克发展大规模杀伤性武器，推翻萨达姆政权	除英国、澳大利亚、日本等盟国不反对外，美国的重要盟国如法国、德国等公开反对	反对	反对	反对	绕开联合国、进军伊拉克，推翻萨达姆政权
2008年以来的国际金融危机	部分地认为资本主义的贪婪造成危机，也认为中国的储蓄是罪魁；既向国际社会转嫁危机，又敦促中国救市	德、法、英等大国抱怨美国的经济政策造成危机，也重新审视自由资本主义经济原因；重新认识马克思主义政治经济学的价值；强调中国因素与中国责任	认为美国是国际经济动荡的发源地、美国经济政策是罪魁	认为发达资本主义国家的政策及其贪婪实践是根源	认为美国为首的资本主义发达国家的贪婪经济政策与外交是祸根	发达国家经济受到重创，中国首先实现经济复苏并迅速成为世界第二大经济体；七国集团变为八国集团，再组织了20国峰会，美国经济实力与影响下降

续表

不同力量角逐 \ 重大事件	美国的态度与行动	美国盟国的态度与行动	反对者的态度与行动			最终结果
			（苏联）俄罗斯	印度、巴西	伊朗、古巴	
2010年以来中东北非动荡	因实力在经济危机中衰落而促使盟国做前锋，然后率北约介入	欧洲重要盟国法国、英国不仅在舆论上而且在军事行动上介入北非中东事务，亚洲重要盟国予以策应	坚决主张通过和平方式解决问题、主张发挥联合国作用	坚决主张通过和平方式解决问题、主张发挥联合国作用	坚决主张通过和平方式解决问题、声援政府军、反对西方大国干涉	从也门、利比亚、埃及已发生阶段性质变的国家动荡看，美国为首的盟国意志得以体现，但盟国力量与其他力量在叙利亚等问题上仍在斗争
2011年以来的乌克兰动荡与克里米亚问题	美国坚决主张乌克兰加入北约	北约的欧盟成员大多力主乌克兰加入欧洲一体化而走出俄罗斯的阴影	俄罗斯坚决反对北约东扩到乌克兰	基本采取中立政策	反对或不支持美国领导的西方国家对乌政策	到笔者完稿时，美国及其同盟对乌政策难以实现，俄罗斯对乌克兰问题越发强硬且占据主动

注：关于1990年海湾战争的各个主要国际行为体的反应，参见刘靖华《海湾、“布什主义”与“世界新秩序”》，《西亚非洲》1991年第4期；米立功《冷战后印美关系的新发展》，《瞭望周刊》1992年第49期。滕建群等编著《烽烟散尽看海湾 世界各国对海湾战争和冷战后国际安全的看法》，军事科学出版社1995年版，第2—7页。海湾战争时期 为什么伊朗没有参战，https：//zhidao. baidu. com/question/171968802. html；古巴在1991海湾战争中应该持怎样的立场？https：//www. zhihu. com/question/56148679。

关于1999年科索沃战争的各个主要国际行为体的反应，综合参见王伟《看懂世界格局的第一本书》，上海交通大学出版社2013年版，第241—245页；黄海涛《干涉的悖论：冷战后人道主义干涉研究》，南开大学出版社2015年版，第163—174页。

（接上页）关于2001年阿富汗战争和2003年伊拉克战争的各个主要国际行为体的反应，综合参见《大国关系：纵横捭阖》，《瞭望新闻周刊》2003年第37期；不惜代价用全民战争击退美军，http：//www.cnr.cn/military/daodu/200711/t20071122_504635317.html，李景治《世界格局和大国关系的新变化——伊拉克战争及其影响析评》，《国际论坛》2003年第5期。

关于2008年以来的国际金融危机的各个主要国际行为体的反应，综合参见钮维敢《2008年国际金融危机成因观点述评》，《江淮论坛》2010年第2期；［英］艾德里安·帕布斯特《资本主义民主的危机》，吕增奎译，《当代世界与社会主义》2012年第4期；雷晓欢《国际金融危机背景下西方学者的资本主义危机理论及启示》，《经济研究导刊》2014年第24期；（German）Wolfgang Streeck：*How Will Capitalism End*？［J］．New Left Review，Vol. 2，No. 87，May June 2014，pp. 43－45.

关于2010年以来中东北非局势动荡的各个主要国际行为体的反应，综合参见李鼎鑫《浅析大国在中东博弈的新趋势》，出自马晓霖《中东观察2011—2016》，中国民主法制出版社2016年版，第18—25页；钮维敢《论当代国际格局变化下的印度中东外交》，《阿拉伯世界研究》2010年第4期。卡斯特罗警告称美国正准备对阿拉伯人民进行谋杀，http：//usa.people.com.cn/n/2013/0829/c241376－22735649.html。

关于2011年以来乌克兰局势与克里米亚问题的各个主要国际行为体的反应，综合参见高飞、张建《乌克兰危机背景下的大国博弈及其对国际安全格局的影响》，《和平与发展》2014年第6期；俄报：印度在乌克兰危机中明显挺俄，https：//world.cankaoxiaoxi.com/2014/0404/370813.shtml；［俄］卡申·K.B.《乌克兰危机后的中俄经贸关系》，孙连庆译，《西伯利亚研究》2014年第5期；盛海燕《乌克兰危机下西方与俄罗斯的制裁战及其影响》，《西伯利亚研究》2014年第5期；佩斯科夫：普京赞赏巴西就乌克兰危机的谨慎立场，http：//sputniknews.cn/politics/201507091015469948/；古巴外交部部长发言谴责美国干涉乌克兰内政，https：//world.huanqiu.com/article/9CaKrnJEviL。

从上表可以看出：第一，海湾战争、科索沃战争、阿富汗战争、伊拉克战争，中俄等国无论是弃权还是反对，都没有阻止住美国意志的推行。而推行美国意志的实践都是由美国指导的两洋同盟成员参与而实施的，体现了美国借助两洋同盟较为显著地表现出美国霸权意志的单极化趋势，而不是多极化趋势凸显。第二，在2008年以来的国际金融危机问题上，美国受到包括盟国在内的众多国际行为体的指责，美国两洋同盟对国际经济格局的影响显得较弱。第三，在军事行动领域，美国借助两洋同盟对国际格局单极化趋势的引导力较强；在经济领域，美国操纵两洋同盟来实践单极化意愿的做法则较难以实现。东欧剧变、苏联解体之后到2008年国际金融危机这个时段的国际重大政治安全事务，与2008年之后的同类重大国际事件相比较，尤其通过比较科索沃问题与乌克兰问题上的美国单极意愿与多极化力量的角逐，前一个时段美国的单极意愿实现度要高于后一个时段。这与美国经济实力的涨消、多极化力量的变化，及其两种力量的相对变化有着密切的关系。第四，在2008年国际经济危机打击下，受自身实力的有限性影响，美国介入地区问题的方式发生微妙变化，将盟国推向前沿充当先锋，自己则成为幕后导演，然后适时地走向前台，力图导引两洋同盟按照自己的利益最大化处理国际事务，因而在2010年以来的北非中东动荡问题上，美国不是一开始就走向前台而是幕后操纵，借助两洋同盟而介入。以上所述的国际格局变化态势，大体可用下面的国际格局转型模式图来展示：

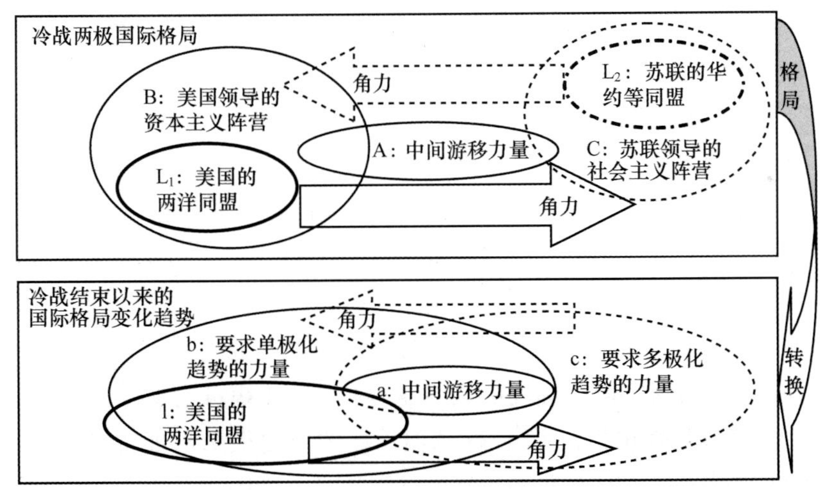

图1－2　国际格局转型模式

此模式图表现出：第一，从总体看，在图示的上半部分中冷战两极格局表现为资本主义阵营B与社会主义阵营C之间的角逐，及中间游移力量A在B与C之间左右移动，影响格局变化，促使阶段性两极格局发生量变和阶段性质变。A、B 与 C 是冷战两极格局的第一层级主导力量；美国两洋同盟 L_1 隶属于 B，B 正凝聚 L_1；L_1 与 C 对立、与 A 有联系；主要表现为 L_1 与苏联的华约等同盟 L_2 相互遏制，两者的关系凸显了冷战两极格局的运行；A 在 B 与 C 之间的运动，其在 L_1 与 L_2 之间选边站一定程度上能体现两极格局的阶段性特征。上面关于两大阵营从坚冰期到融化期的概述中，已经显示了美国两洋同盟运行的关键性作用。第二，东欧剧变、苏联解体后，社会主义阵营与苏联的联盟解散蜕变，两极格局瓦解，美国成为唯一的超级大国，其同盟没有解散，但发生了一些变化，国际格局由两极向多极与单极两个趋势并存与角力的方向转变；第三，从图示的下半部分中可以看出，当代国际格局变化的力量结构与美国两洋同盟的关系：美国的两洋同盟 l 非完全隶属于要求单极化趋势的力量 b，但影响 b；社会主义阵营瓦解后，多极化力量出现活跃势头，要求多极化趋势的力量 c 主要是发展中国家，也有从中间游移力量中分化而来的部分国际行为体（其中有的是美国两洋同盟的成员）；l 与（b + c）交叉且彼此影响；b 正凝聚 l；借助 l，b 常凸显自身诉求；a 尤其是 a 与 l 的交集部分在 b 与 c 之间的游移，其游移方向的选择、游移规模及游移程度，对国际格局变动至关重要，是 b 与 c 的平衡力量。

（二）随着国际格局的具体条件变化来调整同盟角色

美国基于自身实力、整合冷战遗留问题的外交与安全空间来优化同盟力量，并以此分化要求多极化趋势的力量、吸引中间游移力量，大西洋同盟为美国的全球安全战略提供了强大的稳定器，亚太同盟是美国操控冷战遗留问题热度的调温器与介入亚太事务的抓手。

1. 具体条件包括：（1）优越而深厚的历史根脉与现实基础。冷战结束在欧亚两洲具有非平衡性：欧洲社会主义国家几乎一边倒地蜕变了，而且纷纷要求加入美国的大西洋同盟，华约与苏联彻底解体，俄罗斯一时间忙于国内生计几乎自顾不暇，难以在安全上对其构成威胁，因而资本主义阵营在欧洲不存在重大的安全隐患；然而冷战在亚洲结束是拖泥带水的，如果同意冷战不仅仅是美苏两国的事情，那么在客观上亚洲仍然存在冷战的条件。虽然亚洲的社会主义阵营已不存在，但亚洲的社会主义国家不但没有如资本主义阵营所愿，一个也没有消亡，而且大多还走向了繁荣富强之路，产生了巨大的国际影响，极大地削弱了资本主义阵营的冷战胜利感——资本主义同盟没有完全完成其冷战任务，东欧剧变、苏联解体后直至如今亚洲还经常出现冷战现象①，冷战的安全结构在亚洲没有根本改变。（2）丰富而良好的矛盾间隙：亚洲众多持久的区内矛盾。因为冷战在亚洲遗留等历史问题太多，这些问题都与雅尔塔体制的残留部分，或与旧金山和会衍生的旧金山体系有着直接的关系，比如中日领土争端、日本的历史观与历史责任问题、日俄领土争端、日韩领土争端、台湾问题、南海问题等等。（3）亚洲在安全上没有形成一个自我平衡力量与结构。由于上述冷战结束情况与冷战遗留等历史问题，亚洲地区格局呈现出碎片化的分裂状况，日本几乎与其所有的近邻都有不可调和的零和性矛盾；中国不仅与其大多数近邻有领土争端，而且还存在着国际敌对势力干涉的国内分裂分离主义问题；再加上其他国家间矛盾如柬埔寨与泰国领土争端等，这些使得美国及其领导的同盟有了插手其中的外交间隙。（4）2008 年以来国际金融危机与欧洲主权债务危机，削弱了欧洲国家对亚太地区的“关注”力。经济危机的到来使得以美国为首的西方大国经济出现了混乱与衰退，美国的几乎所有盟国都出现了经济问题，而中国虽然也受到国际金融危机的冲击，但经济还没有出现负增长，且中国的巨大外汇储备成为美国等西方大国寄望救市的焦点，这从侧面减轻了美国同盟体系围堵中国的强度，也削弱了他们遏制中国和平崛起的烈度。（5）当前其他区域的美国非友好国际行为体，短期内绝对难以撼动美国及其同盟的超强综合实力。美国的超强国际地位与美国的超强同盟体系，也存在着非对称性挑战者，像原来的伊拉克萨达姆政权、利比亚卡扎菲政权、委内瑞拉查韦斯政

① 冷战现象虽然与冷战有密切联系，并具有冷战的一些特征，但是却不同于冷战。其实，还不乏有人认为，朝鲜半岛还处于分离对峙状态、台湾海峡两岸还在实际分治，1996 年还出现了台海危机，因此，在东北亚冷战没有结束。参看：Neal R. Gross, *The United States and Japan: Strategic and Economic Partners*, Ambassador Yanai's Speech. Court Reporters and Transcribers, Thursday, March 2, 2000. pp. 6 – 8。

权，以及现存的伊朗、朝鲜和古巴等国。这些国际行为体虽然强烈地反美，但由于它们无论单独还是抱团，其实力都难以与美国及其同盟的实力相比，具有非对称的微弱性，因而无论是在传统的还是非传统的安全领域，其与美国及其领导的同盟进行角力，常常处于绝对弱势，这也凸显了单极力量的存在。（6）同盟的民主价值体系与市场体系的同质性。美国的同盟是因为冷战需要而建立的，从初始时就为了保卫所谓自由民主世界的价值观，且为了在经济上孤立共产主义阵营而建立统一的资本主义市场经济。欧洲复兴计划的实施以及对日本韩国经济的改造，无不是按照美国经济体制的蓝本精髓而设计实施的。（7）欧美传统安全领域的自我调节机制与约束能力强劲。基于具体条件，美国利用同盟把硬实力与软实力有机组合形成巧实力，与要求建立多极格局的力量进行博弈。两极格局的瓦解以冷战结束为标志，而冷战是以和平演变的方式而“结束”的。和平演变方式是美国巧实力与硬实力、软实力融合运用的典范。然而冷战结束不是和平演变的结束，总体上西方资本主义大国之间在价值观认同上依然强烈。冷战结束以来，尽管学界不再经常提及“和平演变”这个词，但和平演变的方式没有绝迹。美国在超强的经济与军事实力基础上，利用文化和外交等软实力，在众多的国际矛盾中进行嵌入式干涉，有时具有极强的隐蔽性。

2. 角色变化状况：相应地，根据国际格局变化了的条件，美国的两洋同盟角色也进行了相应的角色调整。首先，以防御走向扩张的方式来巩固冷战的“成果”。冷战期间的北约基本上是为了防止苏联及其领导的社会主义阵营蚕食或进攻资本主义世界而发挥着抵御共产主义扩张的职能。在整个冷战期间，基本上处于为保障盟国安全而牵制华约的角色，其战略重心在欧洲，但事实是在欧洲没有发生同盟卷入的战事。在冷战的坚冰期（“二战”结束到20世纪60年代）同盟除了军事合作之外，还采取情报共享与舆论共进等行动，团结了欧洲资本主义世界积聚力量遏制住共产主义渗透，基本上保住了资本主义世界核心区域及其周边的政治与军事安全，策应了欧洲经济复兴计划的实施。同时，北约的军事机制建设与军备不断升级，尤其是美国的军备扩张，逐渐将华约和苏联引上了军备竞赛的道路；在冷战缓和期（1960 年代后期到 20 世纪 70 年代中后期）尽管美国及其所有盟国都经历着资本主义经济危机的滞涨泥沼，美国领导北约却成功地顶住了社会主义阵营的攻势，两大阵营角力处于拉锯式的胶着状态，为资本主义同盟赢得了机遇期。美国及其同盟成员在社会主义阵营出现巨大分歧和裂隙时，采取了接触外交，与中国、南斯拉夫等苏联的交恶国加强外交关系，分化瓦解社会主义阵营，并且着重推行和平演变战略外交。20 世纪 80 年代是冷战走向所谓结束的时期，由于社会主义阵营内部的混乱，北约实际上成为欧洲安全最强有力的保障，并且以北约成员国为主体，美国主导组建了多国部队发起海湾战争，较为透彻地检验了社会阵营力量的衰亡之势，对苏联的国际角色进行了较为彻底的边缘化。

实际上，美国的亚太双边同盟体系有时与其大西洋同盟北约是遥相呼应，甚至亚太盟国直接参与到海湾战争中，直接参与到整个资本主义阵营对亚洲社会主义国家的遏制，比如 1989 年 6 月之后集体性地对中国进行制裁。而在更早时候的朝鲜战争，亚太同盟体系迅速正式形成，并参与其中。这些都难以将美国的两洋同盟截然分开。但冷战时期的亚太同盟角色除了与大西洋同盟具有很大的类似性之外，它主要是遏制共产主义在亚太扩张、操控和改造盟国的重要平台。冷战时期大西洋同盟与亚太同盟的显著角色区别是，前者在欧洲北大西洋进行的是较为典型的冷战，几乎没有热战，后者在亚太地区的冷战 20 世纪 70 年代初之前主要是参与或支持热战，并且获得了北约盟国的支持与参战。而在大约 1970 年之后，两者的角色似乎出现了趋同抑或平衡的倾向，即主要是用非战争手段促使社会主义国家发生质变，因而推进“标准”的冷战在亚太逐渐成为同盟角色的主流趋势。

苏联解体之后，美国在没有对称性竞争对手的情况下，对同盟成员发挥着超级强国凝聚力的作用，使得大西洋集体安全同盟的吸附能力进入一个新的历史阶段——北约东扩，主要对原先的社会主义国家进行成员化改造，扩展了资本主义体系的安全与外交空间，也在表面上印证了历史终结论。这时的大西洋同盟制订的新概念及东扩计划、伙伴国计划，突破冷战前的防御基调而跨出阵营对外强劲拓展，由冷战时期的相对防御转为相对扩张，典型的表现在波黑问题以及南联盟科索沃问题上。北约以压倒性优势采取军事行动实施其新概念，反映了同盟在处理国际重大地区事务时比冷战时期更具进攻性与有效性。

因为冷战结束在欧亚两洲具有极大的非平衡性与非对称性。决定了冷战后两洋同盟各自主要因为地缘政治条件不同，而角色有所区别。

北约东扩实际是巩固、深化和再拓展冷战在欧洲结束较为彻底的成果，进一步萎缩竞争对手的安全战略空间；亚太双边同盟体系的存在与优化，继续实施萎缩和压制战略，对未完成的冷战任务进行推进，阻吓竞争对手，借助保护盟国安全名义实现美国全球安全战略重心东移，插手亚太安全问题与事务，从而帮助美国继续保持在亚太地区的战略主导权。

从某种意义上说，大西洋同盟北约在冷战后的行动，巩固了资本主义阵营的冷战成果，进一步否定着社会主义阵营及其所奉行的主旨哲学。亚太同盟则是要防止或解决冷战遗留问题等一系列亚太安全困境的失控，并巩固美国的绝对优势地位与话语权。

3. 美国在同盟演化中的战略实践：美国的国际战略根本是稳固和加强其全球领导权与话语权，消除面临的或潜在的威胁，以实现美国国际利益最大化。因此，美国在冷战结束后的同盟体系发展演变中实施其全球战略经历了几个阶段。冷战结束后的 20 世纪 90 年代，由于大多数盟国较为普遍地认为东欧剧变、苏联解体后的自身安全威胁极大地减少、变弱，同盟的存在受到质疑，或要对同盟进行改造与调整。美国采取了战略实施与同盟的变化相融合的办法，即根据国际条件变化，在推进同盟改造及同盟目标实现中来实践美国自身的全球战略。

在前述的北约东扩对前社会主义国家进行资本主义化的改造中，不仅为北约的发展挖深和拓展了空间，也同时推进了美国对外战略支柱之一的民主扩展的具体实施。在亚太的情况则主要是利用地区盘根错节的具体争端，尤其是利用冷战遗留问题，大多亚太的美国盟国都牵涉到这些问题中，而关涉这些问题的强有力行为体莫过于中国与俄罗斯，这也是美国全球战略对象的重中之重，这两国的任何一国更是亚太问题其他相关国所难以单独抗衡的力量，再加上朝鲜核武器问题可能威胁到东北亚的美国盟国，因此，亚太盟国要求保持和优化双边同盟的愿望被客观地激活。而这些问题正好成为美国推行外交战略杠杆的具体支点，而撩拨这种愿望的火候，又是美国拿捏与争端各方关系从中渔利的战略实践之关键。从朝核问题到东海问题，再到台湾问题、南海问题以及其他诸如克什米尔问题、中印领土争端等，美国在这些问题上两边下注或多边下注，寻求战略利益最大化的平衡点，从而造成这些问题阶段性地走热，或骤热骤冷。其中美日同盟、美菲同盟的变化几乎与相关的领海及岛礁争端的热度有着正相关性。美国借助对盟国安全的“承诺”及其不同解释，适时挑起这些争端的活跃程度，借此实施亚太“再平衡”战略或“重返”亚太战略。

借助政治安全同盟来构建新经济同盟：美国在冷战的同盟建设上，基本上利用安全问题来聚拢同盟成员，并由政治安全同盟向经济同盟延伸，构建新型地区经济框架，遏制潜在经济竞争对手崛起，萎缩和架空他们的影响，拆散或弱化原有的世界和地区经济框架。美国加入并主导 TPP 的举动不仅是稀释“10＋1”“10＋3”以及 APEC 等亚太地区经济组织，还致使东北亚自贸区三国谈判变得更加缥缈。再加上美国支持日本政坛的极右化，支持日本在领土争端上挑衅中国、韩国等周边国家，致使东北亚自贸区三国谈判变成空中楼阁。

在北约方面，以同盟成员为参与支柱的经济合作，尤其是七国集团能够体现出经济同盟的意向，冷战结束后虽然俄罗斯加入成为八国集团，但显得格格不入，直至乌克兰危机，在美国的带领下，居然开除了俄罗斯的成员资格。俄罗斯的配角及其被开除出八国集团，应在意料之中，早在 2008 年国际金融危机爆发之前，美国就与欧洲盟国酝酿跨大西洋的新贸易投资框架协议谈判，因为美国与欧洲重要盟国在经济发展低迷时总是觉得现存的诸如 WTO 经贸框架已经不适合发达国家经济发展要求，而是被以中国为代表的新兴国家“搭了”顺风车；2008 年后的国际金融危机又逐渐蔓延成欧洲主权债务危机，而金砖国家经济却较为稳定，有的逐渐摆脱危机而发展良好，在20国集团峰会关于应对金融危机问题上都表现出要改变强国独揽金融及投资大权的现状，要求给发展中国家一定发言权。这也显示了美国作为盟主必须面对新形势，勾画新蓝图来确保自身及同盟在国际经济体系中的主导地位。2013年前后美国与欧洲重要盟国进行更加密切的磋商，谈判推进TTIP的跨大西洋经济框架，为美国经济发展开拓新境界。

尽管2017年初特朗普政府运行以来对TPP、TTIP采取了抛弃的态度，但只不过是外交策略的转变而已，以更加直接的现实主义手段来谋求美国利益的最大化。

二　美国两洋同盟对国际格局产生双重影响

在当今时代与具体环境变化中，几乎所有的重大国际事务，都与美国的同盟有联系。

（一）同盟的聚合性影响国际格局——呈现出单极化趋势

非资本主义发展模式崛起产生的冲击，一定程度上刺激资本主义发达国家维护共同价值观与现有战略平衡，利于两洋同盟巩固，较为有效地体现了美国战略诉求，出现以美国为蓝本单一价值观的资本主义民主垄断趋势。

首先，全球经济重心的转移，尤其是各种非资本主义特色社会发展模式的蓬勃兴起，一定程度上促进了资本主义发达国家间在民主与价值观的国际认同上出现凝聚倾向。如北约在冷战结束之后的发展过程中，几乎每次重大的里程碑会议，都要强调统一的价值观与民主自由体制的认同。在庆祝北约成立60周年的斯特拉斯堡凯尔峰会上，北约仍然一如既往地强调共同的民主价值观是凝聚成员国成为一体而确保地区和世界和平的重要因素；美国北约东扩的目标依然是要保证欧洲的自由与和平。[①] 2012年的北约芝加哥峰会宣言，不仅重申了以往峰会的民主自由价值观的同质性，而且强调了北约伙伴关系国与成

① The North Atlantic Treaty Organization（NATO），http：//www. state. gov/p/eur/rt/nato/.

员国存在共同的民主自由利益。[①] 同样，中国作为冷战后世界最大的社会主义国家，在东欧剧变、苏联解体之后资本主义世界高唱“历史终结”[②] 的国际舆论旋涡中一枝独秀，这与资本主义世界意识形态中流行的主流舆论和相应的国际现实形成强烈反差。一方面，西方资本主义主流舆论主张“苏联解体、东欧剧变和冷战的结束标志着共产主义的终结，历史的发展只有一条路，即西方的市场经济和民主政治。”并且“人类社会的发展史，就是一部以自由民主制度为方向的人类普遍史。自由民主制度是人类意识形态发展的终点和人类最后一种统治形式”。当时还健在的英国前首相撒切尔夫人虽然认为这种学术观点是废话，但骨子里还是认为资本主义是历史发展的方向。这种新自由主义实质上断定了人类历史发展在东欧剧变、苏联解体后将不可替代、不可选择地朝着资本主义模式发展；国际舆论中的共产主义运动陷入低潮期并受到极度贬抑，而以美国为代表的资本主义的发展模式则以“胜利者”和“成功者”的姿态助推着这种国际舆论的发展，席卷了国际社会，使得一般非学界的普通民众（不仅是资本主义国家的人们，甚至社会主义国家内的部分民众对自我制度的怀疑也一度凸显）只看见东欧剧变、苏联解体的表象而机械地推测人类社会发展的未来，否定社会主义发展方向。另一方面，亚洲的社会主义国家没有像“历史终结”论说的那样衰亡，反而出现了中国发展的奇迹，与此同时，美国在冷战结束之后的整个20世纪90年代出现了经济发展的又一个“黄金期”。中国的发展模式回应着历史终结论并消弭着现存社会主义国家内自我怀疑与否定思潮，而美国模式维护、支撑着历史终结论。2008年国际金融危机是对历史终结论的检验，是对以美国为代表的资本主义发展道路和以中国为代表的非资本主义发展模式的一

---

① Chicago Summit Declaration, 20 May. 2012, http://www.nato.int/cps/en/natolive/official_texts_87593.htm?selectedLocale=en.

② 本书中的“历史终结”论，专门是指冷战结束时，日裔美国政论家弗朗西斯·福山在人们热议社会主义阵营解散、苏联解体，资本主义阵营取得冷战胜利时提出的：即共产主义已经失败，将被彻底扔进历史的垃圾堆，人类未来将永久地终结于资本主义市场经济与资本主义民主自由的社会发展模式。

次现实考验：美国及其主要盟国的经济受到重创且复苏长期乏力，而中国等非资本主义国家经受住了危机的冲击并很快复苏走向新一轮繁荣。金融危机还从现实考验延伸到思想演进，国际社会掀起重新认识马克思主义思想及其价值的热潮，其中《资本论》就被西方资本主义大国成堆地翻印、成批量地抢购而成为资本主义世界的畅销书，是一个显例①。2010 年达沃斯经济年会上，“时任法国总统的萨科齐针对金融危机中的资本主义罪恶和社会主义合理性的公开讲话，无疑一定程度上代表了资本主义世界主流政治圈关于资本主义与社会主义两种社会发展模式的思想变化，哪怕只是些微的变化。”② 这些都在客观上冲击了资本主义同盟国家的主流政治阶层的主导性信仰，暴露出世界历史终结于资本主义发展模式理论基础的脆弱性。20 世纪 90 年代以来，国际格局变动中的突出亮点之一就是不同社会发展模式的竞争，彰显了美国两洋同盟的主流价值观受到国际现实的严重挑战。

“这种竞争和博弈将在理论和实践上产生深远的地缘影响，具有重大的历史意义。中国发展模式强调的主要目标是发展、稳定和人权的适当平衡，对欧美自由市场经济模式以及以美国为代表的‘华盛顿共识’构成有力挑战”。③ Bill Gertz 在他的著作《中国威胁：中国如何瞄准美国》中说，“在当前和可预见的将来，中国是美国面临的最为严重的国家安全威胁。”④ 理查德·伯恩施坦和罗斯·H. 芒罗认为：“中国正在代替苏联成为美国的威胁。中国的崛起作为一个分离

---

① 西方文章认为金融危机关头，社会主义和共产主义开始受到追捧；以《资本论》内容为题材的漫画专辑成为日本 2008 岁末年关最炙手可热的礼物；德国大量翻印出版《资本论》，马克思主义一时间成为热门，《资本论》一度成为德国等西方大国的畅销书。参见 Nicholas Crafts，“It was a failure of regulation”，*New Statesman*，6 October 2008，p. 12；Robert Reich, labour secretary in Clinton's administration and world-renowned economist, explains why the American economy is grinding to a halt，“The pay packet crunch”，*New Statesman*，6 October 2008，p. 11；《资本论》漫画成日本最热新年礼物，《参考消息》2008 年 12 月 6 日。

② 钮维敢、蔡瑞艳：《国内外关于“中国模式”研究视角进展述评》，《南京政治学院学报》2011 年第 5 期。

③ 俞正梁：《试论中国外交新政的国际战略环境》，《国际观察》2010 年第 3 期。

④ Bill Gertz, *The China Threat: How the People's Republic Targets America*, Washington DC: Regnery, 2000, p. 199.

出来的不同类型的挑战，很难用通常的方法来对付它。因为与苏联相比，中国显著的不同点是其强大军事力量不是建立在虚弱的经济上的，而是强大的经济产生出坚实可信的军事力量。其关键在于，中国军事力量的持续增长，不仅影响中国本身，而且波及亚洲乃至世界。"① 韩国也有学者认为，"中国发展模式的异质性和更富进攻性的对外政策以及强烈的民族主义情绪，使西方学者讨论的焦点都集中在中国崛起是否会对东亚及世界秩序产生负面影响"②。2008 年美国国会向参议院外交委员会提交的研究咨询报告，分析了中国经济体制、军事及制度等方面的软实力在全球主要区域与国家的影响，得出结论认为中国是美国的潜在威胁。③ 德国全球与地区研究所探讨了关于中国发展及其外交政策制定与实施带来的影响是破坏性的还是建设性的，其 2008 年 9 月的研究报告得出的结论是：难以确定。④ 即中国发展可能增强国际和平，也有可能颠覆现有秩序而引起国际动荡。西班牙学者通过对中国经济与军事发展进行研究，得出结论认为中国将威胁世界秩序和美国的领导地位。⑤ 据日本与美国专家的共同研究成果，2009 年日本的民意调查得出结论，认为加强美日同盟的因素除了有朝鲜的威胁之外，还有来自强大的中国威胁；⑥ 还有人认为中国经济渐强破坏了亚太地区发展，打碎了日本的雁形战略计划，对亚太其他

---

① Richard Bernstein and ross H. Munro, *The Coming Conflict with China*, New York: Alfled A. Kropf, 1997, p. 19.

② ［韩］全圣兴：《"中国的崛起"与国际秩序的变化》，《现代国际关系》2005 年第 11 期。

③ Congressional Research Service Library of Congress, *China's Foreign Policy and 'Soft Power' in South America, Asia, and Africa: a Study Prepared for the Committee on Foreign Relations United States Senate*, April 2008, pp. 1 – 3.

④ Nadine Godehardt, "The Chinese Meaning of Just War and Its Impact on the Foreign Policy of the People's Republic of China", *GIGA WP* 88/2008, September 2008, p. 4 &. p. 32.

⑤ Kim Nødskov, "The Return of China—The Long March to Power; The New Historic Mission of the People's Liberation Army", *Royal Danish Defence College Publishing House, Institute for Strategy*, January 2010, pp. 316 – 317.

⑥ Tobias Harris, Adam P. Liff, and Wakana Mukai, "Obstacles to Efforts to Strengthen and Reform the U. S. —Japan Alliance: Issues and Insights", *Pacific Forum Csis*, 15*th Annual Japan-U. S. Security Seminar*, San Francisco Colifornia, March 27 – 28, 2009. pp. 5 – 6.

国际行为体构成安全威胁。[①] 甚至2010年澳大利亚有学者通过研究中国人口的性别比例，得出结论认为中国是世界的威胁。[②]

以中国发展模式为显著代表的非资本主义发展模式受到资本主义同盟国家的敌视，不是空穴来风。尤其西方主流学者与政界关于中国威胁的研究与论调，已经形成自己的理论逻辑和体系。这已不是偶发的而是持续的，已不是一两个国家的而是趋向于形成同盟国成员共识性的内在认同，并且已经向美国两洋同盟的伙伴国和友好国蔓延。

其次，中国威胁意象中的冷战思维是重要的内在原因。当代国际关系中重大国际行为体在近半个世纪的冷战国际实践和苏联解体以来的冷战遗留问题持续发酵中，其外交理念与行为模式自然深受冷战思维熏陶。

“当代冷战思维继承着资本主义同盟的冷战任务——在全球扩展资本主义意识形态的民主价值观、遏制和消灭社会主义的发展模式；在国内稳固资本主义发展模式的法统性”[③]，客观上助纣为虐地酝酿了国际经济危机与世界动荡。

冷战经验与冷战思维，是最难以清除的冷战遗留，主要大国的安全思想受冷战影响具有长期性，美国及其盟国的安全观念冷战化长期存在，分化着不同国家制度、不同主流价值观的多极化力量。“严格意义上的冷战思维，是指冷战开始以来社会主义国家与资本主义国家之间，在制定外交政策或者进行外交活动时，不但以权势政治，甚至以极端的权势至上立场或眼界来对待国际事务，而且强调国家间意识形态或价值观念的对立的思维方式和行为准则。现行的冷战思维既是

---

① Chunji YUN, *Rise of the Chinese Economy and East Asian FTA—Japan's Strategic Change and Continuity, a part of achievements in the "comparative study on regional cooperation between East Asia and Europe"*, financially assisted by the Faculty of Economics Research Fund in Yamaguchi University, 2004. pp. 18 – 23.

② Kaz Ross, "An 'army of bachelors'? China's Male Population as a World Threat", *Journal of Asia Pacific Studies*, Vol. 1, No 2, 2010, p. 338.

③ 蔡瑞艳、钮维敢：《国际金融危机中的冷战思维分析》，《辽宁大学学报》2012年第2期。

历史的又是现实的。”[①] 冷战结束后，冷战思维在发达资本主义国家不但没有消减，反而因为这些国家自认为在与社会主义发展模式竞争中取得所谓冷战胜利而对自我发展模式迷恋：一方面，它们不但排斥其他发展模式，而且认为人类历史将要永恒地朝着自己的模式发展，敌视和遏制异质发展模式，加剧国际政治经济矛盾；另一方面，迷恋导致难以认清自身经济发展中的矛盾根源，最终导致经济动荡与衰退，在自利性驱使下把经济祸水向国际经济领域转嫁。而在社会主义国家方面，他们坚持按照自己的具体情况选择发展道路，吸收国际先进经验，经济出现持续快速增长，虽然主观要求摒弃冷战思维，但不被资本主义同盟认同，在国际交往中处于防御性弱势地位。西方冷战思维作祟，使得社会主义国家实际上难以摆脱美国两洋同盟的遏制与围堵，即便像中国这样的国家有意愿为解决国际经济问题做出贡献，也不得不为了坚持维护自己主流价值观的独立性而难以付诸有效行动。因此，冷战思维的持续，也是国际经济发展的一个巨大障碍。

亨廷顿在设计美国国际战略上采用了非常温柔的冷战思维表述：“美国的价值观普遍适用，是因为其他社会的人有着基本上与美国相同的价值观；如果说他们还没有，他们也是希望有；如果说他们还不希望有，那只是因为他们还不明白什么对他们的社会有好处，美国人有责任去说服他们或者诱导他们采纳美国倡导的普世价值观。”[②] 美国提出的经济发展、防务外交与民主扩展的“3D”思想，就包含强烈的冷战思维因素。在这个思想指导下，美国在安全上高调实施“重返”亚太战略以围堵美国意向下的潜在对手，在亚太地区进行“更广泛、更灵活、更持久”的军事部署，加强在东南亚、澳大利亚的军事存在，并通过多批次、大规模的培训与演习来增强其盟友及伙伴国的军事能力。以“大西洋网络”为模本，美国正试图在亚太构建一个符合美国的利益与价值观的、包含各种伙伴关系与机构的“太平洋网络”。美国的主流政界认为，20 世纪的最后 10 年，即冷战结束时，

① 钮维敢：《东亚冷战遗留问题研究》，南京大学出版社 2011 年版，第 57 页。

② ［美］塞缪尔·亨廷顿：《我们是谁——美国国家特性面临的挑战》，彭克雄译，新华出版社 2005 年版，第 303 页。

美国及其盟国已经形成一种非凡的实力与地位，这与美国的基本价值观和理想相一致，它确保了美国及其领导的民主国家的外交政策和安全战略能够满足人民的需要。在21世纪即将到来之际，美国面对的世界与他们的开国元勋时代十分不同，但与他们的宪法永恒的基本目标保持一致，即致力于提高美利坚民族的幸福与自由，同时把自由与幸福向外扩展、惠及其他民族与国家。[①] 美国前总统乔治·W. 布什在其第一次就职演说中讲："美国自由民主的信念犹如汹涌大海中的岩石。现在它更像风中的种子，把自由带给每个民族。"美国"民主不仅仅是一种信念，而是全人类的希望。"美国不会独占民主，"而会竭力让大家分享。"美国将把民主铭记于心并且不断传播。[②]

美国用民主价值观凝聚同盟，是基于有非同质民主价值观及其模式的存在、发展，甚至带来现实威胁的意向，这在历次美国加强与同盟关系的外交中出现，也会在历次美国介入重大国际事务中号召盟友追随其行动中出现。

最后，21世纪以来美国在同盟战略调整上强调军事安全同盟，同时凸显经济同盟。美国的自由民主信念及其带来的幸福，不是只停留在感觉与观念上的，而是把观念与感觉转化成为实践，即以形成国际同盟来作为自己的武力支撑。美国在冷战中已经缔造了两洋军事同盟来确保它领导的资本主义世界的民主与自由不受外来侵犯，并且以资本主义盟国的参与为基底打造并主导"二战"后的国际经济体制。在这样的经济与军事安全保障上与苏联领导的社会主义阵营角力，最终赢得了"胜利"。然而，东欧剧变、苏联解体后的国际格局转型及非美国模式的崛起，与以美国为代表的西方资本主义民主自由信念难以契合，而且冷战后曾经或多或少地效仿美国发展模式的俄罗斯以及其他发展中国家如巴西、墨西哥等国的社会发展在20世纪90年代中后期都出现了严重的社会问

---

① The White House December 2000, *A National Security Strategy for a Global Age*, part. I. *Fundamentals of the Strategy*, *Goals of the Engagement Strategy*, http://www.globalsecurity.org/military/library/policy/national/nss-0012.pdf.

② George W. Bush, *First Inaugural Address*, January 20, 2001, http://www.americanrhetoric.com/speeches/gwbfirstinaugural.htm.

题。2007 年美国次贷危机引发的金融危机波及全球，美国的盟国深陷经济衰退的泥沼，国际舆论对历史终结论和马克思主义理论都重新进行审视，人们对美国的自由民主信念产生了动摇与怀疑。

为了稳固美国自由民主信念的权威性，2009 年前后美国大力推进其在冷战后就已开始的全球战略重心东移，高调“重返”亚太，力推“再平衡”战略。在经济上积极加入并主导 TPP，鼓励其亚太盟国和友国申请加入谈判，要在亚太打造一个“高质量和具有约束力”的经贸框架，用经济渗透与遏制两手来增强美国在亚太地区的经济影响力，扩大美国经济利益，同时策应美国在亚太的政治利益诉求。借此，企图边缘化 APEC、10+1、10+3 等经济合作机制、扼杀东北亚自贸区谈判，孤立、迟滞中国经济崛起。这种思想不仅仅是美国主流政治的外交导向，美国的重要盟国也积极策应其亚太战略。

作为推进美国全球经济战略的整体，早在 2010 年美国与欧盟就酝酿建立更加紧密的金融战略关系，促进国际金融恢复正常化运行、建立一种有效的金融制度和程序框架，促进美欧的金融市场成长为全球高效而不断创新的金融中心，保持一个开放的投资环境，以确保欧美在全球金融舞台上的领导权。[①] 2013 年 2 月 13 日八国峰会期间，美国与欧盟宣布将启动高水平的跨大西洋经贸与投资的 TTIP 谈判。其目标是通过刺激经济增长点，优化双方贸易和投资结构，培育新的经济增长源，增加就业，以便扩大双边贸易与投资，以此对修订国际贸易规则做出贡献并促进多边贸易。美国与欧盟互为主要的投资与贸易伙伴，如果谈判成功，TTIP 将是世界最重要的双边自由贸易协定，它大致占全球每年产出的 50%，包括几乎 30% 的世界商品贸易（包括欧盟内部贸易，但不包括服务贸易），以及全球对外直接投资的 20%；2012 年美国 63% 的对外直接投资流向欧盟，而流向美国直接投资总额的 44% 来自欧盟；每年美欧双边投资还产生约占世界五分之一的兼并与收购活动；欧盟每年出口的 20% 和进口的 20%（不包括欧盟内

① Working group participants of the Capital Markets Working Group (CMWG) of the Trans Atlantic Business of Dialogue (TABD), *EU-U. S. financial markets—need for cooperation in difficult times*, *Trans Atlantic Business Dialogue*, Washington, Brussels, February 2010. pp. 3 – 5.

部贸易）源自美国；美国每年出口的28%和进口的24%是来自欧盟；如果从贸易增加值方面计量，那TTIP就显得更加重要了，美国每年进口增加值的23%和出口增加值的21%来自欧盟，欧盟每年进口增加值的27%和出口增加值的29%来自美国；欧美双方的服务性贸易增加值，将大大超过现有水平（分别约增加到61%、63%）。[①]

在2014年年中的TPP方面，12个成员国的运行已经进入实践阶段，其他入约谈判还在继续，大有扩张之势；TTIP处于初始酝酿与开启阶段，虽然存在不少困难，细节性纠缠较多，但美欧的合作基础非常雄厚，正式签署协定，只是时间问题。这两个协定是对美国两洋同盟经济基础的修订与优化，将改变现有的国际经济发展格局，有可能架空现有的WTO和其他诸如APEC及其他不同类型的贸易协定，使得世界经济贸易规则发生巨变，为美国及其领导的盟国服务，并为美国控制国际经济规则的话语权构筑坚实平台。这有利于美国及其盟国的经济复苏并走向新的繁荣期，同时，还遏制与边缘化异质国家或新兴国家，限制和弱化其经济发展潜力和现有发展势头，消减中国改革开放以来经济建设的影响力。2015年10月TPP谈判的12国签署了多边协定，预示着TPP在各国立法机构得到通过后就能够运行。但是由于美国新一届总统上任后主动退出TPP，并对TTIP谈判采取冷却化态度，造成了这两个地区性多边经济战略协定突然“群龙无首”。然而，美国特朗普政府的施政不会背离美国外交战略的根本目标，仅仅从短期内或一届政府的外交策略变化来断言TPP、TTIP将成为历史，还为时尚早。我们认为，从长期看，TPP、TTIP或类似这样的组织，随着美国内外环境的变化，在美国未来的外交战略中还会重现。

冷战结束以来的美国两洋同盟一直努力在经济、政治与军事安全上做全方位的调整与优化。其政治与军事安全上的调整极为显眼，经济调整在2008年国际金融危机爆发之后，由隐形变为显形，似乎格

---

① *Transatlantic Trade and Investment Partnership: Why Does It Matter? OECD Trade and Agriculture Directorate*（*TAD*），http：//www. oecd. org/trade/TTIP. pdf.

外突出，且与美国全球军事战略重心转移，尤其是与高调“重返”亚太、“再平衡”战略呈现出双管齐下的融合态势。

本部分关于同盟的聚合性影响，其条件在于国际行为体力量变化加剧，且异质行为体之间有着重大国际矛盾及利益冲突。在如此背景下，美国作为同盟体系的力量支柱和精神领袖，自然成为其他成员的依靠。加上美国不断倡导，并得到成员国基本认同的民主价值同质性纽带，美国推行单极化的实践自然可能通过同盟自身调整与对外行动得到体现。

（二）同盟的离散性影响国际格局——呈现出多极化趋势

1. 盟国的经济发展对外依赖性增强，导致两洋同盟存在松散性，增加了游移力量向多极化游移的可能性。

其一，盟国经济发展的外向依赖导致集体遏制被依赖者的可能性降低，增加了同盟离散概率。2012 年中国商务部统计结果：近十年来中国经济年均增长 10.7%，2011 年经济总量超越日本，中国经济总量稳居世界第二。[①] 2011 年全球经济增长 3.8%，其中发达国家的贡献率是 0.8%，中国贡献率是 1.6%；2012 年全球经济增长 3.2%，其中发达国家的贡献率是 0.6%，中国贡献率是 1.4%；2013 年全球经济增长 4.3%，其中发达国家贡献率是 1.2%，中国贡献率是 1.5%。[②] 2011 年 12 月 7 日中国国务院新闻办公室发表《中国的对外贸易》白皮书称，据世界银行计算，“2002—2010 年，中国在世界 GDP 的比重持续增加，中国对世界 GDP 增量的贡献率，2003 年是 4.6%，2009 年增长到 14.5%，成为全球第二大经济体和第一大贡献国。”[③] 2009 年中国成为巴西最大的商品出口国，成为非洲最大的贸易伙伴。到 2013 年 8 月“与全球主要经济体相比，中国经济增速仍是最高的，占全球经济的份额还将提升，中国仍然是全球经济增长的

① 中国商务部官网《我国经济总量已居世界第二 今年 GDP 或超 50 万亿》（http：//www.chinabizpress.cn/news/show.php? itemid = 56086）。

② *Looking East*：*The changing face of world business*，HSBC Business，2010. p. 1.

③ 张意轩：《中国成全球经济增长重要贡献国》，《人民日报海外版》（http：//finance.people.com.cn/GB/16535069.html），2012 年 5 月 17 日。

重要引擎。”① 中国的对外贸易增长正在赶超美国的过程中，中国将成为未来10—20年内的国际经济发展的最重要角色，相比之下，美国的国际经济影响力在下降，其国民生产总值占世界总额的比例从“二战”结束时的50%以上下降到2011年的20%左右。②

中国经济的发展无论是规模或是效应上，在客观上都吸引着美国的盟国和中间游移力量。例如，韩国对华的出口从1992年的26亿美元增至2008年的913亿美元。虽然因为全球金融危机，这一数字在2009年略降为867亿美元，但韩国对中国的贸易顺差仍然高达324亿美元。从中韩建交到2010年的13年中，韩国对中国的贸易收支一直保持着贸易顺差的发展趋势。到21世纪初中国已成为韩国最大的贸易伙伴，超过了美国和日本贸易额的总和。③ 早在2010年，中国就已成为东盟第一大出口目的地。中国的基础原材料进口需求激增，也使诸多非洲、中东和拉美国家受益。中国担当需求中心，也成为发达国家重要出口目的地。到2010年，中国是日本的第一大出口市场，欧盟的第二大出口市场，美国的第三大出口市场。到2012年中国就取代美国，成为欧盟第一大出口市场，美国则取代欧盟成为中国第一大出口市场。在发达国家接连遭受次贷危机、金融危机和主权债务危机的打击后，中国推动了世界经济复苏进程。西方有学者认为，美国及其同盟大国在国际金融危机和主权债务危机中经济衰退和萧条，而中国经济仍然在增长，2010年4月增长率已达11.9%，1995年前后人们难以想象到，2010年时发达国家竟然寄望于中国这样的发展中国家，来将它们从经济危机的深重灾难中救出。④ 而且，中国的经济发

① 《中国仍是全球经济增长的重要引擎》，中国社会科学院官网（http：//www. cssn. cn/11/1103/201308/t20130802_ 387503. shtml）。

② C. Fred Bergsten, *The United States in the World Economy*, Speech delivered at the Chautauqua Lecture Series, “*The US Economy: Beyond a Quick Fix*”, Peterson Institute for International Economics, August 12, 2011.

③ 韩国国际经济政策研究院的李赫九（音译）博士谈中国“两会”未来可能对韩国经济产生的影响，见：《2010中国经济对韩国经济的影响》（http：//blog. sina. com. cn/s/blog_ 6485cea60100hf37. html）。

④ *Looking East: The changing face of world business*, HSBC Business, 2010. p. 5.

展提高了全球企业和居民的福利水平。“中国出口的物美价廉的产品不但提高了进口国居民的实际收入水平，还提高了其低收入阶层的购买力，增加了各国消费者的福利。中国对原材料进口的快速增长，使原材料生产国和出口国受益颇丰，而这些国家60%的是发展中国家。”①

上述这些成就与实践不可能长久建立在美国盟国一再损害中国安全利益和挑战中国安全底线的基础上，众多受惠于中国经济发展的国家在追随美国遏制中国时，不可能不考虑中国的反制而带来的经济损失。1989年6月之后的美国同盟集体制裁中国不久就被日本首先打破而作鸟兽散的例子就很有说服力。中国不可能一边受到美国同盟的遏制，一边给予美国同盟及其追随国以经贸优惠与救助。

全球经济格局的变化也不利于美国两洋同盟体系的凝聚。在2008年以来的金融危机打击下，美国经济实力衰退，欧洲深陷主权债务危机、日本经济提振乏力，加重了盟国经济发展对崛起中的新兴经济体的依赖。美国次贷危机外溢为国际金融危机，再转化为欧洲主权债务危机，主要是在布雷顿森林体系瓦解后，美元的国际货币霸权地位没有根本瓦解。在美元占据优势基础上的美欧经济互为最大的贸易伙伴和投资对象，美国经济危机必然引起欧盟经济的衰退。而且美元对本国危机向外转嫁的功能、美国方面的落井下石，从外部造成了欧洲主权债务危机雪上加霜，尽管欧债危机的根本原因在于欧盟自身。

其二，同盟内不同成员间的经济权利分享存在矛盾。前述美欧之间的贸易与投资关系说明，它们有着高度相互依存的经济联系。2007年美国次贷危机引起的国际金融危机波及全球，欧洲受创在劫难逃，欧盟中的美国盟国首当其冲。欧盟外向型经济国家长期积累的公共债务和财政赤字问题在美国次贷危机外溢时，早已存在的结构性与制度性问题在美国问题的连带催化下，并发症突发，随之而来的国际金融危机造成全球经济全面而持续的衰退自然构成“压倒骆驼的最后一根

① 陈继勇、苏秦婉：《中国对全球经济增长的贡献》，《中国社会科学》2012年第8期。

稻草”。在具体的可操作性层面，首先是美国华尔街金融利益集体精心下套与恶意投机，起初美国高盛等金融公司利用自己所谓的“金融创新产品”来“帮助”达不到加入欧元区标准的欧洲国家政府掩盖了它们的高额公共债务——蒙混过关，从而使得美国庞大的对冲基金大规模地侵入欧洲，美国金融公司的恣意投机，极力中饱私囊，表面看似合理，却暗潮涌动地搅乱了金融市场，一旦债务危机爆发，欧元区系列性跨国连锁恶性反应在所难免。然后，美国的三大评级公司惠誉、穆迪与标准普尔又迅速介入，对这些国家的信用危机推波助澜进行逆向评级操作，或釜底抽薪或火上浇油，致使危机加重和蔓延。同时，强力的美国舆论与发达的媒体跟进误导与炒作，掀起“欧元崩溃、欧元区分裂、欧盟解体”的“唱衰欧洲”风潮，摧残危机中的欧盟金融信心，加剧了市场动荡，促使大量资本流向美国，以减轻美国债务总额占国民生产总值比例过高的压力。这造成欧美金融矛盾激化，这种矛盾源自1990年代中后期发行运作的欧元对美元的霸权地位挑战和分权。“二战”之后美元确立国际货币霸权地位，在1970年代的经济危机与能源危机双重打击下出现了曲折，而西欧经济联合并向美元分权的倾向不可阻挡，但美元作为国际通用货币的地位没有根本动摇，直到苏联解体之后，欧洲联合的趋势更加强劲，美元的国际地位受到挑战。欧盟的成立与欧元的发行，之后欧元日益坚挺，向美元分权进入实质性的操作阶段。欧元的国际地位不断上升①，成为仅次于美元的第二大国际储备货币，到2011年其占全球货币储备总额的份额已经增加到27%以上；2007年美国次贷危机为欧元挑战美元霸权、欧盟要求改革国际金融体系及其监管制度提供了机会。G20的2008年11月华盛顿峰会和2009年4月伦敦峰会上，美欧之间激烈论争，时任法国总统的萨科齐对国际货币体系与美元霸权地位直言不讳地认为“1944年布雷顿森林会议确立的国际货币体系不一定适用于今天”，“美元不应该再被当作唯一的全球通用货币”；美国总统奥巴

---

① C. Fred Bergsten, *The United States in the World Economy*, Speech delivered at the Chautauqua Lecture Series, “*The US Economy: Beyond a Quick Fix*”, Peterson Institute for International Economics, August 12, 2011.

马则针锋相对地强调，美国绝不会在国际金融问题上向来自欧洲的压力屈服，更不可能让出世界金融主导权。[①] 特朗普在竞选美国总统时就抨击盟国在经济上损害美国利益，造成美国与德法等国出现了经济合作的现实分歧。然而，欧洲有学者认为，必须充分认识国际危机加快了世界经济格局转变的进程：实际上西方经济统治权的根基已经在多年前就开始了崩溃进程。金融危机无疑加速其崩溃，由于历史偏差致使共产主义崩溃，这一个结果造成了最近二十几年的单极体系，现在是我们回到正常历史发展轨迹的时候了——回到多极平衡格局。[②]

虽然美欧矛盾的确存在，但不可过于夸大。欧洲主流学者们关于 21 世纪第一个十年中出现的经济危机是否带来多极平衡格局，还值得商榷，但是国际金融危机确实或多或少地影响到美国的同盟力量。其中，2012 年高级智库兰德公司为美国国防部做的研究报告认为：由于经济危机，在未来十年内欧洲主要盟国因为财政困难，北约面临着持续恶化的财务紧缩和防务削减。德国到 2016 年将逐步削减掉四分之一防务预算（2012 年），英国到 2015 年将缩减掉 8% 防务预算（2012 年），而其他较小的欧洲盟国将削减更多的防务开支，美国也计划大幅度削减防务预算，因而北约应有职能的发挥受到财政困难的严重困扰和束缚，这逼使美国将战略重心从欧洲向亚洲转移。[③]

2. 同盟成员间的安全矛盾与民族性差异，以及发展中国家独立自主性加强，都削蚀着美国利用同盟塑造国际单极化趋势。美国大西洋同盟从建立起就存在着领导权的分享与成员在安全与防务上的独立自主倾向问题。

尽管北约一般被学界看成政治机器，尤其被看成军事联盟，然而

① 沈孝泉：《欧债危机中的“美国因素”》（http://www.china.com.cn/international/txt/2011-11/25/content_24005294.htm）。

② Stephen Green, *Rethinking Business for a Changing World*, Speech on Chatham House Members Event, London 14 October 2010, p. 1.

③ F. Stephen Larrabee, Stuart E. Johnson, John Gordon IV, Peter A. Wilson, Caroline Baxter, Deborah Lai, Calin Trenkov-Wermuth, *NATO and the Challenges of Austerity*, the RAND Corporation, 2012. p. xi.

北约也具有经济功能，主要是在成立时，由于加拿大的坚持，在盟约第二条规定了经济方面的内容，促进成员国之间的贸易与投资等。[①]但经贸合作的职能一直被军事与安全防务职能的紧迫性所挤占，而且从建立时候起，就存在着维持同盟运转的经济分担问题，1951 年时任盟军欧洲最高指挥的艾森豪威尔将军就警告欧洲盟国，美国过多承担北约事务的费用，在未来将是难以为继的。[②] 直至空袭并推翻利比亚卡扎菲政权前后，美国要求欧洲盟国分担更多的北约运转费用，增加军费，也没有得到相关盟国的应有重视。[③]

欧洲大国恢复元气后，要求欧洲自主化的倾向不断加强，从建立欧共体到发展成欧盟的过程，实际上也是对美国单极化的某种程度的反应。欧盟建立前夕就已经出现了北约命运的再评估问题。法国于 1966 年 7 月 1 日退出北约军事一体化机构，将美国在法国的军事部署扫地出门，这是戴高乐主义的标志；虽然 1995 年 12 月起法国参加北约成员国国防部长会议和军委会会议，但仍不参加军事一体化机构，直至 2009 年在美国同意法国人担任北约中两个指挥机构的司令官之后，法国才重返军事一体化。而且，法国在重回军事一体化时，强调了四点核心："一是法国政府坚持戴高乐总统的独立核威慑原则，法国的核力量不接受其他国家的指令；二是法国虽然加入北约军事一体化机构，但是对其军队调动和是否参与某项军事使命依然拥有自主的决定权；三是法国回归北约的先决条件是美国认可独立的欧洲防务建设；四是法国改善同美国的关系并不意味着法国完全听命于美国，而是一个'独立的盟友'"。西班牙于 1982 年加入北约，但因为直布罗陀海峡管制权问题，不参加军事一体化机构，直到 1997 年 12 月 2 日，在北约秋季理事会上，西班牙因其在直布罗陀海峡制空权得到保

① 参看：Colin Robertson, A Primer to the Wales NATO Summit: NATO, summit agenda, likely results, Canadian interest, Canadian Defence & Foreign Affairs Institute , September, 2014, p. 1.

② Alan Tonelson, 'NATO burden-sharing: promises, promises', *Journal of Strategic Studies* 23: 3, 2000, pp. 31 – 8.

③ Ellen Hallams And Benjamin Schreer, Towards a "post-American" alliance? NATO burden-sharing after Libya, *International Affairs* 88: 2, 2012, p. 314.

证，才宣布重新参加约军事一体化机构。尽管如此，法德等欧盟重要大国仍力争建立起欧盟军事一体化，并大张旗鼓地推进这个进程，期望作为一个整体，参与到国际安全事务中去。这些相对于美国利用北约推行自己意愿的单极化外交，具有牵制同盟中一家独大的霸权作用。这些是国际格局多极化的现实空间之一。

在亚太地区，最为明显的就是美国在双边同盟中的独大地位常常因为国别利益争端而遭到掣肘，出现成员游离同盟倾向。美国与韩国、日本、菲律宾、澳大利亚、新西兰等盟国都不同程度地存在利益矛盾；而更加重要的是，在双边同盟链条中，出现盟国成员间的零和矛盾时，美国作为链接的关键，其姿态将引起某个或全部关涉国的反应，必定会出现反美情绪而采取相应的外交行动致使美国单极化的同盟国游离。韩日领海岛屿争端、日本侵略历史认知的争端，因为美国更需要日本作为牵制中国、俄罗斯的支点，而纵容日本极右势力否定日本侵略史、解禁集体自卫权。韩国针对美国对日本的绥靖政策，逐渐与中国关系密切，加紧与中国谈判自贸区双边协议，中韩两国元首在 2014 年 7 月初习近平访问首尔时共同表示将在年内达成协议，这在当时也或将部分地抵冲美国构建 TPP 孤立中国的遏制行为；在因乌克兰问题而由美国倡导的盟国参与制裁俄罗斯，并在 2014 年 7 月下旬呼吁韩国制裁俄罗斯，但韩国采取了委婉的外交方式，没有实质性地跟随美国意愿行事。

同盟的离散性主要是因为成员国与美国、盟国成员之间存在利益纷争与战略需求差异。这是客观存在的，只能做最小化努力而永远不可能消除干净。这有助于多极化力量的存在和发展，在某些时候还直接彰显着多极化趋势的存在。同盟的凝聚性主要是因为同盟具有共同的社会民主价值观念的认同、在一定时空存在或潜在共同认知的安全隐患。当国际关系发展造成同盟离散性效应高于聚合性效应时，有可能造成多极化趋势明显的国际现象，反之，则可能会出现单极化趋势明显的现象。当然，这中间还要考虑到单极自身在特定时空中相对其他国际行为体力量消长的对比情况。

三　当代国际格局碎片化及同盟因素

当代国际格局并没有因为所谓的冷战结束而出现高度融合，而是出现了更为分裂的碎片化。两极格局瓦解，实际上只是以社会主义阵营垮塌，尤其是以苏联解体，来作为人们进行格局变化的重要衡量指标的。苏联为核心的一极解体，没有迎来美国为核心的另一极也解体。即旧格局是一边倒塌了，但另一边仍然存在。这是冷战结束的非对称性带来的当今国际格局变化的历史根基。它造成了资本主义阵营的相对巩固与发展，而原来的社会主义阵营成员在同盟瓦解后的国际力量重新组合中需要一个选择发展方向并进行自身定位转型的过程。因此，宏观上的国际格局呈现出巨大畸形的破裂状况：

1. 三大板块。美国为首的两洋同盟作为一个巨大板块主导着国际事务，而同时存在着不同性质的发展中国家的散兵游勇似的国际行为体，尽管有的建立了较为完整的一体化地区组织，但相较于美国的单极化力量，处于绝对弱势，而且不同的组织之间，组织内部成员之间，利益矛盾交织。

冷战结束后，不少人认为出现了多极化趋势。实际上多极化趋势不是在冷战结束之后才有的，而是在冷战期间就存在了。中国与苏联同盟的破裂，法国从北约中的游离、欧共体的形成，以及日本与美国的经济矛盾长期化，加上第三世界运动等，都与冷战结束之后的所谓多极化趋势有着相似性、继承性。任何一个学者也无法仅仅按照东欧剧变、苏联解体这个事件或时间来把两个时段的多极化趋势进行本质上的划分与区别。冷战之后的多极化趋势是极为复杂，变动不居的，因为多极化的力量结构不是固定的，相对于单极化力量结构，它是分散的，甚至是分裂的。

由于单极力量中同盟成员力量可能游离出单极势力之外，甚至被多极化力量吸引，从多极化力量的发展与变动中分离出的部分，就可以与单极力量的游离成分以及中小国家，共同构成一个中间游移力量。

这样，总体上冷战后国际格局基本分裂成现今的三大板块——多极化力量、中间游移力量、单极化力量。

2. 经济与政治安全的撕裂。以美国两洋同盟为基础的资本主义世界，政治上基本上形成了以美国为中心的较为稳定的独立安全结构，它与其他国际行为体具有非融合性，常常处于若即若离的状态。而在经济领域，随着冷战后社会主义国家加入 WTO 等世界经济组织，国际经济一体化不断加深，资本主义发达国家难以完全脱离正在崛起的中国、印度等新兴国家。不发达地区的发展潜力正在被发达国家关注、介入与利用。而且从冷战结束至今的长时段看，国际经济的融合速度和程度，相对高于国际政治与安全的融合度，即经济板块与政治安全板块不契合性，造成国际格局分裂状态长期存在。

尽管经济板块具有相对高的融合性，但单独看，它的内部也仍然是分裂的。不同的经济组织之间存在相互排斥的一面，虽然这些组织大都在 WTO、国际金融机构等框架下运行，但对外的高关税壁垒和准入制度，造成国际经济一体化的复杂困境。这中间，美国以同盟国为中心打造新的地区经济框架对既有国际经济秩序实行改造，极大冲击着新兴国家的经济成长。

3. 严重的非平衡性与冷战遗留。当今国际格局发展的两种趋势三种力量，具有明显的非平衡性。美国作为唯一超级大国，其经济军事实力加上文化政治影响力，本身就足以构成超强的一个极，具有超强的外交吸引力，再加上美国同盟外交所凝聚的世界上最强大的大西洋同盟和亚太双边同盟，构成了美国作为单极化现实力量的压倒性优势。美国单极化外交战略实际是对冷战期间其与苏联争霸战略的延续、巩固与深化，即实现美国单独领导世界，其中的冷战思维外交是对民主扩展战略的继续推进。美国的两洋同盟与现有的亚太安全框架，都是对冷战的直接继承，其意识形态与价值观的对外排斥性，本身已经给当今国际关系划设了泾渭分明的不同单元，造成了国际格局的分裂现状。

四 小结

基于上述认识，长期以来中国主流观点所认为的冷战后国际格局多极化趋势明显的论断具有很大的模糊性和不准确性，因而是非科学的。这种判断在冷战结束之后的国际格局变迁中，在接受体现国际格局变化的重大国际事件检验上，常常表现出无效性，有时与事实的偏差太大。

对国际格局性状判断的标准设定，不同学者可能有不同的见解，但最为可靠的，也是绝大多数学者难以回避、难以反对的标准，是该判断与重大国际事件彼此解释的吻合度。因为关于国际格局性状的任何判断最终都要接受历史和不断发展的国际实践来检验，即都逃不过重大国际事件的验证，所以，验证判断到底是否科学，靠的不是套用一般舆论、思潮或某个国家的政策，而是最终必须归结到把国际关系发展中的重大国际事件与既定判断进行比对检验。虽然文史哲学科类的任何归纳性判断，都可能因事物的普遍联系性和历史发展的无限延续性而难以准确预知未来事件的性状，即因为所考察样本的非无穷性与非发展性，而难以超脱归纳性判断的非完全性与滞后性的缺陷——难以保证现有判断与未来事件彼此解释的吻合度。正如冷战结束之后，主流学界对国际格局变化态势的判断虽与许多实例验证出现了巨大偏差，但至今也没有得到学界政界重视和纠正。

从已知的冷战后重大国际事件综合考虑，东欧剧变、苏联解体至今，国际格局存在着单极趋势与多极趋势并存的状态，且单极力量与多极力量在中间游移力量的参与和分化中角力，即冷战后国际格局在两种趋势的三支力量角逐中变化。这种判断相对于主流判断，起码对本研究成稿之前体现国际格局变化的重大国际事件，具有更强的解释力。

研究冷战后国际格局变化性状，不能只把美国作为一个孤立的行为体观察其影响力，而应同时把美国和它的同盟作为变量来考察他们之间、他们与其他国际行为体之间的关系变化对国际格局走势的影响。美国除了自己超强的实力之外，通过凝聚盟国力量、拉拢“友好”国际行为体和分化多极化整体实力，来集聚其所谓的全球“领导力”，为实现美国战略服务，即形成了做强自己，壮大同盟，吸引“友好”国际行为体，推进美国利益的战略实践。其中，中间游移力量的消长和游移动向，是美国单极意愿实现度的关键变量，相应地影响着多极化趋势的强弱。中间游移力量主要来自多极化力量的分化，也部分来自美国两洋同盟的阶段性分化。中间游移力量的多变性，致使单极力量与多极力量的角逐出现了不确定性，也部分规定着重大国际事务变化的烈度和方向。但是，在具体的国际关系中，我们发现在冷战后的国际常规军事等传统安全事务上，单极化趋势常常比多极化趋势相对明显一些，而在国际经济、文化、全球环境及其他非传统安全领域的问题上，单极化趋势没有多极化趋势明显。冷战结束之后的老布什政府与奥巴马政府的单极化趋势弱于克林顿政府与小布什政府时期，这些与美国的绝对经济军事实力在不同时期的差异有正相关关系，也与冷战后美国不同届别政府的外交政策和实践有关，更与冷战结束带来的国际格局震荡有关。

美国两洋同盟是冷战的产物与遗留，当今国际格局包含大量的冷战遗留因素：例如亚太地区的安全结构与大量具体的国家间争端。冷战作为国际两极格局变化的基本特征已经成为历史，但冷战遗留是存在的，且冷战现象并没有销声匿迹，还不定期地显现，有时还呈现出激化的态势。这在美国全球战略重心东移“重返”亚洲和“再平衡”战略的调整和推进过程中，不定期地浮现在复杂的国际事务中，还时常成为国际热点。更明显的是，美国在冷战结束之后，开始基于巩固和优化两洋军事同盟而大力打造两洋经济同盟。而冷战思维中的共同价值观以及体制同质性认同，是凝聚美国两洋同盟的重要因素，但这并不能消除美国与具体盟国之间的离心因素。美国各盟国的具体利益诉求不同，它们可能因此与美国产生矛盾，致使美国两洋同盟的单极化作用部分地被同盟的离散力销蚀，有助于多极化力量和趋势的存在和发展。

作为冷战遗留的冷战思维，在美国及其盟国中广泛存在，成为盟国团结的重要凝结剂。中国政府自改革开放至今，在国际舞台上倡导与践行摒弃冷战思维外交。至于冷战思维的消除，不是单方面行动能够奏效的，必须得到冷战思维外交的相关方彼此认同之后才可能在未来的实践中消减。因此，单方面奔走呼号地摒弃冷战思维及行动，在没有达成彼此理解和得到对方认同的情况下，往往是难以回避冷战思维外交的侵害的。单方面倡导和摒弃冷战思维，只可作为引导舆论和政策宣传的手段，不适合真正付诸外交实践。

值得我们深思的是，美国的同盟战略由来已久，冷战后仍然乐此不疲地优化与加强。这方面的成本与效益无须论证，因为美国政治的实用主义和精明是不会长久经营亏本生意的。中国曾经也采取过结盟外交战略，正在崛起的中国在改革开放后采用了不结盟外交政策；随着经济实力的强大，国际化程度日益加深的中国，是否可以从美国同盟外交中得到一些有益的启示，与时俱进地改革、优化现有不结盟外交政策，以维护和扩展中国的国际利益？

认清当代国际格局变化的总体趋势与力量结构，是制定本国全球战略的前提。认清美国的实力和战略，就必须对美国两洋同盟做深度研究，从而为制定中美关系的外交政策提供清晰而较为准确的评估与参考。而当今国际格局变化中的最为强大的主角是美国，美国两洋同盟深刻影响着国际格局的走向。因此，研究美国两洋同盟与当今国际格局变化的关系，有助于客观认识当今国际关系特点、清醒地定位我国的国际角色。

第二章　冷战后美国安全护持模式及其制衡行为逻辑

谈及美国的同盟，人们常常说起美国霸权，学界为此还专门创造了一个概念——霸权护持战略行为模式。对美国霸权护持战略行为模式的学理解释主要来自秦亚青先生基于国际系统结构基本分析框架下对冷战时期美国战略行为的定义，然而冷战后学界更多从技术路线上使用这一概念。但是，冷战后的国际关系变化与冷战期间的国际关系有着很大不同，霸权护持概念尽管对冷战后的国际关系还有一定的解释力，但毕竟这个概念是基于冷战国际关系史而创建出来的，其对冷战后国际关系发展历史与现实的解释盲区也同时存在，为此，我们创建一个更切合冷战结束以来国际关系的新概念——安全护持。①

冷战后美国亚太安全护持战略行为模式是基于国际系统进程基本分析框架导出的概念。厘清对安全护持的认识需要解构这一概念，找出蕴含于其中的基本战略行为，而基本战略行为的判定须通过“基于维度”的考察。通过对几种战略行为的比较，我们发现，施韦勒和米尔斯海默意义上的制衡可以作为这种基本战略行为的分析基底，但制衡的概念必须重塑才能符合基本战略行为的要求。重塑制衡的方式主要是打破其指涉对象的单一维度而进行多维重构，这样包含有预防型、管控型和合作型三个概念层次的制衡便成为符合判定标准的安全

① 本节的主要内容已发表，参见孙灿、钮维敢《冷战后美国亚太安全护持战略行为模式——以南海外交为例》，《国际安全研究》2016 年第 3 期。

护持的基本战略行为。随着冷战后全球安全环境的变迁，尤其是随着国际格局的结构性力量重组，美国的安全护持战略行为模式也客观上存在转型的必要，而制衡行为的转型又是安全护持模式转型的核心。全球安全环境的变化要求美国的战略行为须符合“前沿路向”和“融入路向”两条发展路向，而突出管控型制衡第一原则的“近岸制衡”和突出预防型制衡第一原则的“巧制衡”似可以成为符合两条发展路向的演进策略。实践中，它们互有侧重，共同构筑起美国安全护持战略模式转型的基本内容。更为重要的是，安全护持战略的基本力量强弱决定了相关制衡与演进行为的速度与成效。实施美国安全护持战略的基本力量包括自身综合实力和可以为美国调用的两洋同盟力量。

美国安全护持战略的变化态势既宏观涵盖了两洋同盟与国际格局，又成为两者互动的有机连接体，所以，构建性地研究美国安全护持战略行为模式，可以较为合理地把握和解析两洋同盟演化与国际格局转型的变化态势及两者间的关系。

第一节　亚太视域下安全护持的学理性解释

一　安全护持新概念的引出

霸权护持是国际关系学术话语体系中研究美国霸权存续性问题时经常被使用的一个概念。然而，绝大多数国内外学者对这样一个概念的使用都是技术性的，即使用霸权护持来说明美国在某个或某些领域所施加的延续强权，以维持它在这方面的强势主导地位。秦亚青教授是其中为数不多的从学理意义上对霸权护持做过详细探讨的学者，他在《霸权体系与国际冲突——美国在国际武装冲突中的支持行为(1945—1988)》(以下简称《霸权》)一书中将霸权护持定义为：“维持霸权国与其他国家之间的权力距离，将这种权力距离始终保持为一个霸权国认为是安全的常数”，并将霸权护持视为一种战略行为模式，“模式的目的是揭示霸权这种特定历史时期中霸权国家在某一类问题方面的一般性行为规律”。[1] 霸权护持模式对霸权稳定论的基本假定提出了挑战：因为霸权护持模式认为，国际武装冲突，除了霸权战争之外，都可能为霸权国提供霸权护持的机会，也意味着霸权系统与国际秩序和稳定之间并不存在必然的正相关。霸权护持模式被区分为全球层次的霸权护持和区域层次的霸权护持，全球层次的霸权护持针对系统的次强国（也即苏联），区域层次的霸权护持针对次系统[2]的主导国家。应该说，秦亚青在《霸权》一书中对于霸权护持的学理解释是十分富有创建意义的，但正如苏长和对其所做的书评中所言，霸权护持概念的使用存在商榷余地。[3] 一方面，秦亚青在《霸权》中所使用的霸权护持概念存在于冷战时期，它的解释能力是在两极霸权结构时期之内，这是“二战”以后从 1945 年至 1988 年之间两个超级大国激烈竞争的 43 年，并不适用于冷战后[4]的分析；另一方面，这种学理意义上的霸权护持是基于国际系统结构层面的分析结果，本质上是现实主义权力关系的逻辑体现，因而它未能从系统进程的角度来检验霸权护持的有效性，是一种静态的战略模式。

---

① 秦亚青：《霸权体系与国际冲突——美国在国际武装冲突中的支持行为（1945—1988）》，上海人民出版社 1999 年版，第 136、144 页。

② 秦亚青在《霸权》一书中对次系统的界定建立在世界区域的划分基础上。有关世界区域的划分本身存在着争议，秦亚青采纳了迈克尔·沙利文（Michael J. Sullivan）的划分方式，他认为沙利文的划分方法是一种比较平衡的方法且受意识形态因素干扰较小。在沙利文的划分中，他将南部亚洲、东部亚洲与近海亚洲和大洋洲视为整个亚洲这个大区中的三个不同的区域。但当前亚太地区作为一个整体区域的概念得到了越来越多的认可，当然亚太地区的界定本身存在着分歧。本文将亚太地区视为一个独特的区域或次系统，在一定程度上区别于《霸权》一书的论述。沙利文的划分方式可参见：Michael J. Sullivan Ⅲ, *Measuring Global Values*: *The Ranking of 162 Countries*, New York: Greenwood, 1991, p. 7. 转引自秦亚青《霸权体系与国际冲突——美国在国际武装冲突中的支持行为（1945—1988）》，上海人民出版社 1999 年版，第 190—195 页。

③ 苏长和：《对外政策的国际根源——读〈霸权体系与国际冲突〉》，《美国研究》2000 年第 3 期。

④ “冷战后”是本文的一个重要时间界定，学界对冷战结束的标志或时间尚存分歧，本文拟将 1990 年 11 月欧安会第二次首脑会议的召开作为冷战结束的标志，此种观点可参见：白建才《冷战结束时间辨析》，《陕西师范大学学报》（哲学社会科学版）1996 年第 2 期。为便于下文的数据库使用，文本拟将 1991 年作为“冷战后”分析的起始年份。

在冷战结束约30年后的今天，美国仍被视为世界超级大国，但全球多极化趋势已不断发展，这种学理意义上的霸权护持概念显然不能够充分有效地解释当前美国战略实践中的许多现象。本研究拟在学理层面从国际系统进程视角去寻找和解析冷战结束后美国战略行为模式的一些基本问题，提出安全护持的模式概念，并以美国在亚太地区①的美国太平洋同盟实践为主要分析场域。之所以选择对亚太地区进行分析而不采纳霸权护持解释遵循的全球/区域二分法，主要原因是冷战后国际社会并不存在像冷战时期苏联这样的系统次强国，而只存在可能的次系统主导国。而亚太地区无疑是冷战后最有热度的次系统之一（尤其是近些年来这种趋势越来越明显），所以本论证将亚太地区锁定为主要的分析场域。

二　冷战后美国霸权护持的研究回顾

解决本研究的基本问题，首先需要对冷战后美国霸权护持的研究做一番梳理。前文提到，绝大多数国内外学者都从技术路线上使用这一概念，并未深究其学理意义，这使得对霸权护持的研究呈现出四种不同的研究视角或路径：

（一）物力消长与角色变化——结构性因素视角下的霸权护持

结构性因素视角下的霸权护持与秦亚青对冷战时期霸权护持理解的出发点一致，即从国际系统结构层面去探讨美国霸权的维护，偏重物质性力量，尤其是霸权国军事实力的护持特性。埃亚尔·本韦尼斯蒂（Eyal Benvenisti）认为“布什主义”是这种霸权护持的代表，它将国际法置于现实的情境需要之中。当全球紧急事态出现时，如若国际法能够为其军事干预提供依据和标准，美国便会认可；如果不能，

① “亚太地区”是本文所要探讨的美国战略模式的实施场域，学界对亚太地区所涵盖的具体范围也尚存争议。为利于下文数据库的使用，笔者拟采用国内学者陈峰君所界定的“大亚太”概念，这种意义上的“亚太地区”将包括西亚以外的整个亚洲部分、大洋洲、北美洲和中南美洲西部地区。详见陈峰君：《亚太概念辨析》，《当代亚太》1999年第7期。

美国则会遵循其军事干预的标准。[①] 当然，结构性因素的理解方式并不排斥制度的效用，只不过制度得依附于结构性的物质力量。国内学者黄一映采纳了秦亚青的霸权护持概念，并认为其在冷战结束后仍具有较强的解释作用。但作者也认为随着国际关系格局的深刻变化以及时代主题的转化，霸权国霸权护持的方式和手段也会发生一些变化，比如，更多利用和操纵国家内部的矛盾或利用国际制度加强对国际系统进程的影响。[②]

近年来，国外一些学者还从新古典现实主义的视角拓展了结构性因素对于霸权护持的解释力度。英德杰特・帕麦尔（Inderjeet Parmar）认为，国家和私人精英的合作共同构筑了美国的权力。那些植根于美国民主社会中，并有着强烈国际化和全球化的团体组织积极构筑了美国霸权，并逐渐模糊了所谓的国家和私人之间的分野。国家—私人基础网络共同构筑起具有美国风格的国际秩序，护持着美国的霸权，而非国际体系原本的“逻辑”。[③] 理查德・哈斯（Richard N. Haass）在其新书中则指出，美国在“9・11”事件后过度对外扩张，而忽视了其权力的国内基础。新兴国家的崛起及全球权力的分散化应成为美国振兴国力的动力与机遇，美国应未雨绸缪，在其他国家还在追赶美国之时，只有以安内固本为先，方能最终巩固美国优势地位并延续美国霸权的命运。[④] 这种理解路径都认为美国霸权结合了国内和国外两种权力的共同构筑，国内行为体及内务的巩固对于美国的霸权护持极为重要。

---

① Eyal Benvenisti, “The U. S. and the Use of Force: Double-edged Hegemony and the Management of Global Emergencies”, *European Journal of International Law*, Vol. 15, No. 4, 2004, pp. 677 – 700.

② 黄一映：《冷战后美国东亚霸权护持与台湾问题》，《台湾研究集刊》2007 年第 2 期。

③ Inderjeet Parmar, “Foundation Networks and American Hegemony”, *European Journal of American Studies*, Vol. 7, No. 1, 2012, pp. 2 – 25.

④ Richard N. Haass, *Foreign Policy Begins at Home: The Case for Putting America's House in Order*, New York: Basic Books, 2013. 转引自张勇《为美国霸权的“持续性”而谋——〈对外政策始于国内：打理好美国内务〉评介》，《美国研究》2013 年第 4 期。

（二）制度运行与演化——进程性因素视角下的霸权护持

进程性因素的视角偏重从国际制度方面去理解美国的霸权护持。此时，国际制度应理解为基欧汉意义上的需求型制度，即国际制度具有独立的因变量含义，霸权护持本身也要受到国际制度的约束。罗斯玛丽·福特（Rosemary Foot），尼尔·麦克法兰（S. Neil MacFarlane）和迈克尔·马斯坦多诺（Michael Mastanduno）共同编著的《美国霸权和国际组织：美国与多边主义制度》是一本极具代表性的全面介绍美国霸权护持与国际制度之间关系（尤其是苏联解体后）的研究文献。书中通过一系列案例研究和系统的问题讨论，得出了总体上具有一致性和彻底的分析结论：美国霸权所赋予多边主义机制的敌对性被显著夸大了，多边主义机制本身将会以直接或间接的方式限制着美国对其所附加的工具性。[①] 约翰·伊肯伯里（G. John Ikenberry）是从制度霸权的视角理解美国霸权护持的重要代表人物，他提出冷战后美国霸权护持所取得的成功与国际制度的创立和延伸有着密切联系，它们使得美国的权力受到约束并合法化。美国对于统治世界的兴趣要小于成为世界规则中一员的兴趣。[②]

一些学者对国际制度这一进程性因素中的核心要素进行了形式上的变换，赋予其更多内涵和更加灵活的使用方式。大卫·莱克（David A. Lake）从国际秩序意义上理解美国的霸权护持，本质上这也是基于制度作用的推导结果。他认为，在未来的东西方关系中，美国若能保持或提升其在西半球、欧洲和东北亚的地区霸权地位，并将权威扩展到亚洲其他地区，那么它将能更加有效地与日益崛起的中国相竞争。要建立和保持这种权威，有两项必需的要求：为其他国家建立受惠的社会秩序，并且把它们都纳入这样一个秩序中。[③]

---

① Rosemary Foot, S. Neil MacFarlane and Michael Mastanduno edit, *U. S. Hegemony and International Organiza- tions: The United States and Multilateral Institutions*, New York: Oxford University Press, 2003.

② G. John Ikenberry, "Power and Liberal Order: America's Postwar World Order in Transition", *International Relations of the Asia-Pacific*, Vol. 5, No. 2, 2005, pp. 133 – 152.

③ David A. Lake, "American Hegemony and the Future of East-West Relations", *International Studies Perspec- tives*, Vol. 7, No. 1, 2006, pp. 23 – 30.

国内学者祁怀高的研究突出了制度互动视角下的美国霸权护持。他认为冷战结束之后，美国在东亚的霸权护持与中国的崛起呈现出“中美制度均势”，即中美两国在经济相互依存加深的背景下通过国际制度对彼此实施的机制化制衡。这较为典型地体现在两国对东盟地区论坛、东盟“10 + 3”和东亚峰会三个重要多边制度的参与中。①

（三）合法性与收益——认同性因素视角下的霸权护持

认同性因素的视角侧重从霸权的合法性方面去理解美国的霸权护持，这就意味着法律会对霸权产生一定的规制作用，而这种法律既可能来自国际法，也可能来自美国国内法律的自然延伸或国内法律机构的职能诉求。基于现实主义的传统看法，美国法院在美国的对外政策中往往发挥不了实质性的影响，现实主义者倾向于将行政机构凌驾于司法机构之上，推崇对外事务的有效性，而忽视其自由与合法性等宪法价值。罗伯特·诺尔斯（Robert Knowles）对此提出一个新的霸权模式，其中考虑到法律在冷战后变化的世界中的作用。在这样一个霸权模式中，法院通过提供稳定的司法解释和授予政治分支机构合法性来服务于美国的外交事务利益，这打破了原先现实主义霸权护持所推崇的解释模式，使得对美国霸权护持的解释更具合法性。② 对霸权护持合法性的认识往往需要催化剂的作用，而地区热点事件经常会扮演这样的角色。尼古拉斯·基钦（Nicholas Kitchen）指出美国霸权护持在“阿拉伯之春”中表现出强烈的合法性认同危机。美国的中东战略植根于两大元素：对该地区安全和稳定的石油市场的霸权利益及受到国内对以色列总体思想认同的巨大压力。这二者构成了美国在中东霸权护持的内在矛盾。“阿拉伯之春”突出反映了美国在该地区作用的局限，现实是在该地区存在着浓厚的反美主义情绪，那些受到美国支持的失败政权恰恰是反美主义的重

---

① 祁怀高：《冷战后中美在东亚的制度均势及对中国的启示》，《世界经济与政治》2011年第7期。

② Robert Knowles, “American Hegemony and the Foreign Affairs Constitution”, New York University Public Law and Legal Theory , *Working Paper*, 2009.

要来源。[①]

将建构主义中的社会结构引入，使我们能够更加深入地去理解认同性因素对于霸权护持的塑造。巴里·布赞（Barry Buzan）认为，冷战后美国所进行的霸权护持战略呈现出与诸大国之间良性互动的局面，结合了现实主义和温和建构主义的分析路径，可以合理地展现这种单极体系维系与转变的动力机制。[②] 认同性因素视角下的霸权护持直指霸权衰落问题，这也被视为进行霸权护持的主要原因。国内学者周丕启认为，霸权的衰落不仅是物质力量的衰落，还包括对国际系统进程主导作用的降低。霸权衰落的根源是霸权合法性出现危机。霸权国实施霸权护持的主要方式有两种：一是强制性方式；二是合法性方式。从成本—收益角度看，霸权国通过合法性权力来主导国际系统进程显然比通过强制性权力成本低。[③] 这里，认同性因素与进程性因素呈现出合流之势，共同决定了美国霸权护持的路径安排。

（四）多元复杂评判——后现代视角下的霸权护持

后现代视角为我们提供了理解美国霸权护持更为多样化的途径。后现代强调所谓的解构和文本的重读，这也意味着霸权护持将会被嵌入到多元的意识场景中进行重识和研习，而环境、性别和语言成为学者们探讨的重点。罗伯特·福克纳（Robert Falkner）开启了美国霸权护持与绿色政治的系统性研究。他认为，欧洲和其他许多地区的环境主义者将美国霸权的提升与其反对全球环境主义等同起来是误导性的观点。这两者之间的关系是复杂的，至少有三点值得关注：第一，必须将美国远离多边环境政策的明显行动置于广阔的历史场景中；第二，在美国的霸权地位和其环境外交政策的追求之间并不存在简单的线性关系；第三，我们需要更加关注美国环境外交政策的国内来源。[④] 史黛

---

① Nicholas Kitchen, "The Contradictions of Hegemony: The United States and the Arab Spring", *LSE IDEAS Report*, 2012.

② ［英］巴里·布赞：《美国和诸大国：21 世纪的世界政治》，刘永涛译，上海人民出版社 2007 年版。

③ 周丕启：《合法性与霸权的衰落》，《世界经济与政治》2005 年第 3 期。

④ Robert Falkner, "American Hegemony and the Global Environment", *International Studies Review*, Vol. 7, No. 4, 2005, pp. 585 – 599.

西·塔卡斯（Stacy Takacs）通过展示对在伊拉克受伤的女兵杰西卡·林奇（Jessica Lynch）的营救，试图阐释这样一个观点：在“9·11”事件之后，公众舆论中的军事主义、男性主义和国家安全是如何合流的，以及它们是如何有助于布什政府做出富有侵略性的外交政策的。“9·11”事件使得布什政府确信可以通过军事化的霸权护持来实现国家安全，这无形中将国家安全与男性主义而非女性主义绑在了一起。[①]国内学者杨卫东指出英语在全球的扩张导致一种世界文化同质化与美国化，而互联网的发展更是推进了冷战后美国的这种语言霸权护持。[②]

理查德·杰克逊（Richard Jackson）的研究立足于美国的反恐政策，而反恐是冷战后美国霸权护持的重要体现。通过对小布什政府和奥巴马政府的反恐政策比较，他指出，只要战争和恐怖行动相互交织，共同构成美国一致的中心关注，并对美国的霸权产生影响，美国对其态度就不会发生实质性改变。恐怖主义深深烙在美国大众的文化记忆中，使之围绕“9·11”而产生了一种负面的意象。其结果是使得反恐成为美国自我认同和减少国际争议的元叙述。[③] 杰克逊的观点带有鲜明的后现代主义心理学印迹，充分体现了超个人主义心理观作为后现代主义心理学的核心要义。后现代还具有更加解构意义的理解，它直指霸权护持本身的重构。阿米塔夫·阿查亚（Amitav Acharya）从后现代意义上提出了无霸权国际关系的初步概念设想。在其无霸权国际关系秩序理论中，霸权及其护持并非国际无政府状态的本质特征和无法规避的结果，在一个由中等大国、小国、社会群体和国际组织所组成的国际关系中，对霸权及其护持的抵制可以成为一种自然的状态。[④]

---

① Stacy Takacs, “Jessica Lynch and the Regeneration of American Identity and Power Post - 9/11”, *Feminist Media Studies*, Vol. 5, No. 3, 2005, pp. 297 - 310.

② 杨卫东：《全球化时代的语言文化帝国主义》，《国际论坛》2013 年第 4 期。

③ Richard Jackson, “Culture, identity and hegemony: Continuity and (the lack of) change in U. S. Counterterrorism policy from Bush to Obama”, *International Politics*, Vol. 48, No. 2/3, 2011, pp. 390 - 411.

④ Amitav Acharya, “Nonhegemonic International Relations: A Preliminary Conceptualization”, *SPAIS Working Paper*, 2008.

通过对上述四种不同视角下美国霸权护持的研究回顾，不难发现，国内外学者的研究中对这一概念的使用具有非常明显的实用主义色彩。与秦亚青对霸权护持这一概念进行明确的诠释不同，大多数学者都是在特定的情境中将之作为一种既定的概念直接使用，因而概念意义的混淆在所难免。笔者对这些研究中的霸权护持做出上述的四种视角分类，实质也只能是一种文本重读的过程，依据情境中霸权护持的使用逻辑大致将各类研究进行归类，而这实际上也指出了另一个问题，即研究者对于某些似乎是通识性概念释义的忽视可能会给读者的理解造成偏差。而一些“呈现出合流之势”的理解视角也正是这种概念模糊的隐性表现。

通过对美国霸权护持四种不同视角的研究回顾，我们又可以看出，秦亚青对于霸权护持的学理诠释的不足，抑或更准确地讲，是霸权护持解释可供拓展的方向。笔者并不质疑秦亚青对于霸权护持的学理解释，恰恰相反，笔者非常认同秦亚青对其所作的定义，只是由于客观时空条件的改变和美国自身战略行为实践的现实要求我们对冷战后美国的对外战略有更加应景和发展的认识。结合秦亚青在《霸权》一书中对美国霸权护持的理解，笔者认为至少有以下三点原因需要我们去“超越”霸权护持：第一，时间转移，冷战后的国际情势与冷战时期有较大改变；第二，解释框架的解释力，笔者并不否认国际系统结构的解释力，而且认为这一框架在冷战后仍具有较强的解释力度，但若止于这一单一的理解框架势必会对美国对外战略的理解有所偏颇；第三，将霸权护持视为是一种战略模式依旧较为抽象，模式的概念往往是对一组事物的共性的归纳，但相对于具体的对外战略行为而言显得不够直观。

霸权护持四种研究视角还是冷战后美国对外战略观念发生变化的投射。可以说冷战的结束使美国的对外安全认知发生了较为根本的转变，而美国推行的霸权存续战略本身便是其霸权观念的直接体现。1985 年，著名的《国际组织》杂志刊登了学者邓肯·史尼达（Duncan Snidal）的文章《霸权稳定论的局限》（*The Limits of Hegemonic Stability Theory*），他基于霸权的观念将其区分为仁慈的霸权（benevolent hegemony）和强制的霸权（coercive hegemony）：仁慈的霸权意指能够为国际社会多数成员提供公共产品并肩负维持国际秩序责任的霸权；强制的霸权则意指削弱国际社会中的其他行为者从而维持其自身权力的霸权。[①] 自此，仁慈的霸权作为一种美国对外战略观念越来越多地出现在冷战后学界的研究成果之中。笔者认为，相较于冷战时期美国较为注重强制的霸权而言，冷战后其更多地推行所谓仁慈的霸权，而这从道理上也是说得通的：冷战时期美国与苏联的两极对抗主要集中在政治军事层面，双方都旨在绝对削弱对方的相对实力，从而维护自身的绝对安全，整个国际社会笼罩于紧张和对峙的氛围中。冷战结束后，对美国最大的威胁苏联瓦解了，新的威胁带有很多不确定和潜藏性特征。进入新千年以后，以“9·11”事件为标志，恐怖主义作为一个突出性威胁进入了美国的决策圈，而伴随着全球化的深入发展，一系列全球环境问题、资源能源问题也相继涌入，非传统安全威胁将成为美国不得不考虑的“新常态”。而这一“新常态”的潜台词便是美国不得不寻求基于全球和地区层面的更多合作以维护美国的领导力。冷战结束后美国主要经历了克林顿、小布什和奥巴马三位总统的治理时期，民主党人克林顿和奥巴马力主自由主义的外交理念，而小布什则奉行所谓的新保守主义理念，然而，当今美国主流学界的一般认知，诸如知名学者罗伯特·卡根（Robert Kagan）的理解是，“自由国际主义和新保守主义都认定美国具有仁慈霸权的性质，主张美国对外政策应该反映自由民主的价值理念，致力于维护美国霸权、扩展自由秩序”。[②] 仁慈的霸权的观念要求突破基于现实主义逻辑的霸权护持的解释框架，而上述冷战后四种霸权护持视角中的后三种均已不同程度地超越了秦亚青学理层面的释义，但遗憾的是这些视角中的霸权护持只是出于技术手段上的使用。

在四种霸权护持的视角研究中，进程性因素视角下的霸权护持尤为值得关注。我们一般将国际系统进程和国际系统结构并列为理解系

① Duncan Snidal, "The Limits of Hegemonic Stability Theory", *International Organization*, Vol. 39, No. 4, 1985, pp. 579 – 614.

② ［美］罗伯特·卡根：《美国缔造的世界》，刘若楠译，社会科学文献出版社 2013 年版，第 4 页。

统效应的两种重要解释框架，上述的进程性视角下霸权护持中虽未详细描述进程内涵及其核心要素（笔者在前文使用了“偏重”一词），但可以感觉出这是一条具有发展前景的研究路径，下文的论述将围绕这一启发性视角进行新的扩展性研究。上述冷战后关于霸权护持的四类视角及观点，无不涉及国际格局的转变，都与美国全球战略同盟的变化息息相关，其四类观点实质上都是广义上探析美国基于关注自身利益增减而谋求建构一种利益安全的保障及其状态。

三 美国的安全护持概念源起与设计

对冷战后美国霸权护持的研究回顾不难发现，从技术路线上使用这一概念使其呈现出多种不同的表意。尤其是后三种视角下的霸权护持，已明显偏离秦亚青在《霸权》一书中的学理解释。当然，不同的学者从不同的视角出发选择使用这一概念本身无可厚非，但若需要严格从学理意义上去进行说明，经常会出现的情形是对同一概念的使用被置于不同的基本分析框架之中，造成概念术语立意的分歧和混乱。回到霸权护持本身，冷战后学者对这一概念的使用并非都从国际系统结构的基本分析框架出发，并以现实主义的国家权力为支点，这就使得学者在使用该概念去做美国霸权存续性意义上的论述时可能早已偏离霸权护持原初意义上的立论，而这正是概念在学理上出现模糊的根源。

在国际系统的基本分析框架中，系统结构和系统进程是两种主要的解释路径。本研究将从国际系统进程的基本分析框架出发，提出冷战后美国在亚太地区的霸权存续主要遵循一种安全护持战略行为模式，将其定义为：“霸权国与其他国家之间利益共生的增量，这种增量在不同国家间有程度上的差异”①，并对之进行相关学理层面的解

① “不同国家”主要包含三类：崛起国（Rising Country，RC）、伙伴国（Partner Country，PC）、盟国（Allied Country，AC）。它们与美国之间利益共生的增量 ΔI 呈现 ΔIRC < ΔIPC < ΔIAC，这建立在三类国家对美国的威胁度与亲密度的基础上，下文还将有进一步说明。这里利益共生的增量与国家间合作利益的概念并不完全相同，利益共生的增量主要是基于美国安全护持层面讨论的概念，侧重于国家安全方面。另外，为服务于本文的论述需要，文中除引用观点之外所指的霸权国即美国，崛起国即中国。

读，以区别于霸权护持，澄清它们的使用边界。

（一）安全护持的可行性分析

理解美国的安全护持战略行为模式需要对其进行可行性分析，即基于哪些因素的考量推出这一概念的核心要旨——利益共生。本研究提出，国家安全环境、霸权本身含义和霸权国对自身权力的运用是理解美国安全护持的三重逻辑起点。

1. 基于国家安全环境的考察

国家安全环境系统理论将国家间相互作用看作国家安全环境中的决定性因素之一，并认为“国家要想获得有益的安全环境，必须要承认安全困境的存在并设法减轻它的影响”①。这实际上从建构意义角度指出了国家安全环境的塑造离不开国家之间的良性互动，仅靠单个国家自身无法保证其安全环境，霸权国美国亦是如此。国家之间的良性互动离不开彼此的共同利益，因为没有共同利益的互动只会偏向于其中的一方，很难保证这种交往的继续。

国家安全环境还深受国家所秉持的安全观念和价值观的影响，即存在主观认知上的国家安全环境。冷战结束后，和平与发展的时代主题更加凸显，在这样一个日益相互依赖的大环境中，国家安全环境越来越被置于整个国际安全环境的大视野中。“国际社会必须重建共识，奉行以共同安全与合作安全为价值导向的、真正的‘国际安全战略’，否则将难以摆脱纯粹自助与竞争型‘国家安全战略’所造成的安全困境”②。在新的背景下，为迎合时代发展主题的要求，美国需要重构影响其国家安全环境的安全价值观，更多地考虑别国和国际社会的整体福祉。

通过这两方面的国家安全环境考察，可以推出冷战后美国需要践行利益共生的战略。

这种考察在美国的安全战略实践中，主要体现在国际格局变化中

① Shiping Tang, “A Systemic Theory of the Security Environment”, *The Journal of Strategic Studies*, Vol. 27, No. 1, 2004, p. 6.

② 石斌：《共同安全的困境——论当代国际安全的文化价值基础》，《国际安全研究》2013年第1期。

美国对两洋同盟维持与优化的润滑剂与推进力上，即在现有的共同安全威胁下，为了自由世界的共同价值观与共同利益，盟国必须团结一致、协调行动。这是美国凝聚同盟力量来确保其国际领导权的安全而不得不兼顾盟国利益的外交手段。

2. 基于霸权本身含义的理解

有关霸权概念的经典论述最易使我们联想到安东尼奥·葛兰西。“葛兰西的霸权概念描述的是某一社会集团争取其他集团对其表示积极赞同、自觉服从并自动融入该社会集团的权力结构中来的一种控制方式”。① 应该说，葛兰西对于霸权的原初理解本不涉及国际关系，并带有明显的非武力特征；之后罗伯特·考克斯、斯蒂芬·基尔（Stephen Gill）和加拿大学派则将葛兰西的霸权理论引申至国际关系领域。根据他们的界定，一个霸权国家建构一个国际的和跨国的“历史集团”，由各种物质的、文化的、社会的和政治的力量组合而成，它足够强大可以确保该国国际权力的稳定。这个历史集团将主导性强权与“一个跨国经理阶级”和遍布全世界各种社会经济利益结合在一起。霸权国不仅考虑自己的国家利益，而且根据自己的扩张意志和外部吸引力也对其他国家的利益加以考虑。② 当然，这里考克斯等人的理解偏重对霸权国在经济利益上的让渡与共享。

然而，对于霸权的经典理解有一条更符合国际关系路径的阐释，这来自于一位德国老律师海因里希·特里佩尔（Heinrich Triepel）的论述。特里佩尔在《霸权：一本关于领导国家的书》中认为，霸权是位于“仅仅影响”和“主宰”为两端的这条光谱中间位置的权力，霸权并不诉诸强制，而是倡导一种驯服的权力，霸权带有很强的自我克制色彩。③ 特里佩尔的论述也许与他的职业有着密切关联，他有意

① 周凡：《重读葛兰西的霸权理论》，《马克思主义与现实》2005 年第 5 期。

② ［意］马里奥·泰洛：《国际关系理论：欧洲视角》，潘忠岐、简军波、张晓通等译，上海人民出版社 2011 年版，第 69 页。

③ Triepel, Heinrich. *Die Hegemonie. Ein Buch von führenden Staaten.* Stuttgart: Kohlhammer, 1938. 转引自：Sandra Destradi, “Empire, Hegemony, and Leadership: Developing a Research Framework for the Study of Regional Powers”, *GIGA Working Paper*, 2008, p. 11。

识地强调霸权政治与主权国家在法律地位上享有平等，霸权不应当是一种强制权力，而应该是建立在共享观念基础上的权威认可。

结合两种霸权本身含义的经典解释，我们认为“霸权”一词潜藏着利益共生的价值诉求。作为冷战后的唯一霸权国，美国有理由推行以此为规范的霸权战略。

因此，在冷战后国际格局的变动中，国际格局力量消长致使美国的霸权经历波动与不稳，面对霸权诉诸必须针对具体情况。在此前提下，美国既要维系权威地位，又要与盟国分享战略利益，以便稳固霸权，保证国际领导权的安全。

3. 基于霸权国对自身权力运用的分析

霸权国对于自身权力的运用也许比霸权本身更加耐人寻味，因为它直接规定了其战略实施的导向性，正如有学者指出，寻求用适当的方式运用美国的权力以维持美国的霸权地位是美国各种大战略的实质。①

关于国家权力的划分，约瑟夫·奈所区分的硬权力和软权力无疑是极具启发意义的。他认为相对于军事权力和经济权力这样传统的硬权力而言，源于文化、价值观、国内实践而产生的吸引他国的软权力在相互依赖和全球化的今天更具重要意义。② 实际上，“硬权力和软权力之间不存在截然的界限，而是一个渐进的过渡，或者说都存在于一个权力‘光谱’之中”③，这条“光谱”的中间环节包括了强制、诱导、议程设置和吸引四个连续体。相比之下，苏珊·斯特兰奇提出的国际社会中所存在的联系性权力和结构性权力更加突出了权力的运用方式。联系性权力是甲靠权力使乙去做他本来不愿意做的事，而结构性权力是决定办事方式的权力，就是构造国与国之间关系、国家与

① 刘会军：《权力运用与美国霸权地位的维持——兼论奥巴马政府外交政策的转变》，《美国研究》2010 年第 4 期。

② ［美］约瑟夫·奈：《硬权力与软权力》，门洪华译，北京大学出版社 2005 年版，第 6—7 页。

③ 周琪、李枏：《约瑟夫·奈的软权力理论及其启示》，《世界经济与政治》2010 年第 4 期。

人民之间关系或国家与公司企业之间关系框架的权力。斯特兰奇认为，结构性权力对于国家而言要比联系性权力更加重要，因为联系性权力主要来自军事、政治的强迫，而“结构性权力部分地来自思想，部分地来自强制力量，部分地来自财富，这种权力不限于国家和夺取了政权的人拥有”①。结构性权力突出了政治与经济的紧密关系，并作用于安全、生产、金融和知识四种世界经济的权力结构中。

约瑟夫·奈所提出的软权力与斯特兰奇所提出的结构性权力有着很大共性，它们都注重权力使用的可接受性和费效比，都是建立在共同受惠基础之上的对国家权力之运用。美国当前面临着霸权衰退的困扰，无疑合理化使用权力将决定着美国霸权的未来。

冷战结束后的美国霸权经历了波动，特别是 2008 年国际金融危机之后，美国自身实力及其两洋同盟体系的实力都出现了衰退，其主导国际事务的霸权也相应有所势弱，霸权的安全性问题凸显。如何在国际力量变动中，既管控同盟成员，又与其分享一定的国际权力，同时遏制潜在对手的分权企图与努力。这些都是美国霸权安全性下的课题，因此，格局变化与同盟的状况，关系到美国的霸权安全，美国维护霸权安全的政策与实践必然影响国际格局变动，必然要利用同盟来实施。

总之，通过对国家安全环境、霸权本身含义和霸权国对自身权力运用的三重分析，冷战后美国发展一种以利益共生为核心的安全护持战略行为模式是具备充分可行性的。

（二）系统进程意义下的安全护持

美国的安全护持是基于国际系统进程这一基本分析框架提出的战略行为模式，因而它与基于国际系统结构所提出的霸权护持有着根本区别。罗伯特·基欧汉和约瑟夫·奈曾指出，“国际系统的结构主要是指各单元能力的分布（继承了肯尼斯·沃尔兹的理解）……系统进程是指互动的模式——即各单元相互联系的方式。”国际系统进程

① ［英］苏珊·斯特兰奇：《国家与市场》（第二版），杨宇光等译，上海世纪出版集团 2006 年版，第 21、29 页。

包含了非结构性动机与交流和合作能力的变化两个方面，其中“技术变革、经济相互依赖和问题密度都是影响非结构性动机的因素。国际规则、规范和制度——即‘国际机制’——的特征是影响交流合作能力的关键因素。”[①] 由此可以看出，国际系统进程实质上有两重含义：一是行为体的互动动机及互动实践；二是行为体互动中所形成的国际制度。而“国际制度因其对国家间互动方式的意义又被新自由制度主义视为国际进程中的核心因素”[②]。这样，美国的安全护持战略行为模式便是建立在以国际制度[③]为核心的国际系统进程基础上的导出概念。

现在我们需要检验一下这种导出的因果关系。国际制度本身蕴含着合作的意思，合作与和谐有着本质的区别：和谐是指行为者追求自身利益的政策能够自动地促进其他行为者目标的实现；合作则需要通过谈判的过程将各个独立的个体或组织的行动变得相互一致起来。因而和谐是非政治的，在这种情况下，沟通是没有必要的，也不需要施加影响能力；相反，合作是高度政治的，不管怎么样，行为模式必须要作出改变，这种改变可能通过积极性的诱因和消极性的诱因而完成。[④] 国际制度的建立需要依赖各方的协调，尽管霸权稳定论认为是

① ［美］罗伯特·基欧汉、约瑟夫·奈：《权力与相互依赖》（第四版），门洪华译，北京大学出版社2012年版，第314—316页。

② 秦亚青：《权力·制度·文化：国际关系理论与方法研究文集》，北京大学出版社2005年版，第147页。

③ 中国的国际政治研究在传统上将“国际制度”（International Institution）与“国际机制”（International Regime）做一些形式上的区分。在使用“国际机制”概念时，一般采纳斯蒂芬·克拉斯纳的定义：“一系列围绕行为体的预期所汇聚到的一个既定国际关系领域而形成的隐含的明确的原则、规范、规则和决策程序。”在使用“国际制度”时，一般采纳罗伯特·基欧汉的定义，认为国际制度的内容包含了国际组织、国际规则和国际惯例三个内容体系。但最近有学者提出新的观点，认为这种区分本就源自翻译问题，并建议不再使用“国际机制”的概念，因为英文著述中“International Regime”的用法越来越少，基本都用“International Institution”代指相似的意义。此种论述参见：唐世平、王明国、毛维准《国际制度研究需要准确地翻译》，《中国社会科学报》2012年9月12日第B03版。本文中对“国际制度”和“国际机制”的差异做模糊处理，在近似意义上使用这两个概念。

④ ［美］罗伯特·基欧汉：《霸权之后：世界政治经济中的合作与纷争》，苏长和、信强、何曜译，上海世纪出版集团2012年版，第51—53页。

霸权国提供了国际制度，但如果没有其他国家的共同参与，单凭霸权国自身的努力恐怕也难以完成。事实上，缺少各方的合作，国际制度本身也就没有存在的意义，因此国际制度与合作乃是相生相随的关系。国际政治中一般都将国家视作理性行为体，因而理性国家的先验假设决定了遵守国际制度的国家战略行为必定也是以寻求合作收益为导向的。前面提到，美国的安全护持战略模式是以利益共生为核心要旨的。利益共生并非指利益的和谐，和谐更多的代表一种理想状态，国际政治的现实图景意味着利益共生是在合作基础上达成的利益协调一致。于是，国际系统进程与美国的安全护持模式之间可以达成逻辑上一致的因果关系，而连接它们的因果命题是有关合作意义的讨论。

国际系统进程的社会进化与美国的安全护持战略行为模式之间也存在着高度契合。平等化和相容化是国际系统进程社会进化的显著趋向，这一社会进化的实现主要基于两条路径：一是有关国家的利益需求得到实现或形成共同利益；二是价值观具有相容性或一致性，这种相容性和一致性能够形成集体认同。[①] 比较两者可以发现，第一种实现路径较第二种而言更易实现，也更符合相互依赖与全球化的现实需求。每个国家都有自己独特的历史和文化传统，价值观是各自文明长期积淀和浸润的结果，很难要求各国去追求同质的观念；国家利益则可以通过彼此的合作进行调适，相互协调以达到利益共生。因此，基于社会进化的范式，美国的安全护持战略行为模式也具有良好的国际系统进程适应性。

在国际系统进程中，国际格局的主要角色之间的关系，既有利益共生与合作的关系，也有利益冲突与对抗的关系，并且这两个关系是交织在一起，难以完全分开的，有时还互相渗透与转化。

四　美国安全护持的基本战略行为解析

依据秦亚青的理解，战略行为模式被认为是国家涉及特定问题的

① 周丕启、张晓明：《国际关系中的和平、稳定与安全》，《国际政治研究》2004 年第 2 期。

一般性行为规律，这也就意味着安全护持作为美国的一种战略行为模式还是相对抽象的概念，有必要对这样一个概念进行解构，找出其中的基本战略行为。基本战略行为提出的意义在于具体而集中地还原战略行为模式的表意，以便通过对基本战略行为的分析来更好地诠释安全护持这种战略行为模式。接下来的论述将转向对有关美国基本战略行为的讨论，并将其置于亚太地区的场景中。

（一）美国亚太安全护持中的诉求集合

在探讨美国的亚太安全护持基本战略行为之前，我们将对美国在该地区涉及安全护持的相关诉求进行梳理。安全护持的核心要旨是利益共生，基于此，笔者认为制度/机制建设、规范/价值传播和联盟管理是美国的三大相关诉求。

制度/机制建设是指美国在亚太地区创设或参与一系列多边制度安排，由此达到与亚太相关参与方利益共享并切实维护美国在该地区安全的努力。包括亚太经合组织、东盟地区论坛、六方会谈等都是美国在这方面的主要行动。近年来，有学者基于新现实主义和建构主义的观点提出构建类似于“欧洲协调”（concert of Europe）的亚太地区的大国协调，[1] 这种构想的基础自然也离不开美国在其中扮演关键角色。

规范/价值传播是指美国力图在亚太地区推广其民主理念和自由价值规范，促进亚太国家的民主转型，将更多国家融入民主范式的大家庭中，分享价值收益并共同应对外部威胁。自由是美国的指导原则，有两种不同的传统支撑着人的自由并以不同的方式影响着美国的外交政策：一种是自由国际主义的威尔逊传统，它通过多边主义、国际法和制度推进民主、政治自由和人权，只有在必要时才会诉诸武力方式行使国际制裁；另一种是清教遗留的传统，这是一种相对更加消极的传统，作用于外交政策时，它在善恶之间采纳鲜明的二分法，对恶者采取严厉的制裁，对邪恶源泉表现出深深的怀疑。[2] 这两种传统

---

① Sandy Gordon, “The Quest for a Concert of Power in Asia”, *Security Challenges*, Vol. 8, No. 4, 2012, pp. 35 – 55.

② Leszek Buszynski, *Asia Pacific Security-Values and Identity*, London and New York: Routledge Curzon Taylor &Francis Group, 2004, pp. 111 – 112.

在冷战后美国的外交实践中兼而有之，但它们所承担的维护美式民主和价值观的理念实质却是一样的。美国在亚太地区的同盟体系是机制与制度建设的集大成者，也为冷战以来的美国亚太安全提供了规范与价值传播的最强有力的平台。

联盟管理是美国与其亚太盟友之间有关利益分享的互动，也是美国在地区安全事务中的支柱型保障。联盟管理是为了解决美国与其盟友之间可能存在的分歧和矛盾，以更好地维持联盟的有效运转。有研究还进一步指出了美国联盟管理的核心机制在于相互制约。[①] 具体到美国的亚太联盟管理，在 21 世纪初无疑将会遭遇到一系列内部和外部的挑战。有一些结论是显而易见的：第一，美国的亚太各盟国会有不同的威胁感知并因而呈现出利益上的冲突；第二，所有的美国亚太盟友都可能经受有限的实际作战能力的考验；第三，美国的亚太联盟将会被置于整个“亚太安全架构”（Asia-Pacific Security Architecture）之中。[②]

自奥巴马执政以来，美国先后提出了“转向亚太”（pivot to Asia-Pacific）和亚太“再平衡”（rebalance toward Asia-Pacific）政策，亚太地区的重要性在美国的对外交往中进一步提升。对新时期以来美国亚太政策的细心打量可以发现，基于美国安全护持战略模式下的诉求将有必要进一步加以完善：应对中国的崛起和全球公域治理会成为与上述三大诉求具有同等分量的补充诉求。由美国国家情报委员会所发布的研究报告《全球趋势 2030：替代性世界》指出，由于权力的分散，到 2030 年美国将不再是传统意义上的“世界霸权”，中美两国的合作将给世界带来更大的影响。[③] 显然，随着这些年来中国综合国力的不断提升，如何应对中国的崛起已是美国亚太政策乃

---

① 苏若林、唐世平：《相互制约：联盟管理的核心机制》，《当代亚太》2012 年第 3 期。

② Patrick M. Cronin, “Challenges from US Alliance Management in the Western Pacific”, *Security Challenges*, Vol. 2, No. 3, 2006, pp. 12 - 13. 另有关“亚太安全架构”的论述可参见：William T. Tow and Brendan Taylor, “What is Asia Security Architecture?”, *Review of International Studies*, Vol. 36, No. 1, 2010, pp. 95 - 116.

③ National Intelligence Council, *Global Trends* 2030: *Alternative Worlds*, 2012, http://info.publicintelligence.net/GlobalTrends2030.pdf.

至全球政策的重要议题。作为美国亚太安全护持模式的补充诉求，中国崛起对于美国的意义在于如何保证这一过程在一种利益共生并且不破坏美国国家安全的前提下进行。至于近年来热议的全球公域，目前在亚太地区已呈现出激烈竞争的局面。对美国来说，全球公域是其全球军事投放力量的重要引擎，而原先基本处于美国主导下的亚太公域已日益成为地区崛起国家的角力场。① 在亚太公域的治理中，美国需要采取一种更加主动的战略来引领志同道合的国家共同保护和维持公域的开放，这相应地也成为美国在该地区践行安全护持战略模式的重要补充诉求。

综合以上的分析，制度/机制建设、规范/价值传播、联盟管理、应对中国崛起和全球公域治理组成了美国自冷战结束以来在亚太地区安全护持战略行为模式的诉求集合。

所有这些战略实践都与亚太同盟体系紧密关联，作用于亚太地区结构而影响到国际格局，当然，这种安全护持战略也受到国际格局的制约和亚太地区格局变化的影响。

（二）美国亚太安全护持基本战略行为的学理判定

1. 判定标准的设定

当前国际关系学界对于国家战略行为的研究中并没有统一的基本行为判定标准设定，本研究提出“基于维度”的判定方法。

在社会科学的评价研究中，经常会使用的判定方法包括“基于维度”和“基于指标”两种。维度是指可指定不同值的对象的描述性属性或特征，指标则是指可以按总数或比率衡量的具体维度元素。② 因此，可以将“基于维度”的判定方法理解为偏重对一事物质性层面的判定，而将“基于指标”的判定方法理解为偏重对一事物定量

① Abraham M. Denmark, “Asia’s Security and the Contested Global Commons”, *CNAS Report*, 2010. From: Ashley J. Tellis, Andrew Marble and Travis Tanner edit, “Asia’s Rising Power and America’s Continued Purpose”, *Strategic Asia* 2010 – 11, Seattle and Washington, D. C: NBR, 2010, p. 172.

② 来自 Google Analytic 的定义，https: //support. google. com/analytics/answer/1033861? hl = zh-Hans&ref_ topic = 2709827。

层面的判定。

采用“基于维度”的判定方法关键在于维度的选取。一般情况下，在社会科学的研究领域，研究者依据研究学科和方案的不同往往会采用不同的维度标准。例如，心理学和行为研究可以将“视角”作为一个独立的研究维度，在人口统计学的研究中，学者们会经常使用时间、种群、距离作为研究维度。[①] 但有时为了说明研究对象的普适性，可以对维度的选取做一些拓宽，如在研究宏观的战略范式时，有学者选取四种基本维度：“力量—意志”对抗维度、“目的—手段”效用维度、“全局—局部”总体维度和“历史—未来”前瞻维度。[②] 这提醒我们在对“基于维度”进行判定研究时，至少可以考虑到客观的时空维度和主观的逻辑维度。这里，我们的研究主旨在于找到冷战后美国在亚太地区进行安全护持的基本战略行为，据此，笔者拟提出三条“基于维度”意义上的判定标准：

判定标准一：这种基本战略行为必须在时间上具备存在性和连贯性，即在某一长时间段内发生并具有不断重复的稳定性。

判定标准二：这种基本战略行为必须在空间上能够全覆盖，即在整个亚太地区或至少绝大部分地区适用。

判定标准三：这种基本战略行为必须兼具逻辑上的理性主义（能够辨清收益权重）和实践上的可操作性。

如果美国的某种战略行为符合这三条判定标准，就可以视其为它的亚太安全护持基本战略行为。当然，还有一点是必不可少的，即这种基本战略行为必须符合美国亚太安全护持模式的核心要旨——利益共生。

2. 冷战时期美国的遏制行为及其相关争论

有关美国冷战时期战略行为的研究也可以为我们对其冷战后基本战略行为的研判提供借鉴。学界当前并没有基于判定标准意义上的关于冷战时期美国基本战略行为的研究，但类似的经验判断型论述却不少，这里面提到最多的一种可能被视为美国冷战时期基本战略行为的

① James E. Bruno, Osher Doctorow and Christhart H. Kappner, “Use of Dimensional Analysis in Social Science Research”, *Socio-Economic Planning Sciences*, Vol. 15, Issue. 3, 1981, p. 95.

② 薛志亮：《战略范式的四种基本维度》，《解放军报》2010 年 10 月 7 日第 2 版。

指涉概念是遏制（containment）。秦亚青在《霸权》一书中没有明确将遏制定义为霸权护持模式的基本战略行为，但其言语间似乎透露出这样一种思想。例如，他认为，“美国为了实现其最主要的国家利益——维护霸权系统和霸权地位——需要遏制这类潜在的挑战国家（指区域主导国家），努力使区域主导国家不至于发展成为区域霸权国家，并进而发展成为系统霸权国的主要挑战国。”① 著名冷战史专家约翰·加迪斯在其代表著中谈及美国自“二战”以来的国家安全政策时曾有过这样的表述：“它（本书）不是从比较传统的外交、经济、意识形态或军事观点出发来探究其课题，而是从我认为包容了所有这一切的一个视角出发，那就是战略视角。……我愿将这种‘战略的’观点应用于在我看来一直是战后国家安全政策的中心关注——遏制观念，为的是解释这一观念的前后相继的种种变异、表现和转换，那是它多年里经历过的。”② 国内学者张小明也曾认为：“冷战时期美国有一个前后一贯的对外战略。这是因为在整个冷战时期，美国的对外关系都是以遏制苏联为中心的，或者说，遏制苏联是整个冷战时期美国对外关系中的一条主线。因此，可以把冷战时期美国的对外战略称为‘遏制战略’。”③ 另一种人们可能会联想到的美国战略行为是威慑（deterrence），但威慑概念的范围主要限于军事领域，而遏制概念的范围则远远超越了军事领域，涵盖政治、经济、文化等众多方面。并且“威慑理论不是突然出现的，而是逐渐发展起来的，并具有阶段性特点（杰维斯称之为‘波浪性发展’）。在美国享有核武器垄断地位的时期（1945—1949），还没有出现系统的威慑战略理论。最先出现的是遏制政策，它以乔治·凯南提出的概念为基础。”④

---

① 秦亚青：《霸权体系与国际冲突——美国在国际武装冲突中的支持行为（1945—1988）》，上海人民出版社 1999 年版，第 214 页。

② ［美］约翰·加迪斯：《遏制战略：战后美国国家安全政策评析》，时殷宏、李庆四、樊吉社译，世界知识出版社 2005 年版，第 6 页。

③ 张小明：《美国遏制战略思想的缘起》，载王缉思、牛军主编《缔造霸权——冷战时期的美国战略与决策》，上海人民出版社 2013 年版，第 3 页。

④ ［美］詹姆斯·多尔蒂、小罗伯特·普法尔茨格拉夫：《争论中的国际关系理论》（第五版），阎学通、陈寒溪等译，世界知识出版社 2013 年版，第 368—369 页。

由此看来，相比威慑，将遏制看作美国冷战时期的基本战略行为更具说服力，但同时这种理解也是存在问题的，因为冷战时期美国所进行的霸权护持在全球和区域层面并非针对每个国家都实施遏制战略，这也就意味着从经验推断的角度往往无法为我们提供行之有效的战略行为选择，反之亦说明采纳判定标准的科学方法的必要。在此，我们无意对美国冷战时期霸权护持模式下的基本战略行为进行深究和辨析。

当前，美国的遏制行为还经常与另一概念制衡（balancing）混用，且制衡似乎更多地被用来描述美国在冷战后所执行的战略行为。那么，究竟该如何去理解制衡？美国的遏制与制衡两种行为区别何在？制衡又是否可以作为冷战后美国在亚太地区进行安全护持的基本战略行为？这是我们接下来将要讨论的内容。

3. 制衡与遏制的区分——基于单一指涉对象意义上的讨论

首先，我们需要了解什么是制衡。一般来看，“制衡”与“均势”（balance of power）这两个概念本意同源，“均势是一个体系层次的概念，指的是体系中大国之间实力分布大致平衡的状况。制衡是一个单元层次的概念，指的是体系中大国通过单独或者联合的方式，平衡潜在或实际霸权国权力的行为。”[①] 然而，当前学界有关制衡这一概念的使用却十分多样化，最集中体现在基于制衡主体和制衡对象的不同而表现出的差异，突出表现为以肯尼斯·华尔兹和斯蒂芬·沃尔特为代表的认为制衡是崛起国对霸权国的制衡，[②] 及以兰德尔·施韦勒和约翰·米尔斯海默为代表的认为制衡是霸权国对崛起国的制衡。[③] 国内学界基于制衡主体和制衡对象的不同使用这一概念时呈现出五种

① 刘丰：《大国制衡行为：争论与进展》，《外交评论》2010 年第 1 期。

② ［美］肯尼斯·华尔兹：《国际政治理论》，信强译，上海世纪出版集团 2008 年版，第 134 页；［美］斯蒂芬·沃尔特：《联盟的起源》，周丕启译，北京大学出版社 2007 年版，第 17—18 页。

③ Randall L. Schweller, “Bandwagoning for Profits: Bringing the Revisionist State back in”, *International Security*, Vol. 19, No. 1, 1994, pp. 72 - 107; Clenn H. Snyder, “Mearsheimer's World-Offensive Realism and the Struggle for Security: A Review Essay”, *International Security*, Vol. 27, No. 1, 2002, p. 161.

主要的用法：一是崛起国对霸权国的制衡；二是霸权国对崛起国的制衡；三是崛起国与霸权国彼此相互的制衡；四是中等国/小国对崛起国/霸权国的制衡；五是国际组织对崛起国/霸权国/国际组织的制衡。[①] 比较上述各种对制衡的理解后不难发现，无论是哪种理解，对制衡都是基于单一指涉对象意义上的讨论，即制衡的主体总是选取单一对象进行制衡。这与冷战时期遏制概念的用法基本一致，遏制主要是美国对单一指涉对象苏联或以苏联为代表的社会主义阵营的遏制。这样，我们可以建立起基于单一指涉对象意义基础上的对制衡和遏制的比较。

对制衡和遏制进行区分，需要统一这两个概念的指涉主体和指涉

① 五种用法的代表性研究包括：一、崛起国对霸权国的制衡：邱宁：《论挫败“杜勒斯预言”的长期性和艰巨性》，《马克思主义研究》2013 年第 3 期；唐永胜：《构建新形势下中美关系的战略稳定》，《国际关系学院学报》2012 年第 4 期；董青岭：《走向新古典外交：传统战略文化的回归与中国周边安全新战略》，《太平洋学报》2011 年第 12 期；朱成虎：《关于当前世界战略格局的几点思考》，《世界经济与政治》2011 年第 2 期。二、霸权国对崛起国的制衡：吴心伯：《奥巴马政府与亚太地区秩序》，《世界经济与政治》2013 年第 8 期；刘建华、龚雅冰：《试析奥巴马政府对华“规则外交”》，《世界经济与政治论坛》2013 年第 3 期；李家成：《冷战后美国强化美日同盟的动因解析》，《世界经济与政治论坛》2013 年第 2 期；朱锋：《奥巴马政府“转身亚洲”战略与中美关系》，《现代国际关系》2012 年第 4 期；李文、何丽娟：《美国战略东移：理论与实践》，《毛泽东邓小平理论研究》2012 年第 1 期；陶文钊：《如何看待美国的战略调整》，《国际关系学院学报》2012 年第 4 期。三、崛起国与霸权国彼此相互的制衡：赵明昊：《迈向“战略克制”？——“9·11”事件以来美国国内有关大战略的争论》，《国际政治研究》2012 年第 3 期；祁怀高：《冷战后中美在东亚的制度均势及对中国的启示》，《世界经济与政治》2011 年第 7 期；李巍：《东亚经济地区主义的终结？——制度过剩与经济整合的困境》，《当代亚太》2011 年第 4 期。四、中等国/小国对崛起国/霸权国的制衡：杨晓萍：《斯里兰卡对华、对印关系中的“动态平衡”》，《南亚研究季刊》2013 年第 2 期；喻常森：《东盟国家对中国崛起的认知与政策反应》，《当代亚太》2013 年第 3 期；梅记周：《冷战后越南对华政策及其演进》，《社会主义研究》2012 年第 6 期；孙晓玲：《中越南海争端中的美国因素》，《东南亚研究》2012 年第 3 期；孙现朴：《印度崛起视角下的“东向政策”：意图与实践——兼论印度“东向政策”中的中国因素》，《南亚研究》2012 年第 2 期。五、国际组织对崛起国/霸权国/国际组织的制衡：毕世鸿：《RCEP：东盟主导东亚地区经济合作的战略选择》，《亚太经济》2013 年第 5 期；王玉主：《小国集团的能动性——东盟区域合作战略研究》，《当代亚太》2013 年第 3 期；葛红亮：《东盟在南海问题上的政策评析》，《外交评论》2012 年第 4 期；肖斌、张晓慧：《区域间的不对称与制衡行为——以欧盟与东盟关系为例》，《世界经济与政治》2011 年第 11 期。

对象。冷战后，遏制这一概念最常见于作为霸权国的美国对崛起国中国的遏制，因此我们这里也将选取制衡的相似用法（即前文中提及的施韦勒和米尔斯海默意义上的制衡），从而统一将霸权国美国对崛起国中国所进行的遏制与制衡进行比照。初看起来，这两个概念的使用界别似乎并不明显，事实上许多学者也经常混用“美国遏制中国”和“美国制衡中国”，但上升到学理讨论之后，二者的区别还是十分清楚的。卡内基国际和平研究院的高级研究员阿什利·特利斯（Ashley J. Tellis）指出，因为中国与当今世界经济联系得如此紧密，这意味着美国在冷战时期曾十分有效地对苏联采取的遏制战略如今很难被成功地复制。遏制中国通常意味着孤立并抑制其发展，事实上这一做法是十分有害的，原因在于：一方面，中国与美国和国际社会存在紧密的经济联系，所有的国家都从这种经济互动中获益；另一方面，中美之间是强大的贸易伙伴关系，中国日益成为美国的重要债权人以及对美国关键选民的政治影响都使得美国很难去抑制中国的发展并断绝与中国的这种经济联系。但是，美国认为中国的崛起已经使该地区国家感到忧虑，同时因为其不断增长的实力逐渐阻碍美国自由使用海洋、太空、网络和电磁场，从而威胁到美国对这些传统领域的控制权，所以制衡中国又是十分必要的。对中国的制衡需要做到如下四点：支持位于中国半球的其他亚洲力量的崛起；采取特定手段推进全球化以增进自身和其他伙伴的收益；保持其现存的军事优势；振兴美国经济，保持其在全球经济新兴领域的领导地位。[①] 从中不难看出遏制意味着拒绝对象的发展，甚至生存；而制衡意味着允许对象生存，规限其发展，亦同时强调提升自身的发展。

仅就霸权国美国对崛起国中国这一制衡的意义来看，其符合美国安全护持战略模式的核心要旨——利益共生，但若就把这种基于单一指涉对象意义上的制衡视作美国亚太安全护持的基本战略行为还很欠妥，因为它不满足前文提出的三条“基于维度”的判定标准，因此

① Ashley J. Tellis, “Balancing without Containment: A U. S. Strategy for Confronting China’s Rise”, *The Washington Quarterly*, Fall 2013, pp. 109 - 124.

有必要基于冷战后美国的亚太安全护持模式重塑制衡的概念。

（三）美国亚太安全护持中的制衡概念重塑与价值

前文选取了霸权国对崛起国的制衡进行分析，下文仍将以此为基底探讨制衡概念重塑的可能。

1. 制衡指涉对象的多维重构

霸权国对崛起国意义上的制衡之所以不能成为冷战后美国亚太安全护持模式的基本战略行为，根源于其单一指涉对象的缘故。因此，拓展制衡的指涉对象，进行多维重构是发展制衡成为基本战略行为的必要途径。回到前面美国在亚太安全护持中的诉求集合，这些诉求集中体现了安全护持的核心要旨——利益共生，它们也将成为对制衡指涉对象进行多维重构的主要路径依据。美国在亚太安全护持的诉求集合包含了制度/机制建设、规范/价值传播、联盟管理、应对中国崛起和全球公域治理五种重要诉求，仔细分析后可以发现，五种诉求可以拆分为三类不同的指涉对象：第一类是应对中国的崛起，其指涉对象就是崛起国中国；第二类是联盟管理，其指涉对象是美国在亚太地区的盟国；第三类包含了制度/机制建设、规范/价值传播和全球公域治理，其指涉对象包含崛起国、盟国和亚太地区的其他伙伴国（因为要联合这些国家共同安排和打理这些事项）。

这样，本研究在遵循施韦勒和米尔斯海默制衡意义用法的基础上，将霸权国美国作为理解制衡的主体起点，同时扩大制衡指涉对象的范围，基于一对多的主体—对象分析逻辑重构制衡的概念，根据制衡主体指涉对象的不同将制衡区分为三个层面：一是作为霸权国美国对崛起国中国的预防型制衡，目标是防止中国在亚太地区称霸，但并不排斥中国的和平崛起；二是霸权国美国对其亚太盟国的管控型制衡，目标是防止外围的“楔子战略”（wedge strategy），[①] 巩固联盟，

① “楔子战略”涉及联盟的分化问题。美国学者蒂莫斯·克劳福德（Timothy W. Crawford）认为，“楔子战略”是一个国家在可接受的代价下试图阻止、拆散或弱化一个威胁性或围堵性联盟出现的战略。详见：Timothy W. Crawford，“Preventing Enemy Coalitions：How Wedge Strategies Shape Power Politics”，*Internation-al Security*，Vol. 35，No. 4，2011，pp. 155 – 189。

增进盟友间彼此的关系；三是霸权国美国为应对非传统安全问题和突发性事件的预警而采取的合作型制衡，目标是团结一切有助的力量，共同抵御不确定的自然和社会风险，构筑稳定的亚太安全环境。

概念重塑后的制衡指涉对象的范围明显扩大：在国家对象上，包含了崛起国中国、美国的亚太盟国和其他伙伴国，在领域对象上包含了传统安全领域和非传统安全领域，因而基本上覆盖了亚太安全护持的空间范畴。自冷战结束以来，美国在亚太地区的主要目标是维护地区的和平与稳定，这也仍将作为今后相当长时间段内美国在该地区的主要目标，而预防型制衡、管控型制衡与合作型制衡的整体实施就是为了应对这一长时间段内亚太地区可能出现的不安定因素，保证地区的秩序稳定，因此制衡也将体现安全护持所要求的时间上的存在性和连贯性；无论是对中国称霸亚太的预防还是巩固盟友间的关系，抑或是联合亚太所有可以团结的力量共同抵御非传统安全和突发性事件，美国采取制衡的基本出发点在于维护其国家的安全利益并最大限度地获取合作收益。制衡行为与安全护持的核心要旨——利益共生是一脉相承的，美国采取三种不同层次的制衡与其制衡对象之间始终保持着共同收益。这里可以引入两个变量——威胁度和亲密度作质性意义上的分析。威胁度是美国的制衡对象对美国的挑战和危害美国亚太地位的程度，亲密度是美国的制衡对象与美国之间建立在契约或共同价值理念基础上的友好程度。具体而言，美国实施的管控型制衡由于建立在联盟关系的基础上，因而其制衡对象，即美国的亚太盟友对美国的威胁度较小，亲密度较大，所以它们之间利益共生的增量相对也是最高的。美国实施的预防型制衡的对象国是中国。在美国看来，中国作为当前亚太地区最显著的崛起大国，极有可能挑战美国在亚太地区的主导地位，甚至有称霸亚太的企图。此外，中国还是社会主义国家，信仰共产主义的理念，这与美国所遵循的价值理念和传统有着很大不同，所以中国对美国的威胁度显然较大，亲密度较小，他们之间利益共生的增量相对是最低的；美国实施的合作型制衡对象包含崛起国、盟国和亚太地区的其他伙伴国家，这里制衡的威胁主要来自非传统安全领域，姑且可以将三类合作型制衡对象视作一个整体，其对美国的威胁度和亲密度均介于纯粹的盟国和纯粹的崛起国中国之间，因而此时他们与美国之间利益共生的增量也处于居中位置。

由此看来，概念重塑后的制衡行为，与美国实践中的制衡行为基本保持了一致，因为这不仅切合——制衡主体能够维护自身的根本安全利益，也切近——制衡者在不同时期对一定国际格局条件下的不同类国家做出较为清晰的利益合作等级辨别。这种切合与切近，显然是符合理性主义的甄别与考量，从而在实践过程中也是可以清楚操作和具体运筹的。

总的来看，概念重塑后的制衡符合前述的三条"基于维度"的判定标准，可以作为冷战后美国亚太安全护持战略行为模式的基本战略行为。

2. 制衡的安全建构效用

前文曾谈及有关"亚太安全架构"的概念，威廉·陶（William T. Tow）和布兰登·泰勒（Brendan Taylor）认为，"安全架构是一种确定地理范围内的具有总体性、一致性和综合性的安全结构，其指向地区政策关切的解决和安全目标的实现。"① "亚太安全架构"无疑是在确定的亚太范围内的这种安全结构，相对于"亚太安全机制"（Asia-Pacific Mechanism）和"亚太安全框架"（Asia-Pacific Framework）等概念而言，其指涉更为宏阔，更能代表亚太安全环境的整体布局和态势。然而身处亚太地区的不同国家对"亚太安全架构"的具体内容理解是不一样的，就美国而言，其"亚太安全架构"包括了"顶层、支柱和基础"三个方面：顶层是指亚太地区的和平与稳定，这也是美国在该地区的总目标；支柱包含了六个方面，分别是地区制度、特定的多边主义、双边外交、民主化、共同体建设和经济的相互依赖；基础则是美国的核心依靠，也是美国的前沿存在——基于所谓"旧金山体制"下的双边军事条约而形成的"轴辐体系"（The System of Hub and Spokes）。② 传统意义上，美国在冷战结束之后一直将"轴

① William T. Tow and Brendan Taylor, "What is Asia Security Architecture?", *Review of International Studies*, Vol. 36, No. 1, 2010, p. 96.

② Martin Wagener, "Inshore Balancing in the Asia-Pacific: U. S. Hegemony and the Regional Security Architecture", 5th *Berlin Conference on Asian Security Discussion Paper*, 2010, pp. 2 – 3.

辐体系”视为塑造“亚太安全架构”的关键，这一点在美国众多高官的公开言论中都曾有清晰的表述，①“轴辐体系”的重要性对于美国来说是不言而喻的，它主要指向美国在亚太的传统军事安全领域。与美国的“亚太安全架构”基础相比，其六大支柱所指涉的安全领域则要相对泛化，这些也是美国在亚太安全的外交场合中更为偏向的动议，它们在指向传统安全领域合作的同时也更多偏向于非传统安全领域的合作。

“亚太安全架构”可以被视为美国亚太安全环境整体布局和态势的可操作化概念，联系前面的冷战后美国亚太安全护持基本战略行为——制衡（对制衡的判定标准中已明确了这是一个可操作化的概念），有必要对这二者间的关系进行分析。这里，笔者拟引入亚历山大·温特的建构主义思想，试图建立起制衡与美国意义上的“亚太安全架构”之间的建构逻辑。温特认为，存在两个层次上的结构：微观结构和宏观结构。微观结构是从施动者的角度描述世界的，而宏观结构是从体系的角度描述世界的。具体到本研究中，可以将制衡的主体美国视为施动者，将“亚太安全架构”视作体系结构，因为本研究主要的分析对象是美国的制衡行为，所以我们的分析重点将落在微观结构上，此处提出一个关键性问题，即施动者美国能否通过概念重塑后的制衡行为去建构“亚太安全架构”？

“在温特的社会建构国际关系理论中，施动者是国家，结构是国际体系中的观念分配或称为国际体系文化。”② 施动者对结构形成的

① 例如：美国前国防部部长罗伯特·盖茨在2009年的香格里拉对话会上就指出：“自二战后的几十年来，亚洲地区的安全架构最集中体现在轴辐模式上。”详见：Robert Gates, “America's Security Role in the Asia-Pacific”, Shangri-La Dialogue 2009 First Plenary Session, http://www.iiss.org/en/events/shangri%20la%20dialogue/archive/shangri-la-dialogue-2009-99ea/first-plenary-session-5080/dr-robert-gates-6609. 前副国务卿詹姆斯·斯坦伯格也认为：“这种强大的双边关系形成了地区稳定的基石。”详见：James B. Steinberg, “Remarks before the 18th General Meeting of the Pacific Economic Cooperation Council”, U.S. Department of State, 2009, http://www.state.gov/s/d/former/steinberg/remarks/2009/169350.htm。

② 秦亚青：《权力·制度·文化：国际关系理论与方法研究文集》，北京大学出版社2005年版，第133页。

作用逻辑主要是通过其互动实践形成共有知识，通过加强共有知识形成文化，从而造就国际体系中的结构。这样，上述问题便转化成美国在亚太安全护持中所实施的制衡行为能否形成“亚太安全架构”所要求的共有知识。在温特看来，“共有知识涉及行为体相互之间关于对方理性程度、战略、偏好、信念以及外部世界状态的认知。”① 这种认知在制衡概念中最鲜明地指向其核心要旨——利益共生，而利益共生与“亚太安全架构”中的顶层目标——和平与稳定之间也明显具有高度的契合，因为地区的和平与稳定必定离不开地区行为体在利益上的共赢与分享。制衡与“亚太安全架构”之间的建构逻辑由此变得清晰，于是可以得出结论：美国冷战后亚太安全护持的基本战略行为——制衡具有建构亚太地区安全的效用，这也正是概念重塑后制衡的价值所在。

经以上论述，本节较为清晰地展示了所要阐释的学理概念——冷战后美国亚太安全护持战略行为模式及其制衡基本战略行为，其与霸权护持战略行为模式的学理概念边界也基本清楚（见表2－1）。

表2－1　　**学理意义上的霸权国两种战略行为模式比较**

时间界定	场域界定	基本分析框架	战略行为模式（Sm）	基本战略行为（Sb）	从Sm到Sb的判定标准	Sb的概念层次
冷战的两极结构时期（1945—1988年）	全球/区域	国际系统结构	霸权护持	遏制	经验推断	—
冷战后的单极时期两种趋势并存（1991年至今）	亚太地区	国际系统进程	安全护持	制衡	基于维度	预防型制衡 管控型制衡 合作型制衡

学理意义上的霸权护持战略行为模式是基于国际系统结构的分析结果，其基本战略行为并不清晰，前文所设想的遏制仅仅是经

① ［美］亚历山大·温特：《国际政治的社会理论》，秦亚青译，上海世纪出版集团2008年版，第157页。

验推断的结果，并不具有科学的确证，当然也无法对其进行概念层次上的区分；学理意义上的安全护持战略行为模式是基于国际系统进程的分析结果，其基本战略行为是制衡，区分为预防型制衡、管控型制衡和合作型制衡三个概念层次，并且从安全护持到制衡是经过“基于维度”的判定结果。从霸权护持到安全护持某种意义上体现了美国战略行为的一种社会进化，但安全护持的提出并非对霸权护持的否定，两者在各自所处的历史时期中都分别具有较强的解释力。

五　美国安全护持未来转型的策略

前文中，笔者用“亚太安全架构”的概念指涉亚太安全环境的整体布局和态势，这样，亚太安全环境就被视为一种结构性的因素，但这种结构相对于安全护持的基本分析框架——国际系统进程而言只能算作一种“次结构”，它寓于国际系统进程之中，其变化也影响着国际系统进程的发展。当然，“结构变化是困难的”[①]，但就宏观进程中的“次结构”而言，其变化又是必然和显著的，正如温特所言：“施动者和结构自身就是进程，是进行中的‘实践成果’。”[②] 因此，下文将着重对冷战后亚太安全环境的变化予以梳理，并以此为基础探讨美国安全护持战略模式未来转型的可能性。

（一）亚太安全环境的变迁

自冷战结束以来，亚太安全环境一直处于不断变化和调适的过程之中，具体体现在军事冲突与战争、非传统安全的威胁、中国崛起的“挑战”、“亚洲力量网络”的兴起和美国的亚太角色定位这五个方面：

军事冲突与战争并没有因为冷战的结束而在亚太地区终结。检索COW数据库后可以发现：自冷战结束的1991年起算，至2007年截

① ［美］亚历山大·温特：《国际政治的社会理论》，秦亚青译，上海世纪出版集团2008年版，第330页。

② 同上书，第308页。

止，亚太地区共发生了 14 场战争。[①] 如果将这之间的 17 年做一个二分的话，前半程（1991—1998 年）发生的战争共 3 次，后半程（1999—2007 年）发生的战争共 11 次。显然，随着冷战结束后时间的不断推移，亚太地区并没有迎来期望中的愈加和平。当然，从统计的 14 次战争的类别看，国家间战争只有 2 次，其余 12 次都是国家的内战，这也体现出冷战后亚太地区战争冲突的新特点。近年来，亚太地区的局部军事冲突频发，这里面涉及领土争端、经济纠纷、民族宗教矛盾等因素，冷战后的亚太并不太平。

与军事冲突和战争并行的是非传统安全威胁的影响。加拿大温尼伯大学的著名政治学者宋蓬·波（Sorpong Peou）在《亚太的和平与安全：理论与实践》一书中对亚太地区的三大类非传统安全作了专门的论述：在跨国有组织犯罪方面，作者探讨了跨国恐怖主义、海洋安全、走私和贩毒。跨国犯罪需要跨国联合解决，在这方面亚太地区还有很多工作要做，该地区国家间合作的政治意愿还比较脆弱；在经济和环境安全方面，作者认为亚太国家和其他行为体已经开始关注经济和安全的关系，但事实上亚太国家、政府间组织和非政府行为体就此展开的合作令人失望；在人口威胁、移民和流行病方面，亚太是世界上人口最多的地区，由于国家边界具有可渗透性，同时疾病也被视为多种层次不安全因素的源泉，因此，这些非传统安全问题易引发地区战争、政治不稳定和社会动荡，同时存在于发达国家和发展中国家之中。[②]

① 本节采用的是 COW 数据库中记录的 The New COW War Data 4.0 版，http：//www.correlatesofwar.org/. 这 14 场战争分别是：1992—1997 年的塔吉克斯坦战争（内战）、1993—1997 年的第二次柬埔寨内战（内战）、1995 年的塞内帕河谷战争（国家间战争）、1999—2000 年的摩鹿加群岛宗教战争（内战）、1999—2002 年的第二次亚齐战争（内战）、1999 年的卡吉尔战争（国家间战争）、2000—2001 年的第二次菲律宾——摩洛族战争（内战）、2001—2003 年的第一次尼泊尔毛主义暴动（内战）、2003 年的第三次菲律宾——摩洛族战争（内战）、2003—2004 年的第三次亚齐战争（内战）、2003—2006 年的第二次尼泊尔毛主义战争（内战）、2004—2006 年的瓦济里斯坦战争（内战）、2005—2006 年的菲律宾联合攻势（内战）、2006 年开始的斯里兰卡泰米尔战争（内战）。

② Sorpong Peou, *Peace and Security in the Asia-Pacific*：*Theory and Practice*, California：Praeger, 2010, pp. 243 – 285.

尽管中国政府始终奉行和平发展的外交路线，但中国的崛起客观上确实对亚太安全环境的变迁具有重要的影响。中国是美国冷战后在亚太地区最为关注的国家，对中国崛起的评估涉及两个方面：现实影响和认知选择。过去的几年，中国 GDP 总量超过了日本，跃升为世界第二大经济体。经济的发展无疑会助推中国影响亚太地区安全事务的能力，这集中体现在一系列涉及地区乃至全球安全的议程设置上，尤其是在 2014 年举行的第三次核安全峰会上，中国首次提出了自己的核安全概念，突出强调核安全协商议程设置的重要。[①] 相比中国崛起的现实影响，他国对中国的认知选择显得更为突出。有关中国是“修正国”（revisionist state）还是“现状国”（status quo state）的讨论异常激烈，建立在实证分析基础上的结论倾向于认为中国是“现状国”,[②] 但国强必霸和权势转移的观念已然在西方语境中深入人心，所以对美国来说，在中国的和平崛起和称霸亚太之间设立明确的界限似乎也不太容易。此外，近年来中国和俄罗斯之间愈加密切的关系也引起了美国的猜忌，克里米亚事件发生之后，有评论指出，“美国不会允许亚洲出现另一个‘俄罗斯’，并扎好东亚的‘篱笆’，对中国实施介于全面遏制和友好伙伴之间的战略。”[③]

美国盟国与其伙伴国间的关系对于亚太安全环境的影响主要体现在著名智库“新美国安全中心”（CNAS）近来刊发的一份报告：《兴起的亚洲力量网络：亚洲双边安全纽带的提升》中。这份报告中所指涉的“亚洲力量网络”是指美国的盟友和伙伴国之间近年来在军事领域的双边深度合作。报告称这种合作是前所未有的，它包括了：高层国防会晤、双边安全协定、联合作战与军事演习、军售和

---

① Yang jingjie, “Xi Elaborates on Nuclear Security Concept”, *Global Times*, March 25, 2014, http: //www. globaltimes. cn/ content/850577. shtml#. U1YOFascl74.

② 代表性论述参见：Scott L. Kastner and Phillip C. Saunders, “Is China a Status Quo or Revisionist State? Leadership Travel as an Empirical Indicator of Foreign Policy Priorities”, *International Studies Quarterly*, Vol. 56, No. 1, 2012, pp. 163 – 177；袁伟华：《中国是修正主义国家吗?》,《国际展望》2012 年第 6 期。

③ 《中国靠近俄罗斯负面效应显现》，2014 年 5 月 9 日，联合早报网（http: //www. zaobao. com/forum/views/ world/story20140509 – 341285/page/0/1）。

军事教育项目合作等。该报告选取了澳大利亚、印度、日本、新加坡、韩国和越南这六个关键国家进行详细分析，指出“亚洲力量网络”的兴起对于亚太安全环境的构建具有双刃剑作用，既可能有助于团结应对中国的崛起，缓冲中美竞争的剧烈态势；也可能诱发内部分歧和争端，为亚太安全平添更多不确定因素，因此美国需要加以因势利导。[①]

美国自身的综合国力发展和其亚太角色定位也构成了亚太安全环境变动中的重要组成部分，为此需要处理好两个关键问题：其一是平衡好内政中经济政策对外交中亚太战略的影响。美国国防部2014年3月4日发布的《四年防务评估报告》重申继续致力于亚太“再平衡”战略，拟于2020年年底前在太平洋地区部署美国海军六成兵力。战略转移面临的最大压力来自财政方面，国防部负责采购事务的助理国防部长卡特里娜·麦克法兰（Katrina McFarland）称要实现战略重心转移需要困难的财政决定与调整，但即便如此，奥巴马政府的亚太“再平衡”战略“能够也会继续”；[②] 其二是如何突出亚太“再平衡”的可接受度，使其亚太角色更趋柔性。奥巴马在2014年的国情咨文中明确提出：“我们将继续集中关注亚太，在那里支持我们的盟友，塑造更加安全与繁荣的未来，并为受灾者伸出援手……在每个问题上，世界都有求于我们，不仅是因为我们的经济和军事实力，更在于我们所代表的理念，以及我们所肩负的推进它们的使命。”[③] 这似乎已在昭示着未来美国亚太角色转变的动向。

冷战后美国所面临的这些亚太安全环境的变迁给美国的外交战略指出了两条发展路向：一是考虑到传统的军事安全以及亚太盟

---

① Patrick M. Cronin, Richard Fontaine, Zachary M. Hosford, Oriana Skylar Mastro, Ely Ratner and Alexander Sullivan, “The Emerging Asia Power Web: The Rise of Bilateral Intra-Asian Security Ties”, *CNAS Report*, 2013, pp. 5 – 38.

② 《美国海军2020年底前部署六成兵力至太平洋》，2014年3月6日，新华网（http://news. Xinhuanet. com/ world/2014 – 03/06/c_ 126226711. htm）。

③ Barack Obama, “Obama's 2014 State of the Union Address: Full Text”, January 28, 2014, http://www. cbsnews. com/ news / obamas – 2014 – state – of – the – union – address – full – text/.

友和伙伴国之间可能呈现出的不确定发展态势，从而需要强化其亚太地区的前沿力量存在和部署，更好地应对可能发生的危机和各种紧急事态的发展路向，笔者称之为“前沿路向”；二是基于重新定位美国亚太角色的需要，特别是密切与崛起国中国和伙伴国之间的合作，应对非传统安全威胁，塑造更能为亚太成员所接受的“美国范儿”的发展路向，笔者称之为“融入路向”。这两条发展路向都可能会为冷战后美国的亚太安全护持战略模式提供转型升级的有益启迪。

（二）安全护持中的制衡转型

对美国的安全护持战略行为模式提出转型设想的核心在于其基本战略行为——制衡的转型。由于本研究中概念重塑后的制衡包含了三个不同的层次，因此制衡的转型某种意义上就是三种不同制衡组合结构的优化和序列化。为适应“前沿路向”和“融入路向”的发展需要，下文将尝试从两个方面对美国的制衡战略行为提出演进策略的展望。

1. 从“离岸制衡”走向“近岸制衡”

约翰·米尔斯海默在《大国政治的悲剧》中比较系统地提出了“离岸制衡”（米氏的制衡概念是本研究中概念重塑后制衡的基底，因此这里的概念沿用并不矛盾）的思想。他认为：“大国的最终目标是获得地区霸权，并阻止相匹敌的竞争对手在全球不同地方的崛起。本质上，获得地区霸权的国家在其他地区扮演着离岸平衡者的角色。”[①] 然而，不管是在制衡区域还是其他区域，“离岸制衡”的效用正在受到越来越多的怀疑，对于美国来说尤其如此。德国特里尔大学的马丁·瓦格纳（Martin Wagener）教授在一篇论文中指出了美国如果在当下继续实施亚太的“离岸制衡”将不得不承受的8种劣势，相反，如果采纳近岸制衡结果则会好得多（见表2-2）。

① ［美］约翰·米尔斯海默：《大国政治的悲剧》，王义桅、唐小松译，上海世纪出版集团2008年版，第264页。

表 2－2　　美国亚太“离岸制衡”的劣势与“近岸制衡”的优势

1	如果美国从东亚撤退作为离岸制衡者，那么地区力量真空将会出现。像中国和日本这样的大国会试图进行危险的竞争来寻求新的地区领导地位。但如果是近岸制衡者，美国就会努力维护现存的状态
2	离岸制衡的概念忽视了和平时期驻军和装备的威慑作用。尽管核武器的威慑作用仍是有效的，但它并不适合大多数常规冲突。相反，近岸制衡者所依赖的威慑能力随时随地都是有效的
3	在冲突的情况下，离岸制衡者很难迅速而有效地部署军队以应对威胁。美国力量不得不覆盖广阔的范围且不能依赖它在日本和韩国的集团。近岸制衡者则能够迅速反应，更重要的是，这是能够确保在任何时候都能维护航行自由的唯一方式
4	如果美国成为离岸制衡者，那么它的外交将失去影响力。其对手和竞争者就会认为美国无法用实际行动来支持其外交言辞。一个近岸制衡者在和平时期会强调其外交军事功能和联盟形成的本地化，为了在危机发生时能够利用。因为美国就在这里，所以它能够防止盟友去追随可能出现的挑战者的危险
5	离岸制衡者如果决定回归又会是一大问题。既然在危机爆发前它与其附近盟友的关系已经一度中断，那么其在飞越领空时就需要重新与之协商以获得允许，为部队使用的港口和机场设施也是一样。这将会花费时间，降低反应效率，并给对手造成可乘之机。如果中国成功地与一些东亚关键国家增进关系，那么它们就很难违背中国的意愿而支持美国在远东的军事行动。一个近岸制衡者可以依靠基地和相应的访问协议，其在后勤方面会为随后的增援做好准备，并在一开始就会做好应对危机行动的充分准备
6	离岸制衡者会非常依赖军事变革的成果，因为远距离建立均势的能力是建立在迅速转换任务的有效性基础之上的。异常依赖军事变革的国家会危及它们的行动能力——例如，军事卫星失效时。近岸制衡者假定军事变革会提升力量投放能力，但却无法取代前沿军事存在
7	未来战争将不会唯一由在离岸制衡中发挥重要作用的空中力量所决定。1999 年的南联盟战争、2001 年的阿富汗战争和 2003 年的伊拉克战争都是由地面部队击败了敌人。一个近岸制衡者会如同美国海军陆战队一样在当地做好战斗准备
8	离岸制衡是否真的意味着更少的国防预算也是值得怀疑的。为了迅速运送部队和设备，高效的运输能力是必需的。特别是保持干预部队以足够的能力，如果不具备这些，离岸制衡的定位是很难想象的，而这些都将花费不菲。既然美国作为近岸制衡者也需要高昂的国防预算，那么在这个问题上两者其实无实质的孰优孰劣

资料来源：Martin Wagener, “Inshore Balancing in the Asia-Pacific: U. S. Hegemony and the Regional Security Architecture”, *5th Berlin Conference on Asian Security Discussion Paper*, 2010, pp. 28－29.

事实上，米尔斯海默自己也曾意识到“离岸制衡”的问题，他坦言，“有时这种推卸责任的政策（指‘离岸制衡’）并不可行，遥远的霸权国不得不插手以平衡崛起中的国家”[①]。现在的问题是如何实施“近岸制衡”，特别是针对本研究中概念重塑后的制衡行为。美国陆军战争学院的约翰·德利（John R. Deni）教授在一篇涉及美国欧洲前沿军事存在的专论中提到了“互操作性”（interoperability）的概念，这对美国在亚太地区具体运作“近岸制衡”有着重要的借鉴意义。

所谓的“互操作性”，按照德利教授的理解，是要维持具有创新性和适应性的盟友，这种具有互操作意义的盟友关系至少允许在某种程度上能够长时间远距离维持部队，并可以实施全频谱或接近全频谱的军事行动。[②] 这样做的原因相对简单——华盛顿相信它将需要非常强大的盟国，以解决预期的未来安全挑战，这些安全挑战特点是混合型战争，保护进入全球公域，并减轻已经失败或者正在失败构成的威胁。[③] 较之欧洲的形势，当前亚太形势可谓更加复杂，因此这种“互操作性”完全可以移植到美国的亚太战略中来。针对概念重塑后的制衡行为而言，维持这种“互操作性”的关键在于推进管控型制衡的发展（即强调管控型制衡第一的原则），同时以管控型制衡来联结预防型制衡和合作型制衡。这也就意味着在实施亚太的“近岸制衡”时，美国尤其要重视其与盟国的前沿常态互动作用，在与盟友的有序联动中找到与崛起国中国的互动收益，避免中国在亚太地区的称霸，同时维系与其他伙伴国家的利益结合点，保障非军事安排的正常运作。这样，“近岸制衡”便是符合“前沿路向”发展需求的制衡转型。

① ［美］约翰·米尔斯海默：《大国政治的悲剧》，王义桅、唐小松译，上海世纪出版集团2008年版，第264页。

② John R. Deni, “The Future of American Landpower: Does Forward Presence Still Matter? The Case of the Army in Europe”, *U. S. Army War College Strategic Studies Institute Monograph*, 2012, p. 28.

③ John R. Deni, “The Future of American Landpower: Does Forward Presence Still Matter? The Case of the Army in Europe”, October 2012, http: //www. eur. Army mil/ pdf/Deni_ OCT 2012. Pdf. p. 27.

2. “巧制衡”安排

著名的美国战略大师兹比格涅夫·布热津斯基曾指出，美国国家安全未来数十年的核心目标是复兴国力，积极推动建立“更广大的西方”，在东方则采取“巧妙的制衡”（smart balancing）规范中国崛起。[①] 布热津斯基与米尔斯海默的制衡概念在用法上是一致的，都强调霸权国对崛起国的制衡，而这也是本研究中概念重塑后制衡的原初基底。显然，布氏意义上的“巧制衡”概念主要是为了应对中国崛起可能带来的“挑战”，但他的措辞十分严谨，使用“规范”一词来应对中国的崛起，这也就意味着“巧制衡”并非拒绝中国的发展，而是要规限其发展，这也与本研究中制衡所遵循的安全护持的核心要旨——利益共生是一致的。

现在面临的主要困惑在于美国要如何使用“巧制衡”规限中国的发展。有关中美分权的思想是这方面近来热议的话题。澳大利亚学者休·怀特（Huge White）在其专著中指出，中美分权可以避免美国撤出亚洲，它意味着美国和中国都不谋求自己在亚洲的“主导地位”，美国给予中国与自己“充分平等”的地位，这可以避免即将到来的“大国政治的悲剧”[②]。中美分权延续了之前“中美共治”和“中美国”的论调，具有强烈的理想主义色彩，但就当前的霸权国美国来说，很难做到放弃其在亚太地区的主导地位，与中国享有完全意义上的分权。换句话说，“倘若美国的政策制定者真的考虑要让美国在亚洲实施分权，它通常也会考虑与现存的盟国进行合作，而中国似乎需要展示出更多的诚意才行。”[③] 其实，对于中美分权的思想无须彻底

① Zbigniew Brzezinski, “Balancing the East, Upgrading the West: U. S. Grand Strategy in an Age of Upheaval”, Foreign Affairs, January/February, 2012. 转引自赵明昊《迈向“战略克制”？——“9·11”事件以来美国国内有关大战略的争论》，《国际政治研究》2012 年第 3 期。

② Huge White, *The China Choice: Why America Should Share Power*, Collingwood: Black Inc., 2012. 转引自洪邮生《中美战略竞争如何避免？——从休·怀特的“中美分权”论谈起》，《现代国际关系》2013 年第 12 期。

③ Evelyn Goh, “Power, Inertia and Choices: Advancing the Debat e about China's Rise”, *Security Challenges*, Vol. 9, No. 1, 2013, p. 1.

否定，怀特的分权思想是试图建立一种类似于历史上“欧洲协调”的“亚洲协调”，这种建立在大国分权基础上的排他思想不仅在中美两国之间很难操作，而且也会引起亚太地区其他国家的猜忌，不利于亚太的和平与稳定。国内有学者提出的“系统内分权”和“责任分担”说似可以修正怀特的中美分权思想，而且在实践中具有可操作性。所谓“系统内分权”是指美国允许他国与之分享不会危及其核心利益的那部分权力；而“责任分担”是指美国要求他国担当一定的国际责任，这既可被看作对美国让渡部分权力的补偿，又可被理解为美国打压他国威胁所做的努力。[①] “系统内分权”实际上提出了如何分权的想法，并且对分权的对象不作特定的限制。美国与他国分权的意图很明确，涉及核心利益的权力必须由美国掌握，也就是说分享的是非核心的权力。一般认为，军事权力是一个国家的核心权力，这也就意味着美国在亚太地区除了军事主导权外，其他权力是可以与别国分享的。当然，这种分享并非无条件的，“责任分担”始终伴随着“系统内分权”而存在，权责统一在这一点上是明确无误的。美国当前要更多地融入亚太地区，无疑最看重中国对其“转向亚太”的可接受度，因此行使“系统内分权”的最佳对象也应该选择中国。

这样，困惑中的“巧制衡”实施安排也就有了眉目。本研究中将概念重塑后的制衡行为区分为三个层次：预防型制衡、管控型制衡和合作型制衡。为适应“融入路向”的发展需要，美国的“巧制衡”转型应突出预防型制衡的作用（即强调预防型制衡第一的原则），同时将合作型制衡看作预防型制衡的重要辅助，并将二者视为是一个整体，以此来连接管控型制衡。这样设计的意图是清楚的，美国采纳“巧制衡”的转型是为了巩固其亚太角色，增强亚太成员对它的接受度。在明确了中国是亚太地区美国最为重要的角色支持者之后，美国理应清楚支持中国的发展一定要给中国施展抱负的平台，按照“系统内分权”的思想，这种平台只可能是非军事的，而应对非传统安全威

① 李晓、李俊久：《美国的霸权地位评估与新兴大国的应对》，《世界经济与政治》2014年第1期。

胁恰恰可以成为这样一个优质的平台。这不仅可以使中国和美国共享在亚太地区的权力安排，同时也不必担心亚太其他伙伴国受到冷落。“巧制衡”维系了美国在亚太地区角色融入的三类不同的对象国，因而可以成为一种制衡转型策略。

“近岸制衡”与“巧制衡”的关系：

“近岸制衡”和“巧制衡”成为美国冷战后亚太安全护持转型的两种可能策略演进，需要补充说明的一点是“近岸制衡”所强调的管控型制衡第一原则和“巧制衡”所强调的预防型制衡第一原则并不矛盾，因为它们是针对不同的转型路向而言的，在具体的实践操作过程中会有相应的侧重，不会因此形成羁绊。

图 2－1 对此做了相关的总览：

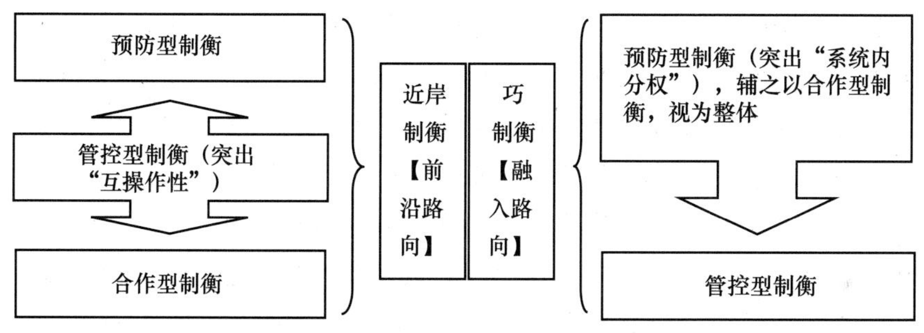

图 2－1　美国安全护持转型的演进

第二节　跨大西洋视域下安全护持的延伸性解释

如果说亚太视域下的安全护持战略行为模式是冷战后美国跨太平洋关系生动写照的话，那么传统上美国更为重视的跨大西洋关系是否也能纳入安全护持战略模式的解释范围呢？接下来我们将把视域转到冷战后美国跨大西洋地区关系，以此检验美国的安全护持战略行为模式在这一系统中的效用。

理解冷战后美国的欧洲外交政策需要结合欧洲大陆的形势变化和美国自身的战略诉求。与冷战时期相比，冷战后的欧洲少了大规模入侵的风险，但地区冲突和不确定威胁依旧频发，欧洲的安全形势并非风平浪静。在抗风险和危机能力方面，冷战后的欧洲较战时而言形成了更为稳固的安全结构，国内有学者称之为“复合中心圆结构”①，稳固的基础乃是兼具共同利益和面对共同威胁交织的跨大西洋安全秩序。理解这种跨大西洋秩序需要我们对美欧关系有整体上的把握，国内学者赵怀普认为冷战后的美欧关系呈现三种形态，或曰运行于三个不同的层面，“首先是双边层面上美国与欧洲各国的关系，这种双边关系的总和曾长期作为美欧关系的主要形态……其次是‘二战’后新形成的北约框架内美国与欧洲盟国的关系，即大西洋联盟……再有就是超国家层面的欧盟—美国关系”②。这种论述较为全面地概述了美欧关系的面貌，依据此逻辑，我们可以认为冷战后美国对欧洲的战略诉求可以分为三个层面，即美国对欧洲各国（尤其是欧洲大国）的战略诉求、美国对北约框架内的大西洋联盟战略诉求和美国对欧盟这一超国家组织的战略诉求，下文中我们将分别就这三个层面做更深入的考察。

第一个层面是美国对欧洲各国（尤其是欧洲大国）的战略诉求。从国家层面来看，美国在冷战后始终秉持着与欧洲共荣互助的立场，但受制于战后全球形势的变迁，欧洲各国在不同时间节点上对美国的这种政策反馈存在程度乃至向度上的差异。例如，与中东欧国家相比，西欧国家历来更为亲美，与美国的政策协调度更为一致。然而，2003 年爆发的伊拉克战争却成为消除这种刻板印象的试剂，大部分中东欧国家都积极支持美国对伊拉克所展开的军事行动，而像法国、德国这样的西欧大国则就美国对伊动武表示反对，以至于美国前国防部部长拉姆斯菲尔德在伊战期间提出了区分这种态度的“新欧洲”和“老欧洲”的概念，其中含义耐人寻味。再者，深入欧洲主要大

① 朱立群：《冷战后欧洲安全结构研究》，博士学位论文，外交学院，2001 年，第 177—206 页。

② 赵怀普：《重构后冷战时期的跨大西洋关系：理想与现实》，《外交评论》2010 年第 6 期。

国与美国之间的关系，我们可以发现一些更为微妙之处：首先是美英关系。学界用“特殊关系”（The Special Relationship）一词形容这对盎格鲁-撒克逊伙伴，尽管近年来一些人士对此种关系持唱衰言论，但事实上英国在主要重大国际事务中与美国基本都保持了一致的态度，或许更为折中的说法是，“英国历来在跨大西洋关系中都保持了至关重要的角色，这种盟友之间即使不能做到政策正确，也可以促进沟通和交流”①。美英之间的这种“特殊关系”有着深厚的历史文化基础，美国对英国的战略诉求是继续维系这种“特殊关系”，视英国为自己在国际政治中的“小伙伴”；其次是美法关系。围绕冷战结束这一时间节点，美法之间的关系发生了十分有趣的转变，冷战后期，美国和法国围绕对苏联和东欧的政策以及德国的统一进程方面出现了趋同和近似的政策导向，两国的角色相互补充并支持；而冷战结束后，这种关系逐渐变得不复存在，分歧与竞争日益取代原先的政策一致，究其根源，正如有学者所言，“美国决定在冷战结束后维持欧洲现状并且继续介入欧洲事务，这与法国所期待的美国人退出欧洲、从而由欧洲人建立自治的欧洲，是相互冲突的”②。这种“戴高乐式的风格”在冷战后的法国外交政坛延续了一段时间，不过国际关系总是受国内政治变化牵连的，随着萨科齐总统的上台，法美关系开始走出冷淡、重归于好，而新晋的奥朗德总统则延续了这种利好态势，在2014年的访美行程中，他与奥巴马联合署文称：“近年来，美法同盟开始转型，两国将在更多领域展开密切合作。”③美法接近离不开两国间利益关系的捆绑，从美国方面来看，如今对法国至少有两项战略诉求：（1）全球反恐与安全方面的合作。近年来美国战略东移和自身实力的相对衰落需要法国给予相应的配合，尤其是在法国有重要利

---

① Arthur I. Cyr, “Britain, Europe and the United States: change and continuity”, *International Affairs*, Vol. 88, No. 6, 2012, p. 1326.

② ［法］弗里德里克·波佐：《美国、法国与冷战的终结：趋同、近似和分歧》，《国际政治研究》2008年第3期。

③ 李博雅、王芳：《法国总统访美受高规格接待美法关系从低迷走向合作》，《人民日报》2014年2月12日第21版。

益关切的非洲地区。（2）经贸关系的深入合作。美法两国互为重要的出口与投资市场，两国间经济关系的强化有利于合力应对后金融危机时代的风险与挑战；最后是美德关系。冷战结束后，德国获得了重新统一，立足于欧洲大陆并拓展其国际影响是不断复兴中的德国所孜孜以求的外交目标，与美国的关系自然是德国所特别看重的。战后的德国经历了科尔、施罗德和默克尔三届政府，总体观之，“平衡”成为德国与美国的相处之道，这种“平衡”既体现在对美国参与国际事务行动的实际政治立场上，又体现在处理欧洲独立防务与美国为核心的北约集体安全行动上。不可否认，在诸如伊拉克战争和“马斯里事件”[①] 等关系上，德国和法国一样，曾与美国龃龉不断，但较法国而言，德国的立场更为温和与偏重实用主义，每每风波之后总会发觉德国的外交立场重归一种偏向美国的均衡。美国自然也很看重德国在跨大西洋关系中的重要作用，德国虽不是联合国的常任理事国，但在诸如伊核谈判这样的重大国际事件中，美国对于德国作用的倚重是不言而喻的。和对英法的关系一样，美国在理解德国谋求安全独立性的基础上会设置一条无形的界线，“德国作为美国在欧洲的代言人之一，可以起到地区安全事务中的平衡者作用，但不能背着美国单独行事”[②]。这是美国对德国的战略诉求，当然在与英国和法国的关系中，我们也能够感觉出美国这种同样基于共同利益基础上的非对称关系的存在。

第二个层面是美国对北约框架内的大西洋联盟的战略诉求。冷战结束后，以北约为核心的大西洋联盟并没有随之退出历史舞台，相反，美国重新审视并更加重视美欧关系中的这种强伙伴友谊，“为此，美国开出的药方是巩固并强化北约，推动北约转型，并在北约转型过程中扩大北约”[③]，北约也逐步由“军事联盟走向安全—政治联盟”[④]。这种转型突出体现在冷战后北约所进行的三次战略调整上，分别是1991 年北约罗马首脑会议提出的《北约新战略概念》（The Alliance's

① 江建国：《马斯里事件与德美关系》，《人民日报》2005 年 12 月 19 日第 3 版。
② 魏光启：《冷战后德国的北约战略及德美关系研究》，《德国研究》2014 年第 1 期。
③ 贾春阳：《美国全球战略与大西洋联盟》，《国际资料信息》2009 年第 12 期。
④ 高华：《透视新北约——从军事联盟走向安全—政治联盟》，世界知识出版社 2012 年版。

New Strategic Concept)、1999年北约华盛顿首脑会议提出的《联盟的战略概念》(The Alliance's Strategic Concept)以及2010年北约里斯本峰会所确定的《积极参与现代防御》(Active Engagement, Modern Defence)新战略概念。《北约新战略概念》是对冷战后北约战略调整中的第一次较为全面的论述，包含了五个部分共59条具体文本，涉及北约当前面临的战略环境、联盟的目标和安全功能、迈向安全的综合方式、防御指针等内容。其中，有三点是尤为值得关注的：(1)联盟的安全政策是基于对话、合作及相互增进与保持和平的有效集体防御做出的；(2)联盟将继续在军控和信任建立措施方面追求进步，以实现提升安全与稳定的目标；(3)联盟将会保持灵活性以适应政治军事环境的变迁。[①] 八年后北约华盛顿峰会上发布的《联盟的战略概念》重申并继承了《北约新战略概念》中的许多既定转型方针，同时为迈向21世纪的安全防务设计了方向性的探索路径："联盟的集体目标是要构筑欧洲安全的架构，其中联盟对欧洲—大西洋领域安全和稳定的贡献与对其他国际组织的贡献能形成互补和相互增强的态势。"[②]《联盟的战略概念》还就北约的扩容做了说明，认为："成员的扩充将服务于联盟的总体政治和战略利益，增强其有效性和凝聚力，并有助于提升总体的欧洲安全与稳定。"[③] 最新的《积极参与现代防御》战略概念在延续前两份文本的核心思想基础上有了更新的发展，突出了与欧盟和俄罗斯的关系建设，认为"欧盟是北约特殊和必需的伙伴，两者共享为数众多的成员国并秉持相同的价值观"，欲与俄罗斯发展一种"真正的战略伙伴关系，期待双方能达成互惠"。[④] 新战略概念还强调了推进北约参与全球化进程的思路，在与伙伴共同

① North Atlantic Treaty Organization, "The Alliance's New Strategic Concept", Nov. 7 - 8, 1991, http: // www. Nato. int/cps/en/natohq/official_ texts_ 23847. htm? selectedLocale = en.

② North Atlantic Treaty Organization, "The Alliance's Strategic Concept", Apr. 24, 1999, http: // www. nato. int/ cps/ en/natohq/official_ texts_ 27433. htm? selectedLocale = en.

③ Ibid..

④ North Atlantic Treaty Organization, "Active Engagement, Modern Defence", Nov. 19 - 20, 2010, http: // www. nato. int/nato_ static_ fl2014/assets/pdf/pdf_ publications/20120214_ strategic - concept - 2010 - eng. pdf.

解决全球问题方面实现利益的共享和维护地区与全球安全，北约新的“全球公域战略”[①] 就鲜明地体现了这一思路。纵观北约冷战后的三次战略调整，基本反映了从“集体防御”转为“捍卫共同利益”的转型思路，而这种转型与美国的外交政策转向是一致的，也即美国对北约的战略诉求。“北约转型的程度反映了长期积累的决策过程，这个过程需要一个互相赞同的战略（或战略概念），一个明确界定的使命，以及一个强有力的美国强制实施的承诺。”[②] 区别于美国对欧洲国家间的关系，美国对北约的战略诉求是建立在较为实质性的影响力基础之上的，而这种影响力的核心体现在美国对于北约军事一体化机构的控制中。有学者曾提出这样的研究假设：“从 1986 年至 2010 年：美国的相对实力地位得以恢复，加上北约组织相对封闭，因此霸权国（指美国）基本上能发挥关键性的影响力。”[③] 通过对这一时期北约东扩和军事行动的事实分析，基本证实了这一假设的合理性。

第三个层面是美国对欧盟这一超国家组织的战略诉求。欧盟是欧洲联合的象征，从 1951 年《欧洲煤钢联营条约》的签订到 1991 年《欧洲联盟条约》的签署，欧盟所走过的每一步都深深烙上了欧洲联合的思想传统。有意思的是欧盟以这样一个名称替代原先欧共体的时刻恰好出现在冷战之后，与冷战时期一体化中的欧洲作为美国的忠实伙伴不同，冷战后的欧盟有着自己更为独立和忠于身份的目标，这似乎更能代表启蒙思想家们曾经预想的建立“欧洲邦联”的未来。冷战后欧盟在安全战略领域深化发展的主要标志是力图打造所谓的“共同外交与安全政策”（Common Foreign and Security Policy，CFSP），CFSP 的核心在于构筑欧盟的独立防务，这种防务力量强调独立于北约，以欧洲自身的军事战备为依托。从 1993 年组建欧洲军团开始到 1999 年欧洲快速反应部队构想的提出再到 2000 年欧盟政治与安全委

① 韩雪晴：《全球公域战略与北约的安全新理念》，《国际安全研究》2014 年第 4 期。

② ［美］伊万·迪内夫·伊万诺夫：《转型中的北约——新联盟、新任务和新能力》，赵文亮译，世界知识出版社 2013 年版，第 105 页。

③ 刘铁娃：《霸权地位与制度开放性：美国的国际组织影响力探析（1945—2010）》，北京大学出版社 2013 年版，第 202 页。

员会和临时军事委员会先后在布鲁塞尔召开会议，欧盟独立防务从概念一步步走向落实，并于启动初期在“机构调整与建设、组织架构及运作、军事能力建设、民事能力建设、反恐怖主义和对外行动”① 等方面取得了一系列不俗的成绩。2008 年的全球金融危机和 2009 年的欧洲主权债务危机一定程度上使欧洲意识到危机面前做好自身的防务体系建设的重要意义，为此欧洲防务合作也取得了新进展，欧盟层面通过“完善法律框架，建立新合作机制，改进军工布局，形成了常态化、多样化的合作体系”②。这种欧盟独立防务进程对于美国来说是比较反感的，毕竟会削弱美国在欧洲的影响力，增加欧洲的离心倾向。美国人曾为欧盟军事建设定下了 3D 方针：“不能把欧洲与美国分离开来（No Decoupling），不能建立与北约重复的架构（No Duplication），不得歧视北约中的非欧盟成员国（No Discrimination）。”③ 与独立的防务建设相比，欧盟在一些议题和政策导向上与美国的分歧同样令美国感到深深的困惑：如在全球气候治理方面，以美国为核心的伞形国家集团就与欧盟集团在是否坚持“共同但有区别的责任”和全球碳减排主动性上呈现出明显的差异；再者，美国出于维护其单极霸权的需要，一直拒绝加入国际刑事法院，这种现实主义权力观与欧盟所倡导的自由主义价值倾向相悖，因而有学者认为，“美国视国际刑事法院为单极体系的障碍，而欧盟则将其作为遏制美国新干涉主义的有效手段。”④ 如此差异还体现在包括多哈回合谈判（涉纺织品和服装贸易保护问题）、对华武器军售、全球卫星定位系统等诸多方面。近年来，围绕乌克兰危机这样的全球焦点事件，美国与欧盟之间的分歧也从未停歇，从对军事干预的态度到对危机未来的走向，美欧在事

---

① 王延庆：《欧盟独立防务：进展与局限》，硕士学位论文，山东大学，2010 年，第 12—23 页。

② 王莉、陈旸：《欧洲防务合作新进展及其前景》，《现代国际关系》2013 年第 10 期。

③ Gilles Andreani, Christoph Bertram and Charles Grant, *Europe's Military Revolution*, London: Centre for European Reform, 2001, pp. 30 – 31. 转引自王湘穗《欧盟的独立防务：行动与趋向》，《欧洲研究》2007 年第 1 期。

④ 李枏：《从〈国际刑事法院规约〉看美国霸权维系的困境》，《美国研究》2008 年第 1 期。

件发酵的每一阶段上都有着各自不同的利益考量，而美国助理国务卿维多利亚·纽兰（Victoria Nuland）的 YouTube 视频门事件[1]更是一度给美欧关系蒙上了一层阴影。美国与欧盟在冷战之后的诸多不和是客观存在的，但双方也在不断努力去弥合这种跨大西洋分歧，近来的《跨大西洋贸易与投资伙伴关系协定》（简称 TTIP）是这种努力的代表，新的协定一旦达成，美欧将不仅受惠于彼此贸易上的便利和红利，更重要的是将对世界领域内相关规则和行业标准的设定产生重要影响，以至于一些学者将此称作“经济版的北约”。事实上，每每美欧之间出现分歧和争端之时，也便是双方酝酿解决与合作之时，因为彼此的利益链条会将它们连在一起。国内学者赵怀普在回顾了美欧之间的历史情缘后认为，两个核心成分和目标是美国对欧政策中的延续和保留，分别是“防止欧洲出现挑战美国的霸权，以及将欧洲纳入美国主导的全球秩序”[2]，或许我们可视之为美国对行进中的欧盟的战略诉求。

通过以上的梳理，我们可以发现美国在冷战后对欧洲三个层面的跨大西洋战略诉求存在着微妙的差异：美国对欧洲各国（主要大国）之间存在程度各异的倚重，这种倚重涉及安全战略的诸多方面，也包括通过双边关系的加强抵御未来不确定风险和危机的意图，但明显可以感觉到美国力图在发展每一对双边关系时都占据主导；美国对北约框架内的大西洋联盟之倚重是最为突出的，北约并未因冷战的结束而自行解散，而是通过成员的扩充和角色定位的调整成功实现了转型，成为冷战后美国在跨大西洋关系中的坚定支柱。与亚太地区美国所构筑的双边盟友关系不同，北约呈现的是一种集体式的联盟架构，而美国在其军事一体化组织中的领导地位是其掌控这种联盟行动的核心；美国在与欧盟这一超国家组织的关系上是最为纠结的。冷战时期出于对

---

① 在 YouTube 上匿名上传的一段视频中，负责欧洲事务的美国助理国务卿维多利亚·纽兰以不敬的言辞指责欧洲在乌克兰问题上所做的努力软弱无力，不足以应对俄罗斯带来的挑战。此举引发了欧洲诸多政要的批评回应，包括德国总理默克尔在内的政要认为纽兰的言辞是完全不可接受的，其已对美欧关系造成严重损害。

② 赵怀普：《变与不变：美国对欧政策的历史考察》，《美国研究》2011 年第 3 期。

抗共同敌人的需要，美国和当时一体化中的欧洲关系还算融洽，然而冷战结束后，欧洲自身的独立和自主倾向越来越高，以至于在许多问题和政策立场上与美国不一致，甚至是背道而驰。因此在强大的利益链条的捆绑下，美国不得不在寻求与欧盟关系一致性的同时给予其一定的警惕和预防，跨大西洋关系在这对战略诉求上显得最为复杂多变。

回溯前文的安全护持战略行为模式后不难发现，冷战后美国对欧洲这三个层次的关系都满足了安全护持的核心要旨，即存在利益共生的增量，需要对原先安全护持的基本定义稍作补充说明的是，这种增量是在不同国家或国家集团中存在程度上的差异。解构安全护持这一战略行为模式后，我们可以发现其基本战略行为制衡的三种类型与美欧三个层次之间的关系存在相当的匹配度（需要调整的仍旧是将制衡的对象由单一国家扩展到国家集团），即美国对欧洲国家（主要大国）间实施的是合作型制衡，对北约框架内的大西洋联盟实施管控型制衡，而对欧盟这一超国家组织实施预防型制衡。这里只是对欧洲视域下的美国安全护持战略行为模式作一个概述，其深入研究还有待进一步开展。

第三节　小结

学界有关美国霸权护持概念使用上的模糊和争议使我们有必要区分这一概念在学理意义上和技术使用上的不同，本研究正是基于霸权护持的学理解释引入了美国的安全护持这一新的概念，并尝试对冷战后美国亚太安全护持行为模式和欧洲安全护持行为模式做学理意义的讨论，澄清两种护持概念的边界与差异。

从国际系统进程的基本分析框架出发，本研究所界定的冷战后美国亚太安全护持战略行为模式以利益共生作为其核心要旨，而基本战略行为概念的提出体现了对这样一个相对抽象的模式意义的解构与还原。通过三条“基于维度”的判定标准，我们认为制衡可以作为符合这种要求的基本战略行为，当然这里的制衡是经过概念重塑后所形成的制衡，它由预防型制衡、管控型制衡和合作型制衡三个概念层次共同构成。

冷战后亚太安全环境一直处于不断变化和调适过程中，这也为美国的亚太安全护持模式提出了两种可能的转型路向："前沿路向"和"融入路向"。安全护持行为模式转型的核心在于其基本战略行为的转型，本研究对概念重塑后的制衡行为提出了两条转型设想：一是从"离岸制衡"转向"近岸制衡"，这需要突出管控型制衡第一的原则，它符合"前沿路向"的发展要求；二是实施"巧制衡"安排，这需要突出预防型制衡第一的原则，它符合"融入路向"的发展要求。两种转向在实践中互有侧重，相互倚重。

冷战后美国的欧洲安全护持模式延续了其在亚太地区践行安全护持的学理解释，但在具体实践制衡这一基本战略行为的对象上与亚太地区有所区别。美国对欧洲盟国（尤其是欧洲大国）实施合作型制衡，对北约框架内的大西洋联盟实施管控型制衡，而对欧盟这一超国家组织则实施预防型制衡。

冷战后美国的安全护持战略及其制衡行为是从学理层面提出的一种战略行为解释，其在现实世界中已经为美国自觉或不自觉地使用，这在本研究引入的美国南海外交案例中已得到较为鲜明的体现，将安全护持战略模式嵌入南海问题中进行分析对于理解和预期美国在南海问题上的政策动向具有一定的解释力和预测力。总之，美国的安全护持战略较好地体现了美国两洋同盟的战略意志，对新形势下美国的战略动向具有一定的解释力。

第三章　美国两洋同盟在当代国际格局中的具体实践

用前述理论建构作为铺垫，本章主要剖析美国和两洋同盟在冷战后战略调整的国际格局条件、相关政策与具体实践及其带来的影响。

第一节　亚太双边同盟体系运行与战略调整

在前述相关章节的理论建构中，我们主要采用亚太地区的国际关系实践作为支撑，且这些历史与现实的国际关系都是围绕着美国的亚太双边同盟这个核心进行论证的，在本节论述中，为了避免重复，关于亚太同盟的安全护持问题，只做概括性论述，而主要集中论述亚太同盟安全护持实践带来的影响。①

一　美国的亚太外交实践

基于亚太地区结构变化的具体特点，美国在冷战结束之后，依托对亚太同盟的管控型制衡，相对从离岸制衡向近岸制衡来应对潜在对手的方向发展。这里在传统安全领域，美国对中国、俄罗斯等新兴的异质国家，实质是以预防型制衡为主的外交，对美国的亚太盟国采取管控型为主的外交；合作型制衡只是集中在非传统安全领域，对于美国在亚太乃至全球的安全护持不是主流，而且，亚太地区的合作型制

① 本节的第一、第二部分的主要思想已经发表，参看钮维敢《论当代亚太秩序困境与中国关切》，《辽宁大学学报》2015 年第 3 期。

衡也只是作为策应预防型制衡与管控型制衡的配合策略，带有权宜之计的倾向。这可以从国际格局作为一种系统不断演进中得到反映：美国基于其全球安全，推动“重返”亚太战略实践。

美国“重返”亚太战略，有其坚深的历史根脉与优厚的现实条件，与当代国际格局转型直接相连。多极化力量的分散性、脆弱性与低效性，客观上有助于美国推进“重返”亚太战略。美国作为维持单极化国际格局变化趋势的主导力量，利用冷战遗留的同盟体系与安全机制，不断激活历史遗留争端，优化整合全球同盟与海外军力部署，逐步建立起两洋呼应的宏观布防架构，在微观上挑动或营造亚太争端，从而灵活地分化多极化趋势力量，有效地构建中间游移力量，并诱导其向着单极化趋势力量一方集结。

“重返”亚太战略是美国在深陷国际金融危机的情况下，近年来才旗帜鲜明地提出的；实际上该战略在冷战结束时就已实施，只是由于种种原因而间断。学术界对此认识不一，大多数强调军事战略重心从欧洲向亚洲转移。本研究认为美国“重返”亚太战略是一个综合性的战略，只是军事战略更加显眼地被人们所熟知，而经济战略的加强更具现实性和迫切性，在亚太地区的民主扩展战略也随着军事战略与经济战略的重点调整，凸显出在意识形态与价值观上的渗透性加强。① 所谓美国“重返”亚太战略是冷战结束以来，以遏制亚太大国崛起为核心，美国将其全球战略重心从欧洲向亚太地区转移，但因欧洲、西南亚事务及自身实力局限而迟滞，自 2009 年以来又重新加速其进程，实现美国领导亚洲乃至独霸世界的战略调整。

美国政府有高官认为中国改革开放以来的经济、军事迅速发展带

① 其实当代美国政府都不同程度地强调要领导世界，要对亚洲的政治、经济、军事等问题，尤其是对亚洲的矛盾进行指导与平衡，今天我们所论及的美国“重返”亚太战略，美国认为是一种对亚太地区进行“再平衡”战略。这并非是 2010 年以后才提出的，而是可以追溯到更早的时候。参看兰德公司专门为美国海军部做的研究报告：Zalmay Khalilzad, David T. Orletsky, Jonathan D. Pollack, Kevin L. Pollpeter, Angel Rabasa, David A. Shlapak, Abram N. Shulsky, Ashley J. Tellis, *The United States and Asia: Toward a New U. S. Strategy and Force Posture*, Document Number: MR – 1315 – AF, Rand Corporation, 2001, pp. xi – xvii。

来的实力增强，一定会挑战“二战”以来的国际秩序，挑战美国的主导地位，[①] 因此，其“重返”亚太战略有明确的目标，即对华采取经济孤立、军事遏制与民主价值观渗透三位一体的策略，并以此为基轴，优化同盟，培养新伙伴，控制亚太总体局势。

严谨地理解美国“重返”亚太战略，应注意以下几方面：一要从其历史起点着眼，但要在关注到历史与现实的延续性时，将重点放在现实的变化与特点上，而不能借口美国在世界近现代史上从来没有离开过亚太，就否定美国存在“重返”战略，这会忽视美国全球战略重心的区域转移，而流于形而上学的认识方法，甚至会犯充耳不闻的错误；二要在美国“重返”亚太战略中确定其主要目标时，考察其次要目标，这样才能更为深入地理解美国的终极意图；三要从内容上确定美国“重返”亚太战略的区域不仅限于亚太。中亚和西亚应该包括在美国“重返”亚太战略之内，只是因为时机不允许美国同时启动整个亚洲及太平洋地区的战略实践。假以时日，美国会在时机成熟时，全面启动整个战略，或者美国会在中亚、西亚与亚太地区之间进行战略重心游移，以便更加灵活机动地谋求战略利益最大化。当今美国“重返”亚太战略，主要是把战略重点放在东亚与西太平洋地区。

美国“重返”亚太战略的相对性：为集中力量应对苏联领导的社会主义阵营带来的挑战，美国在20世纪60年代末，由于经济衰退、美苏全球争霸中苏攻美守及美越战争，到20世纪70年代初理查德·尼克松上台后公开提出从亚洲进行战略收缩，此后，中美关系缓和并逐渐走上正常化轨道，直至到20世纪80年代初中美正式建交，因此将全球战略重心投放在欧洲；20世纪80年代前后冷战从坚冰走向融化，到20世纪80年代末，社会主义阵营剧变，冷战逐渐走向结束，1991年苏联解体，美国在欧洲的最大威胁彻底垮塌，这为美国全球战略重心的转移提供了前提。因此，美国“重返”亚太战略是相对

---

① U. S. Ambassador Richard S. Williamson, *China, America, and a New World Order*, 2010, http://www.american.com/archive/2010/may/china - america - and - a - new - world - order, 2012 - 10 - 05 0:28.

于 20 世纪 70 年代在亚洲进行战略收缩而言的。

第一次“重返”与受阻：从连续性看，美国在冷战刚刚结束就准备把战略重点，尤其是军事战略的重心从欧洲移向亚洲，但受到阻碍，表现在：正是由于冷战结束，社会主义阵营瓦解后一些国家的社会体制转变，被以美国为首的西方国家看成历史突然出现的真空。如何填补这个真空，又成为美国一贯坚持的民主扩展战略与军事安全战略的一项新课题。美国在冷战结束时，国家经济尚未摆脱长期低迷的困境，难以在欧洲与亚太地区同时进行战略并重的军事投入与意识形态外交。对于东欧前社会主义国家进行西方资本主义的政治经济改造，一方面要注入大量的资金以诱导其经济走向全面的市场化，要引导这些国家按照北约的标准进行改造，最终成为与美国同质的国家即北约成员而完成脱胎换骨的转型，获得北约提供的安全保障。再者，俄罗斯力图把东欧前社会主义国家纳入其安全缓冲或势力范围，一直抵制北约东扩对其周边安全空间的压缩。美俄关于北约东扩矛盾不断加深。美国集结的西方盟国不但要推进北约东扩，而且还掀起了一轮又一轮的“颜色革命”浪潮，不断蚕食俄罗斯的战略空间，也遭到俄罗斯的节节抵制。所以，克林顿总统时期，美国虽然提出要将全球战略重心从欧洲转向亚太，但没有能够实质性地实施。然而克林顿总统两届任期，把美国经济推向了又一个发展的黄金期，而且科索沃战争的结束，标志着美国填补冷战结束的欧洲真空基本完成。

第二次启动与迟滞：小布什第一任总统竞选与就职演说中，都提到了要重视亚洲，而且公开要对中国进行战略遏制。但是 2001 年“9·11”事件爆发，国内外的舆论要求美国必须应对日益严重的国际恐怖主义威胁，不久，美国掀起了反恐战争——阿富汗战争；2003 年美国不顾国际社会的强烈反对，又单方面掀起伊拉克战争。美国同时在西南亚打两场地区战争，其战略力量的核心部分，尤其是军事战略暂时难以集中到亚太地区。其实，从严格意义上讲，美国进行的阿富汗反恐战争和伊拉克战争，都是在亚洲进行的，其战略重点就在亚洲，但当代亚洲的经济重心已经转到东亚，亚太地区的军事战略热点问题，尤其是冷战遗留问题密集而激化成热点问题的频率更高，且各种名目繁多的军事演习几乎连续不断，因此，东亚逐渐成为世界格外关注的重要区域；美国深陷于阿富汗战争和伊拉克战争，难以把战略重心投放在东亚。

第三次高调“重返”：2007 年美国发生次贷危机，并在 2008 年逐渐外溢成国际金融危机，沉重打击美国经济，使其复苏乏力，而世界经济最为活跃的东亚，尤其是中国，虽然受到国际金融危机的影响，但率先走出低迷，并成为世界第二大经济体，且亚太地区的几乎所有热点问题都与中国有关；更为重要的是，中国一直以来都是美国的异质国家，中国的经济崛起带动和提升了军事现代化，被美国认为是对其国际领导权的威胁。因此，美国计划遏制中国，也是难以避免的。奥巴马总统上台后，为了应对金融危机和国内财政赤字高涨，缓解就业日益紧张造成的巨大国内压力，希望通过从西南亚进行战略收缩，而重点经营亚太地区，以稳定自己的领导权，扩大自己的影响力，谋求美国的利益最大化，从而公开提出了“重返”亚太战略。

从美国“重返”亚太战略实践就可以看出，冷战两极格局向冷战后格局变化的系统演进过程中，针对国际格局主角间力量变化及亚太地区格局可能出现美国领导地位的潜在挑战者而在盟国间采用管控型制衡，并借助包括盟国、友国及非敌非友国在内的合作制衡，来达到预防型制衡安全护持的主要目标。

美国推进“重返”亚太，是从冷战中后期的离岸制衡为主转向冷战后的近岸制衡为主，出现越来越注重预防型制衡至上的倾向。

作为美国“重返”亚太外交实践的翻版，近年来美国官方公开倡导亚太“再平衡”战略，利用亚太地区诸多矛盾，按照融入型路向来实施巧制衡，却也加紧前沿路向的军事重返，几乎是双管齐下的。这不仅仅体现在美国加强驻日军备、重返菲律宾、加强关岛基地军力等一系列军事行动上，还表现在介入并主导 TPP 经济组织，孤立和削弱中国等非美国友好崛起国家的亚太影响，稳固美国的军事与经济领导地位。其中，中国崛起是美国亚太地区安全护持战略关注的主要因素。

首先，经济上，由经济相对热络转变为经济受政治安全影响而出现冷淡势头，且出现弱化中国经济发展的苗头。APEC 的运行，中国、日本、韩国分别与东盟“10 + 1”到“10 + 3”的发展及中日韩自贸区谈判，都表现出亚太经济一体化进程发展取得了显著成果。中国在这样的环境中自身经济成长迅速进而代替日本成为世界第二大经济体，逐渐成为亚太地区大多数国家的第一大贸易伙伴，也表明亚太地区经济发展的巨大活力与持久影响。然而，2008 年金融危机之后，美国及其亚太盟国联合力推《跨太平洋战略经济伙伴协定》（TPP），要在亚太打造一个“高质量和具有约束力”的经贸框架；用经济渗透与经济遏制来增强美国在亚太地区的经济影响力，扩大美国经济利益，同时策应美国在亚太的政治利益诉求。实际上，从 TPP 作为滚动扩大的经济联合组织，至今已经发展到 12 国，经济总量和贸易总额均已经超越中国东盟自贸区的总和，也超过了 APEC 非 TPP 成员相应总量的两倍多；东盟的重要成员加入和准备加入 TPP，准备构建东北亚自贸区的韩国、日本加入 TPP 谈判进程，对亚太经贸一体化进程无疑是实实在在的巨大冲击。TPP 发展进程速度不仅远远快于东亚其他自贸区的一体化进程，而且其规则、标准和发展水平也远远高于东亚已有的任何经济一体化框架。TPP 的发展改变着亚太经济一体化进程与方向。美国总统 2012 年、2013 年连续两年不参加 APEC 峰会，不只是美国经济实力的原因，更重要的是美国领导的 TPP 所形成的巨大影响力，带给成员国的区域经济活力，远超过 APEC 对美国经济发展的意义。

其次，作为经济和安全保障的终极后盾：军事上出现了遏制中国的同盟优化趋势。

冷战结束以来，美国领导的资本主义同盟出现了短暂的游移和对同盟职能的怀疑之后，在美国全球安全战略重心向亚太地区转移的过程中，出现了优化同盟的势头，从而使得冷战安全结构在亚太地区残延；为了寻求在亚太进行“更广泛、更灵活、更持久”的军事部署，[①]

---

① 美国基于对中国实力的认识，要重新布防、与盟国加强军事合作等措施来应对中国军事威胁。关于这一点，请参看兰德公司专门为美国空军做的研究报告：Roger Cliff · Mark Burles · Michael S. Chase · Derek Eaton · Kevin L. Pollpeter, *Entering the Dragon's Lair: Chinese Antiaccess Strategies and Their Implications for the United States*, RAND Project Air Force (PAF), prepared for the United States Air Force, the RAND Corporation, 2007。

以亚太地区的热点问题为抓手，美国稳固东北亚的进攻性基地力量，加强在东南亚、澳大利亚等盟国的军事存在，同时积极发展新的战略伙伴国，既积极拓展与越南外交和军事关系，分化中缅友好关系，又围绕核合作大力推进美印战略合作深化与务实外交。在打压巴基斯坦时，筹划在阿富汗的军事进退。关于从吉尔吉斯斯坦和塔吉克斯坦的空军基地的撤离驻防，美国态度模糊，意欲常驻中亚，成为与俄罗斯、中国一样的主导性力量。要稳定中亚、促使中亚国家民主化、保证美国在亚洲的安全和利益①。认为21世纪以来中国在中亚的扩张迅猛，美国强调要在中亚发展中扮演重要角色。② 高度重视美蒙关系，在对蒙经济援助的基础上，加强两国政治军事交流与合作。这样美国把对华的C形战略包围圈连缀成圆形收缩圈，并通过有针对性培训与密集的多样化演习来增强其盟友及伙伴国的军事协调与配合能力。美国作为同盟的核心，促使不同的亚太双边同盟建立更加紧密的联系而渐趋叠加和联网，企图以“大西洋网络”为模本，努力在亚太地区构建一个符合美国利益与价值观的、包含各种伙伴关系与机构的“太平洋网络”。

再次，民主与价值观上，冷战在亚洲的结束具有遗留性，共产党执政以及社会主义国家的崛起与美国及其同盟的民主与价值观不容，与美国版本的历史终结论相左；东亚是美国完成冷战任务的关键区域。亚太地区不仅存在冷战安全结构造成的分裂，而且其根源在于民主与价值观上的分裂，即深层次的冷战遗留——意识形态敌对仍然存在。这既是美国民主扩展战略（一贯外交整体战略）的重要组成部分，也是美国核心利益的支柱之一，因为它是美国获取经济利益与塑造战略优势结构的灵魂。凝聚、巩固和优化了冷战后的亚太（旧金山）同盟体系，并以民主与价值观的认同为纽带，将同盟体系拓展，发展一系列准盟国。以民主与人权作为指标，辅以经济利诱和打压，

① Jim Nichol, Central Asia: Regional Developments and Implications for U. S. Interests, CRS Report for Congress, October 12, 2011, summary.

② Raffaello Pantucci, Alexandros Petersen, *China and Central Asia in* 2013, China Brief, Volume XIII. Issue 2. January 18, 2013.

配合军事威慑和遏制，改造新兴国家，建立民主样板，扩大同质国家数量和范围，借此孤立和遏制异质国家。实际上，亚太秩序中，政治安全与经济构造长期存在着严重失衡和分裂局面，而在冷战结束后就已经隐形发展的国家间民主认同，是以亚太同盟体系为实体性依托，试图构建起具有桥梁作用和灵魂中枢的民主同盟，以便把其老同盟即军事安全同盟体系与新同盟即经济同盟体系有效地链接起来。美国政界认为，民主与人权是与经济、军事以及安全一样重要的外交组成，近现代美国历届政府都重视人权外交，冷战后美国同样不能忽视人权和民主外交的作用。① 在受到2008年国际金融危机洗礼后，美国前国务卿希拉里·克林顿提出美国施行“前沿部署”外交，即投送各种“外交资源”到亚太地区每一个国家，实施“六条关键的行动线路”：“强化双边安全同盟、深化与新兴大国的工作关系、参与地区多边机构、拓展贸易和投资、推进广泛的军事存在、增进民主和人权”。“在今后10年中，我们对在哪里投入时间和精力需要做到灵活并有系统性，从而让我们自己处于最有利的地位，以保持我们的领导作用，保障我们的利益，推进我们的价值观。因此，今后10年美国外交方略的最重要的使命之一将是把大幅增加的投入——在外交、经济、战略和其他方面——锁定于亚太地区。”② 美国作为当今国际关系的核心因素，其民主与价值观是塑造亚太秩序的支撑性变量，影响着亚太局势的发展方向。

二　带给中国的影响

经济上，亚太经济格局的新变化可能从地区经济一体化上削弱中国经济增长的外推力。中国改革开放以来的飞速发展，从资金、技术和市场等诸多因素的一边倒依赖亚太大国的局面逐渐改变为自身市场的培育和自身实力的增长，改变着亚太经济格局，直至2010年年底中国超越日本而成为世界第二大经济体。这些成就除了中国自身因素

① （U. S. A.）Congressional Record—Senate, S12458 - S12462, October 21, 1996.

② Hillary Rodham Clinton, America's Pacific Century, Foreign Policy Magazine, October 11, 2011. http://www.state.gov/secretary/rm/2011/10/175215.htm, 2013 - 10 - 1 18: 20.

外，还与东亚地区经济一体化进程有关，即中国经济实力增强与20世纪最后10年中国人常说的亚太地区经热政冷有关，也就是亚太国家间经济交流如火如荼。然而，进入21世纪之后，这一局面也发生了逆转。一方面，亚太经济合作的常态化受到地区争端的拖累，而由热络趋向冷淡，尤其是南海主权争端、东海主权争端等热点问题持续升温，造成中国与东盟相关国家经济交流出现迟滞与倒退，中日、日韩、中韩领海、岛屿主权争端，造成相关国家间经贸萎缩，东北亚自贸区谈判停滞。这些不仅使越南、菲律宾、日本、韩国的经济发展受损，同时也不可避免地反过来损害到中国的经济成长；另一方面，针对亚太经济发展中的中国影响力日益增强，美国在2008年国际金融危机之后，启动了加入和打造更高端的自由贸易协定（TPP）的进程。如前所述，该协定将对亚太地区原有一系列经济合作协定产生孤立、分化甚至肢解的不良影响。这两个方面的负面影响不是孤立的，而是经常相互纽结在一起，直接关系到中国对外经贸的未来。而且2013年3月美国在八国峰会期间提出的TTIP即Transatlantic Trade and Investment Partnership（跨大西洋贸易与投资伙伴关系协定），主要是由资本主义大国主导，按照发达国家的经济标准，配合美国的军事同盟打造的新型资本主义经济同盟，这为TPP融入和参与主导全球经济转型提供了强有力的策应，无疑更具竞争力和影响力。即便中国主动地要求加入美国主导的亚太经济格局新型框架，那么，TPP的制度性要件和更高端的准入条件，也是中国现有经济体系难以匹配的，更何况，TPP的非经济标准，如劳工标准、环保要求和经济运作的高度透明性，不仅要中国改变经济上的现有框架，而且要在相关的政治制度上与其对接，比如要有明确、具体且可验证性的反腐败的相关条款①。

亚太经贸格局的现状带给中国经济未来的外向发展困难是，中国营造的外围经贸阵地一定会被围困甚至被蚕食。中国经济不可能只靠

① *Transatlantic Trade and Investment Partnership*：*Why Does It Matter*? http：//www. oecd. org/regreform/facilitation/TTIP. pdf，2014－2－28 22：24；Final Report：*High Level Working Group on Jobs and Growth*（February 11，2013），http：//www. ustr. gov/sites/default/files/02132013%20FINAL%20HLWG%20REPORT. pdf，2014－2－28 22：30.

内向型的无限开放市场，不可能离开国际市场，因此，中国经济长远发展，如果不能较为有效地冲破亚太现有经济发展格局的孤立和围困，将会被边缘化。

政治与军事安全上，无论学界还是政界，基本上认为当前亚太地区大体上仍然沿袭了冷战时期的安全结构。中国外部安全隐患明显，始终伴随国家发展而存在，而且在具体问题的微观层次上，中国政治与军事安全环境出现了比冷战时期更加复杂、更加严峻的多元挑战。

前述美国“重返”亚太战略构筑的对华包围圈，把围绕中国的周邻国家间争端由分散的点状连接成弧形带状，即以东北亚有关中日韩朝已经存在的岛屿和领海争端及地区安全为起点，到中国南海主权争端，经马六甲海峡到印度洋直至印巴争端、中印争端，深入阿富汗直指中国西部邻国中亚，从而对中国合围构成不规则的箍形战略收缩圈。沿着这一收缩圈，涉及中国的争端最多、困境严峻。一者，相关国家与美国形成相互利用涉华主权争端，使得美国在“巧妙”围堵中国中以离岸平衡的姿态坐收渔翁之利；二者，相关国家间还形成“群狼”联合对华施压的态势。印度与日本的相互支持，日本与菲律宾、越南的联合制华；三者，非直接涉事国家，也出现趁火打劫的苗头，最为典型的是澳大利亚，与日本、美国甚至印度，不仅直接染指钓鱼岛问题和南海争端，而且意欲建立民主联盟，在政治与安全上孤立中国。

在中国内政国际化问题方面，最为显著的是分裂分离与暴恐势力在冷战结束以来持续得到国际反华势力的支持或纵容，不断发酵引起的国内混乱和损失已经远远超过冷战结束之前的规模和水平。其中，美日反华势力的作祟更加明显。其次是关于中国人权问题，西方反华势力长期利用中国人权建设上的瑕疵蓄意歪曲、妖魔化中国。在目前美国构建的亚太同盟链中，这些国家以彼此认同是民主国家而作为结盟或亲近的重要条件。[1] 随着中国经济强势发展，使得某些国家臆想下的中国民主法治建设与中国“威胁”相伴而生。

---

① Michaelm Mousseau, “The Nexus of Market Society, Liberal Preferences, and Democratic Peace: Interdisciplinary Theory and Evidence”, *International Studies Quarterly* (2003) 47, Blackwell Publishing, pp. 483 &. 502 – 504.

第二节 雅尔塔体制与旧金山体制关系再思考

旧金山体制是在美国主导下，单方面对“二战”与冷战进行强行衔接与延伸的地区安全体制。它在形式上被装扮成“二战”遗留问题，但在本质上却是较为典型的冷战遗留问题；旧金山体制因冷战而被滋生出来，不是雅尔塔体制的组成部分。将旧金山体制看成雅尔塔体制的组成部分在学理与实践上都会形成悖论，并有违相关中国领土主权的合法性，不利于中国申索这些领土主权而有利于美日篡改与歪曲历史，将形成学术乌龙——或可被日本等国用来颠覆雅尔塔体制安排的战后国际秩序；它穿越冷战时代，营造了亚太安全秩序中的众多具体国际争端，并借助这些争端得以苟延与演化，是美国亚太同盟链的核心，是亚太地区安全的毒瘤。

2015 年 3 月日本拿出一张中国的老版地图来反击中国对钓鱼岛等相关领土主权的申索，这是日本人利用中国人自己制造的“乌龙球”来为日本强占他国领土做狡辩。其实，中国不仅存在着这样的老版地图“问题”，还被日本人利用《人民日报》曾经刊登的相关内容来否定中国的主张。

中国主流学术界也制造了严重的“乌龙球”——将旧金山和会、《旧金山对日和约》及旧金山体制看成雅尔塔体制的组成部分。①

一 相关研究

旧金山体制是围绕旧金山和会及《旧金山对日和约》，在旧金山和会召开前后，由美国主导签署的一系列双边、多边条约所构建的，为美国推进冷战战略服务的亚太单边安全体制。

相关旧金山体制与雅尔塔体制关系的本质认知，国内外学界主要

① 本节的主要内容已经发表，请参见钮维敢《雅尔塔体制与旧金山体制关系再思考——以国际法视角下的中日领土主权争端为中心》，《中山大学学报》2017 年第 3 期。

研究情况如下：

第一类，国外的相关文献，研究《旧金山对日和约》签字国的学者一般都承认旧金山体制，只是韩国学者否定日本曲解《旧金山对日和约》及相关条约关涉韩国领海主权的主张。代表性的成果是 Seok-woo Lee 关于《旧金山对日和约》与日本和周边国家在岛屿争端上的研究，在承认《旧金山对日和约》的前提下，认为该条约在解决“二战”结束对日本领土处置上照顾了相关国家的利益，却最终导致众多领土争端。① 美国比较公正的历史学家在承认旧金山体制的前提下，认为东亚地区的领土主权争端是旧金山体制的产物，而日美关系是冷战在亚洲的激化过程中，由旧金山体制确定的。美国利用日本为基地服务于冷战中推进的亚洲热战，具有非正义性，而日本则从中渔利，并将受害国中国等亚洲国家塑造为敌人。②

日本较为严谨的学者 Kimie Hara 认为雅尔塔体制主要对欧洲的“二战”后秩序产生了广泛影响，并没有对东亚地区秩序的建立起到根本作用。但“二战”后东亚地区秩序的构建在雅尔塔会议中被提及，一些秘密协定也对日本产生了影响。基于此，用“东亚的雅尔塔体制”形容这样一种影响更为贴切。但随着 1951 年对日和约的签署，“东亚的雅尔塔体制”变得“一团糟”，而真正对东亚地区秩序产生影响的是《旧金山对日和约》的签订，它为该地区的冷战对抗的地区结构奠定了基础，充分反映了美国的政策优先性。③ 这隐含地意味

① Seokwoo Lee, “The 1951 San Francisco Peace Treaty With Japan And The Territorial Disputes In East Asia”, *Pacific Rim Law & Policy Journal*, Vol. 11, No. 1, 2002, pp. 63 – 146; Seokwoo Lee and Jon M. Van Dyke, *The* 1951 *San Francisco Peace Treaty and Its Relevance to the Sovereignty over Dokdo*, Oxford University Press, 2010, pp. 741 – 762.

② 中井大助真部弘树：《为什么又是领土问题》，日本《朝日新闻》10 月 30 日，转引自《美国学者认为中日岛屿争端源自旧金山体系》，2012 年 11 月 1 日，新华国际。2015 年 1 月 20 日，新华网（http：//news. xinhuanet. com/world/2012 – 11/01/c_ 123899486. htm）。

③ Kimie Hara, “The San Francisco Peace Treaty and Frontier Problems in The Regional Order in East Asia：A Sixty Year Perspective,” *The Asia-Pacific Journal*, Vol 10, Issue 17, No. 1, April 23, 2012. http：//japanfocus. org/ – Kimie – HARA/3739？ utm_ source = April + 23% 2C + 2012&utm_ campaign = China% 27s + Connectivity + Revolution&utm_ medium = archive 2015/1/25 23：39.

着旧金山体制是冷战的产物，而且把旧金山体制与雅尔塔体制分离开来。

第二类，中国国内研究，大体上分为两种，一种是较为专门性研究，典型的研究成果是历史学家胡德坤先生的《〈旧金山对日和约〉与日本领土处置问题》，在梳理“二战”结束时盟国对日关系的历史中，沿着国际法的主线，得出结论：《旧金山对日和约》违背了盟国间签署的一系列国际法文件，而给日本歪曲历史、巧取他国领土主权提供了机会。这类研究间或提及冷战因素，但不是论述的重点，而是重点研究和强调美国与日本违反国际法，日本浑水摸鱼，在美国的默许与纵容下混淆视听，占领和控制钓鱼岛，与中国、韩国、俄罗斯等周邻国家产生众多领土争端。①

另一种是在非专门性研究中关涉旧金山体制与亚太安全，比如杨和平教授的《雅尔塔体制与全球化》一文在研究雅尔塔体制的形成、延续与全球化的关系时，提及了旧金山体制是雅尔塔体制的补充性组成部分。② 类似的观点有吉林大学刘德斌教授认为，“旧金山会议是对雅尔塔会议所确定原则的补充和具体化。”当时的盟国领导人主要是面对这样两个问题：一是如何打败法西斯；二是如何安排战后世界。③在我国主流学术界却把它看成雅尔塔体制的组成部分，更具有代表性的是，中国高校最权威最流行的历史学教科书之一，即吴于廑、齐世荣主编的《世界史》之《现代史编》明确地指出：旧金山会议、波茨坦会议则是对雅尔塔会议所确定原则的补充和具体化④；更具有广泛性的是，人大报刊复印资料也曾全文转载了不少相关文章⑤。

---

① 胡德坤、韩永利：《〈旧金山对日和约〉与日本领土处置问题》，《现代国际关系》2012年第11期。

② 杨和平：《雅尔塔体制与全球化》，载《西华师范大学学报》2009年第2期。

③ 刘德斌主编：《国际关系史》，高等教育出版社2003年版，第339页。

④ 吴于廑、齐世荣主编：《世界史之现代史编》，高等教育出版社1994年版，第23页。

⑤ 例如，毛锐：《近10年来雅尔塔体制问题研究的新进展》，人大复印资料《世界史》2001年第9期——原载《山东师大学报》2001年第3期；杨和平：《雅尔塔体制“瓦解”质疑》，人大复印资料《世界史》2002年第7期。原载《信阳师范学院学报》2002年第2期。

中外学者多数都认为《旧金山对日和约》造成了日本与周边国家的领土争端。中国学者多数认为旧金山对日和会是非法的，但因为中国学者把第一次旧金山会议（1945 年旧金山制宪会议）和第二次旧金山会议（1951 年旧金山对日和会）不加区别地都命名为旧金山会议，却认为它是雅尔塔体制的一个组成部分，致使长期以来非国际关系学者们和普通民众大多数人认为旧金山对日和会也是雅尔塔体制的组成部分（见图 3－1）；日本少数较为严谨的学者倾向于认为旧金山体制是一个单独的体制，但歪曲地认为它具有合法性，且造成了亚太安全的众多领土争端。韩国与美国的多数学者认为《旧金山对日和约》是合法的。

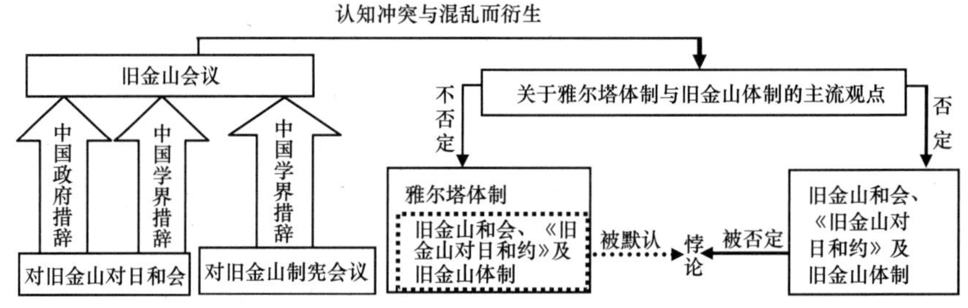

图 3－1　旧金山会议与雅尔塔体制的关系

尽管上述观点不乏合法性，但肯定《旧金山对日和约》合法性的观点，是歪曲了历史的本来面目，而中国学者在揭露旧金山和会与旧金山体制本质时，将旧金山和会纳入雅尔塔体制之中，主观造成的学术逻辑悖论，将会在客观上伤害到中国对相关领土主权申索的正当性，会造成严重的学术“乌龙”现象。这种学术“乌龙”长期存在，对中国核心利益构成潜在威胁，却没有引起过人们的关注与专门研究。

二　旧金山体制的前世今生

研究国际问题离不开历史与国际法的二维判定逻辑，并且历史逻辑与国际法的逻辑必须是相互交融吻合，而不是单独的、割裂开来的。离开历史逻辑而强调用国际法来辨析国际问题，是歪曲历史而无视法理；离开国际法逻辑而用历史依据来梳理国际问题，是不顾解析争端的公正标准而藐视现实问题的历史继承性和变动性。

（一）旧金山体制是重大的冷战活化石

旧金山体制不是“二战”的直接遗产，而是“二战”过渡到冷战，直至今日仍然运行的诸多冷战活化石之一。它是假借“二战”后盟国要对日本法西斯发动战争进行处置，实际上是为资本主义阵营在亚太地区遏制共产主义扩张的冷战目标服务而设计的单边战略体系。

“二战”刚结束，冷战接踵而至。

两大阵营冷战在亚太地区扩展最为显著的表现，就是以中国境内国共两党的内战为显著标志——冷战在亚洲最为耀眼的历史起点。“二战”后以国别史来体现冷战国际史。① 见图 3 - 2：

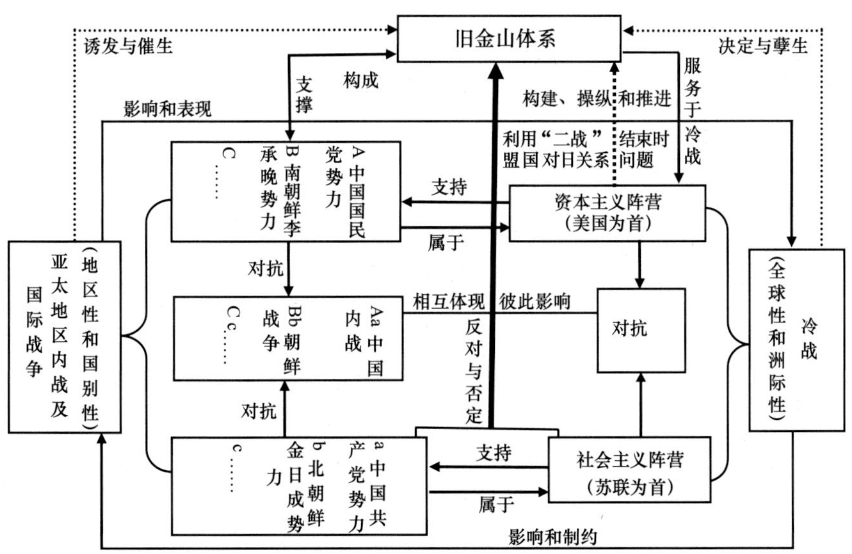

图 3 - 2　“二战”后的冷战国际史

① 钮维敢：《论冷战遗留下的台湾问题与美日合流》，载《辽宁大学学报》2010 年第 4 期。

1. 旧金山和会的冷战背景：中国内战刚刚结束，1950 年朝鲜战争爆发。朝鲜战争已经被国内外学界较为普遍地公认为是冷战在亚洲的表现。1951 年旧金山和会的召开，正是冷战在亚太地区激化为两场连续的大规模激烈战争的背景下进行的。尽管北约的建立让澳大利亚与新西兰觉得有信心与美国签署三边防御协定，但此时的美国认为，太平洋地区缺乏北大西洋两岸共同属性的结盟条件，因此美国不会考虑与其他地区缔结防御条约；但 1949 年中国形势的变化，令乔治·凯南对此感叹：自 1900 年以来美国一向认为自己是中国的特殊朋友与布施者，没想到共产党势力在远东成为美国政策的最大威胁了。[①] 这促使美国在亚洲的冷战安全战略很快出笼。美国希望尽快召开对日和会，扶植日本成为正常国家，并将其武装起来而具有自卫能力，在美国的控制下，成为美国亚太战略的棋子。[②] 朝鲜战争的爆发刺激美国将对日战略调整政策付诸实施。[③] 日本官方较为公正的学者浅井基文先生指出，《旧金山对日和约》是在冷战背景下，由美国主导，故意对领土问题进行模糊表述造成日后国际争端、刻意扶植日本，从而为美国在亚洲进行冷战服务。[④]

2. 旧金山和会中的冷战博弈：旧金山对日和会是美国利用“二战”后盟国对日关系问题而召开的国际会议。美国作为东道国，一开始就排除中国大陆共产党政权参加其中，而苏联则主张邀请北京参会。美苏关于谁代表中国参加和会发生了矛盾。结果是旧金山和会既没让中国大陆政权参加，也没让中国台湾当局参加。美国不但强行将没有参加过“二战”的一些国家塞进和会，而且孤立苏联，

① Norman Harpper, *A Great and Powerful Friends: A Study of Australian American Relations between* 1900 *and* 1975, University of Queensland Press, 1987, P. 240.

② Foreign Relations of the United States 1949, the Far East and Australasia (in two parts), vol. vii, part 2, *United States Government Publishing Office*, 1976, pp. 601 – 939.

③ R. G. Casey, *Friends and Neighbours-Australia and the World*, F. W. Cheshire, 1954, pp. 72 – 73.

④ ［日］浅井基文：《领土问题：为什么我们日本是错的》，原刊《人间思想》第 2 期，发表时间：2012 – 10 – 09 14：19：52，http：//www. guancha. cn/Neighbors/2012_ 10_ 09_ 102309. shtml 2015/1/30 10：34。

否决了苏联提交的和约议案和修正案。苏联和一些社会主义国家最终拒绝在和约上签字。

3. 旧金山体制的形成及其主要内容：尽管《美菲共同防御条约》（1951 年 8 月 30 日签订）在《旧金山对日和约》（1951 年 9 月 18 日签订）前夕，尽管《美澳新防御协定》（1951 年 9 月 1 日签订）是澳大利亚与新西兰主动提出的，但美国为了赢得澳、新参加对日和会与签约，对澳新两国的三边协定签署进行了妥协，以便共同对付共产主义在亚太的扩张，尤其需要澳、新在朝鲜战争上的支持。① 根据《旧金山对日和约》，美国与日本签订了共同防御协定等一系列美日同盟条约，日本因此得到美国的“安全保护”，日美同盟则成为美国留驻和影响亚太的基石。② 美国主流学者认为，美日同盟的建立主要是美国为了遏制共产主义在亚太的扩张，尤其是为了对苏进行冷战。③ 此外，从美国亚太战略出发，美国后来主导签订了《韩美共同防御条约》，还与东南亚国家签订了《东南亚共同防御条约》，并以此衍生出《美泰共同防御条约》。这些条约都是围绕《旧金山对日和约》，按照美国的战略设计诞生的，从而共同组成了美国亚太同盟体系——旧金山体制。这是以美国为链接核心的双边安全同盟体制，主要体现了美国的亚太利益诉求，同时为亚太盟国提供所谓的安全保障。

旧金山和会及其后建立的旧金山体制，如图 3－1 所示，是在冷战的背景下，两大阵营以意识形态和价值观的不同划线，相互敌视，并彼此进行军事对抗和遏制，各自支持亚太地区的不同势力：苏联为首的社会主义阵营支持中国共产党、朝鲜劳动党及其他共产党力量，

---

① 汪诗明：《论英国被排除出美澳新同盟的原因》，载（台湾）《成大历史学报》2008 年第三十四号，第 20—21 页。

② James Przystup, *China*, *Japan*, *and the United States*, from Michael J. Green, Patrick M. Cronia, *the U. S. —Japan Alliance*: *Past*, *Present*, *and Future*, New York: Council on Foreign Relations Press, 1999, p. 27.

③ Richard J. Samuels and Christopher P. Twomey, *the Eagle Eyes the Pacific American Foreign Policy Options in East Asia after the Cold War*, from Michael J. Green, Patrick M. Cronia, *the U. S. —Japan Alliance*: *Past*, *Present*, *and Future*, New York: Council on Foreign Relations Press, 1999, p. 3.

而美国为首的资本主义阵营则支持中国国民党、韩国李承晚势力等亲资本主义势力，对应形成对抗，并在一定条件下激化为热战（中国国共内战、朝鲜战争等）。美国为了堵住共产主义势力在亚太地区的扩展，力主构建一个有利于美国在亚太乃至全球进行冷战的同盟体系，借用“二战”结束阶段对日处置问题，营造以美国为操控核心的双边同盟链条，来排斥苏联因素，遏制亚太共产党力量，从而形成了一个亚太版的冷战体制。然而，冷战在亚太地区较多地表现为热战，并且这些具体的热战又反过来刺激冷战双方更加激烈的相互遏制，因此，对于冷战的资本主义阵营旗手美国而言，借助“二战”结束时对日国际角色问题的安排，重新武装日本，构建由美国主导的亚太同盟体系，既能对外宣称是为了维护世界和平、保障亚太地区自由与民主秩序，又能为美国推进冷战战略的总体目标服务。

（二）旧金山体制的建立是对国际法发展的巨大冲击

1. 旧金山体制与雅尔塔体制的貌合神离

前述有中国主流学者将旧金山体制归为雅尔塔体制的组成部分。但直到如今，关于其理由，笔者还没查找到此类学者给出的任何学理解释，可能只是想当然地在相关文献中一带而过。

实际上，如果旧金山体制是雅尔塔体制的组成部分，那么，这种学理判定所产生的悖论是显而易见的。

其一，它有违中国主流学界根本不承认《旧金山对日和约》、彻底否定旧金山体制的一贯立场。

原因在于，中国在涉及中日领土主权争端时，总是强调“二战”结束前夕的一系列国际法的合法性，即基本不否定由《开罗宣言》《波茨坦公告》《雅尔塔协定》等一系列围绕雅尔塔会议及其成果为核心而形成的雅尔塔体制。

具体表现为：从法的逻辑看，国际关系发展到 1941 年年底，中国政府的《对日宣战布告》声明“所有一切条约、协定、合同有涉及中日间之关系者，一律废止”；1943 年的《开罗宣言》规定：“日本所窃取于中国之领土，例如满洲、台湾、澎湖群岛等归还中国。”1945 年的《波茨坦公告》进一步规定：“开罗宣言之条件必须实施，而日本之主权必将限于本州、北海道、九州、四国及吾人所决定其他小岛之内。”同年的日本投降书明确表示：“天皇、日本政府及其继任者，承约切实履行《波茨坦公告》的条款。”这样，《中国对日宣战布告》《开罗宣言》《波茨坦公告》日本《无条件投降书》，这四个文件组成了环环相扣的国际法律链，逻辑清晰地确认了台湾及其附属岛屿包括钓鱼岛群岛在内的其他领土作为中国领土一部分的国际法地位，保证了钓鱼岛等领土主权回归中国的国际协议所形成的国际法具有无可否认的有效性。

这些表现，也证明了雅尔塔体制基本规定了“二战”后的国际问题解决方案与构建国际秩序的原则，尽管中国政府对雅尔塔体制中关于蒙古地位问题、中国东北的权益问题持有异议或不满，但中国政府不仅总体上没有否定这个体制，还在实践中遵循了这个体制，而且在涉及中日领土主权争端时，一般都要引述雅尔塔体制的几个关键性国际法文件进行理由解释。

其二，更为重要的是，它有违中国对当今国际秩序的认定。中国主流学术界近几年来一直强调不允许任何人否定与企图颠覆“二战”结束时所形成的国际秩序，这个国际秩序实际上主要是由雅尔塔体制塑造的战后基本国际秩序。

冷战结束主要是雅尔塔体制在规定欧洲秩序的部分已经基本上瓦解，而在调整亚太地区秩序的部分，并没有真正瓦解。中国强调的“二战”后安排的国际秩序不允许被颠覆，就是指雅尔塔体制在远东地区的秩序安排。这与旧金山体制在远东地区的安排有着本质的区别。

基于上述两点，如果将旧金山体制作为雅尔塔体制的组成部分，那么就与“否定旧金山体制”构成反言（国际法上禁止反言原则）。

2. 旧金山体制的冷战本性

从历史的视角看，旧金山和会及旧金山体制表面被装扮成是对“二战”遗留问题进行解决的结果，而实质是对“二战”结束已经定性的问题进行再激活，即用冷战激活已经僵死的“二战”判定问题，将这些问题从本质上转化成冷战问题。

关于日本的侵略问题，尤其是领土交割问题，在《开罗宣言》中都有较为明确的规定，虽然苏联没有参加开罗会议，但苏联最高政府默认了《开罗宣言》，并且在《波茨坦公告》中专门声明了《开罗宣言》的有效性，而且在德黑兰会议与《雅尔塔协定》及一系列的决议中予以专门记载和确认。更为重要的是，日本天皇的终战诏书即便具有推卸责任与美化日本发动侵略战争的成分，但仍是公开接受了《波茨坦公告》，愿意无条件投降。至此，日本以国家最高权力中枢的至高意志接受了雅尔塔体制对日本非法侵占他国领土的处置与盟国对远东地区的秩序安排。

在“二战”中，在世界反法西斯同盟内始终存在着资本主义意识形态与共产主义意识形态的矛盾与斗争，只是为了应对法西斯轴心国的残酷侵略而暂时使得两种意识形态及其力量的较量处于次要地位。

1945 年“二战”刚刚结束，冷战就悄然而至并凸显出来。欧洲与亚太地区几乎同一时期都兴起两大阵营的较量。当跨北大西洋地区出现了铁幕演说、杜鲁门主义、马歇尔计划、北约成立等资本主义阵营遏制以苏联为首的共产主义在欧洲扩展带来的威胁时，亚太地区逐渐酝酿着更加激烈的斗争，发展成为中国内战为表现形式的亚太冷战的起点。而且中国新政权建立，大大地萎缩了资本主义阵营在亚太地区的势力范围，并且掌握中国大陆政权的共产党还与苏联建立了同盟，紧接着朝鲜战争爆发。

这客观上造成资本主义阵营在亚太地区的冷战中处于被动局面。利用盟国对日签署和约这个“二战”本来要完成的战后集体行动(因为冷战而耽搁)，成为美国扭转在亚太冷战中被动局面的重要契机。美国打着解决“二战”遗留问题的旗号，排斥中国参会，强行签署《旧金山对日和约》，违背了雅尔塔体制关于盟国尤其是苏、美、英、中四国对法西斯国家问题处置的协商一致原则，并在中苏等国的强烈反对下而实施该条约，实际上已经将对日国际角色问题的处理引入冷战范畴，严重偏离“二战”问题的本身，从而在本质上将“二战”结束时国际法已经定论的问题，重新激活并彻底地转化为冷战问题。就连日本官方学者中也有人认为，旧金山体制，实际是亚太版的冷战体制，而与雅尔塔体制有着明显的不同。[①]

3. 从二维逻辑来认清旧金山体制的本质

史与法二维逻辑在国际问题中是有机交织、彼此融合的。从上述由现实追溯历史看，亚太领土争端是在国际关系的非间断性历史实践与演化中，由不同标志的间断性历史特征的国际法来规定的。国际争端的形成与相关各方的解读，无法避开历史的逻辑和法的逻辑，而且只要涉及历史的佐证就必定要以国际法的逻辑来支撑；只要涉及国际法的主张就必定要用历史来做依据。历史的逻辑与法的逻辑在对同一个国际争端的梳理和解读中难以分割，它们相互支持地彼此融合，从而有机地表达相关争端主体的利益要求。

然而，问题的根结是，法的逻辑与史的逻辑是否具有完整的融合度。这是诸多与日本有关的领土主权争端中各个国际行为体的主张是否具有合理性的关键。

事实是，“二战”后的雅尔塔体制判定并解决了这些领土争端问题，只是后来冷战的发展促使美国打造冷战的亚太同盟体系即旧金山体制，而将这些领土主权激活为涉及日本的主权争端，以利于美国遏制中国、苏联、朝鲜，同时规制日本、韩国。所以美国在亚太地区，尤其是东北亚的领土主权争端上既不愿意从历史逻辑进行解读，也不太愿意从国际法的逻辑进行说理，而更多地只奉行强权即公理的现实主义亚太“再平衡”战略。这与“二战”结束以来的美国历届总统及其政府的在美国民主价值、利益观等方面具有惊人的一致性有关。[②]

关于旧金山体制本质认识，必须以国际法为准绳，国际法的分析必然要追溯历史缘由，而从历史事实寻找证据，也必定要以国际法作为公判的标准。史与法的两个逻辑同时并存于考察具体国际问题的过

① Kimie Hara, “From Cold War Thaws to the Arctic Thaw: The Changing Arctic and Its Security Implications for East Asia”, *The Asia-Pacific Journal*, Vol. 11, No. 3, June 30, 2014. http://www.japanfocus.org/ – Kimie – HARA/4142 2015/1/2522: 51.

② 美国自“二战”结束以来的历届总统在民主、价值观及美国利益方面的外交政策的相似性，请参看：P. Edward Haley, *Strategies of Dominance*, Washington D. C. : Woodrow Wilson Center Press, Jones Hopkins Press, 2006, pp. 2 – 4。

程中，两者要有机融合为一体，缺一不可。

三　旧金山体制造成亚太秩序困境

旧金山体制貌似“二战”遗留问题，实质是冷战遗留问题。它是亚太安全秩序困境的重要因素。

（一）旧金山体制是亚太安全威胁的重大根源

首先，旧金山体制是单边体制，是为了以美国为首的冷战资本主义阵营安全而创设的对社会主义阵营进行强力遏制的双边同盟体系及其形成的机制性安排。它与雅尔塔体制在亚太地区犬牙交错地产生矛盾，旗帜鲜明的目标是围堵和扼杀共产主义势力的发展壮大。它从一开始组建，就直奔主题地加剧亚太冷战的烈度与复杂性，不仅催生了朝鲜战争更惨烈的第二阶段恶性进程，而且将台海危机推向失控的边缘，且随着冷战在亚太的广泛扩展，将冷战激发的热战引到东南亚，并依托这个体制，激发了东南亚条约组织出笼，借此美国直接介入越南问题——越南战争恶化。

其次，尽管20世纪70年代美国领导的亚太单边安全同盟经受在全球性经济危机冲击后，而不得不在亚太地区进行战略收缩——冷战缓和，但旧金山体制的使命与本质依旧，只是改变了策略，一边是从对华强硬遏制转变为与华接触并实现美中关系正常化，目的是借华来遏制苏联，另一边是暗中对华实行和平演变外交。其间，美国借台湾问题，多次挑起与营造台海紧张局势，一直无形中牵制着中国，营造地缘安全危机，并频繁撩拨朝鲜半岛南北剑拔弩张。从而形成了亚太地区冷战缓和与紧张交替的长期不安定态势。

最后，东欧剧变、苏联解体的所谓冷战结束，只是一个时代的结束，只是社会主义阵营的散去，并且亚太地区的冷战“结束”呈现出另一番景象：除了苏联被俄罗斯代替外，所有的亚太社会主义国家不但挺过了社会主义阵营垮塌的冲击波，而且中国还不断地发展壮大着；亚太遗留了世界上最多而且最为复杂的冷战遗留问题（有的被学界称之为冷战活化石）；亚太的宏观安全结构依然是冷战框架。

美国始终没有放弃冷战目标；作为冷战工具的旧金山体制不但没

瓦解，反而在美国的主导下进行了优化与加强，同时断断续续地推进着“重返”亚洲的“再平衡”战略。这里的“重返”与“再平衡”基本上仍然是冷战手法，只是最主要目标由原来的苏联换成了中国。在具体实施上，依然利用旧金山体制炮制出的亚太国家间的岛礁及海洋等领土主权争端作为威慑相关国家安全的支点，不定期炒热冷战遗留问题。这样，当代旧金山体制在本质上没有去冷战化的功能，而是依然服务于美国的亚太安全战略，维持美国的亚太领导权，从而长期将亚太安全放置在危险的战争边缘，造成冷战现象在亚太地区频繁出现。

（二）旧金山体制是亚太经济一体化的阻碍

旧金山体制的核心是围绕《旧金山对日和约》的军事结盟。结盟的防御性与进攻性同时具备，但其目标都是获取某种安全，即为结盟相关主体赢得经济与社会发展的长治久安而排除安全威胁。虽然政治上的军事安全经常是结盟成员们的首要关注，但经济安全与发展方面的盟国间合作，也会伴随军事结盟而同时展开，有的甚至直接发展为经济同盟，并与军事同盟融合为一体。在整个冷战期间的两大阵营内，都出现了类似的现象：在欧洲，跨大西洋的北约军事同盟就与马歇尔计划如影随形；华沙条约组织就跟进着莫洛托夫计划。在亚太，旧金山体制内的各个美国双边军事同盟都附属着多种形式的双边经济“互助”联系，尤其是其中的美日同盟更是如此。① 冷战结束之前的亚太经济一体化大致是在两种意识形态阵营内部展开，所以总体上是分裂的局面，尽管冷战中后期出现了两种意识形态国家间的经贸往来加速发展的势头，并且在冷战结束后的头十年左右出现了亚太地区“经热政冷”的态势，但进入 21 世纪以来，随着美国“重返”亚洲的亚太“再平衡”战略实施步伐加快，亚太地区“经热政冷”逐渐转为“政冷经也冷”的趋势。韩国与日本的独岛主权争端、中日之间围绕钓鱼岛争端为核心的东海主权问

① 关于美日军事经济同盟的详细论证，参看：James D. Llevelyn, *Japan's Evolving Notion of National Security*, New York: Nova Science Publishers, Inc. 2010, pp. Ⅶ - Ⅻ。

题，深刻影响着东北亚自贸区谈判进程；美国支持菲律宾在南海方面对中国领海进行蚕食，澳大利亚应和美国插手南海主权争端，必然拖累东盟在亚太经济一体化进程。

其中，最为明显的就是美国打造 TPP（Trans-Pacific Partnership Agreement，跨太平洋经济伙伴协定）。尽管 TPP 不是直接与旧金山体制挂钩，但是旧金山体制所造成的冷战遗留问题上的涉华领土争端，却会影响 TPP 相关成员在经济上孤立甚至敌视中国，并利用 TPP 制约中国经济发展。

四 判定旧金山体制性质的重要性

（一）严重威胁中国地缘安全的根源来自旧金山体制

美国中央情报局十几年前就预测说到 2025 年国际秩序将要发生根本变化，但直到如今，国际秩序总体上没有发生大的变化，[①] 这与美国维护其既得利益的国际战略框架不变有关。旧金山体制是由世界超级大国美国制造并操控的，它从一开始就是为了遏制与颠覆亚太社会主义国家。冷战结束之后，美国没有解散旧金山体制下的亚太双边军事同盟体系，而是继续在旧金山体制下不断根据亚太国际行为体的势力消长及国际发展趋势，对同盟进行修订与整合，并与盟国一起不定期掀起中国“威胁”论，挑起中国与周边国家的领土主权争端，并从中渔利。该同盟体制长期以来直接威胁着中国领土主权完整，阻止中国和平统一大业的推进，是当今美国“再平衡”战略遏制中国发展的基础。

（二）认清旧金山体制的本质是维护“二战”成果的重要步骤

一方面，尊重历史事实本来面目与恪守国际法准则，是国际关系研究的基本原则。将旧金山体制纳入雅尔塔体制的组成部分，无疑是与研究国际关系的这一原则背道而驰。

另一方面，对旧金山体制的多元判定或将其判定为“二战”遗留

① Henry R. Nam, *Domestic voices of Aspiring Powers*, from Henry R. Nam and Deepa M. Ollapally, *Worldwiews of Aspiring Powers: Domestic Foreign Policy Debates in China, India, Iran, Japan, and Russia*, Oxford University Press, 2012, pp. 5 – 6.

问题，不利于中国维护在相关领土主权争端上的合法权益，反而可能为日本、美国等旧金山体制的支柱国浑水摸鱼地歪曲历史真相，甚至为他们颠覆“二战”结束时安排的国际秩序张本。

因此，认定旧金山体制的冷战本质——不是“二战”遗留问题，而是冷战遗留的单边体制，即由美国主导的隶属于资本主义阵营的单边体制，才能从法理上澄清中国申索相关领土主权的正当性，才能从历史依据上彻底揭露日本争辩的荒谬性。这也是有效遏止包括日本在内的一些国家歪曲历史并企图颠覆当今国际秩序的重要步骤。

五　小结与建议

中国不反对雅尔塔体制，还要利用雅尔塔体制来维护领土主权完整，并借助雅尔塔体制来维护战后对国际秩序的安排；但中国是彻底否定旧金山和会的，宣布《旧金山对日和约》是非法的，并唾弃旧金山体制及其带来的地区安全威胁。因而，如果承认旧金山和会、《旧金山对日和约》及旧金山体制是雅尔塔体制的组成部分，势必有违中国否定旧金山和会及《旧金山对日和约》，也将有助于美国、日本狡辩旧金山和会及其一系列“成果”都是合法的。

从国际法与国际关系史的二维一体逻辑来审视旧金山和会及旧金山体制，与雅尔塔体制有着本质的区别。《旧金山对日和约》及旧金山体制不是雅尔塔体制的组成部分，是典型的冷战单边体制，尽管它是以多边形式被炮制出来的。

有鉴于长期以来中国主流学术界已经公开承认《旧金山对日和约》及旧金山体制是雅尔塔体制的组成部分，但这只代表一部分人的学术观点，不能代表中国政府的正式认可。为了扭转这种被动态势，建议采取如下措施：

一是对旧金山和会、《旧金山对日和约》及旧金山体制进行学术再研究，将其从本质上彻底定位为冷战范畴与冷战遗留问题，官方应采取措施公开否定与摒弃某些中国主流学者们的疏漏之作。

二是鉴于雅尔塔体制关于中国利益的部分都已经付诸实施，而中国一再声称要维护“二战”结束时安排的战后国际秩序（实际上是雅尔塔体制规定的战后国际秩序)，因此，中国主流学界与政府都应该明确且坚定地表态承认雅尔塔体制的合法性，而不是采取不反对的模糊态度，并在法与史的二维一体学理逻辑上，从本质上将雅尔塔体制与“旧金山和会、《旧金山对日和约》及旧金山体制”完全切割开来。

三是政府对外宣传及相应文件等，要做统一部署，修改以前的相关研究及宣教疏漏与错误，规定从中央到地方要步调一致，对“旧金山和会、《旧金山对日和约》及旧金山体制”进行全国统一定性，要在国民教科书中进行彻底检查与订正，形成统一的宣教口径。

四是既然美国高层宣称在亚太搞“再平衡”战略是为了在这一地区发挥关键作用、扮演规则维护与制定者角色，是为了保证国际法得以实施及该地区争端得到和平解决，[①] 且有鉴于美国还在利用“二战”后对国际秩序的现有安排，尽管美国在企图改变其中不利于美国海外利益的部分，那么，应该将美国绑定在现有国际秩序领导者的虚拟角色上，使之无法明目张胆地突破“二战”后对国际秩序的安排，唯此，才能解决中国主流学界制造的学术乌龙——关于《旧金山对日和约》及旧金山体制认知上的诸多悖论，才能防止他国利用这些悖论来长期霸占中国领土主权，才能在学理与舆论上有效应对与粉碎日本等国企图颠覆现有国际秩序的图谋。

第三节　国际格局转型中美国北约外交的战略变化

——从科索沃战争到乌克兰危机[②]

冷战后国际格局转型带来了美国主导的大西洋同盟北约的一系列变化。它集中地反映在两极瓦解之后的欧洲局势，尤其反映在美

---

① Ferian A. Bell and Odam L. Richards, *U. S. and the Asia-Pacific Countries: Deepening Relations*, New York: Nova Science Publisher, Inc., 2012, pp. 2 – 9.

② 本节的主要内容已发表，请参看钮维敢《国际格局转型中的北约运行及美国对外战略变化——从科索沃战争到乌克兰危机》，载《北华大学学报》2016 年第 3 期。

国的欧洲盟国对北约的态度波动及美国如何维持北约运行上。国际格局的变化，一国尤其是大国的国际战略演化，都是主要国际行为体随着国际环境变化，为了达到一定目标，通过应对重大国际问题来体现的。冷战后的欧洲重大安全问题集中地表现在关乎科索沃问题上不同国际行为体的意愿差异与竞争。科索沃战争之后，美国领导的北约没有停止东向发展的步伐，在国际政治经济发生激烈变化中与俄罗斯等相关国际行为体的交锋集中体现在乌克兰危机的酝酿、发展中。科索沃问题与乌克兰危机看似无关，实际上是由美国的大西洋同盟战略变化这个轴线来串接的，也反映了冷战后新旧国际格局转换的基本轨迹。

科索沃战争是冷战遗留问题在欧洲的激化现象。从表面上看，似乎它是北大西洋公约组织（NATO）解决欧洲区域性热点问题进行的一场小规模战争。而乌克兰政局动荡、国家分裂及俄罗斯与北约插手其中，构成乌克兰危机，这似乎与科索沃战争没有什么关系。其实不然，如果把北约与美国的全球安全战略联系乌克兰危机的酝酿、发展及现状进行综合考察，并将这种考察置于纵观冷战结束以来的国际格局变化的背景中，我们不难发现科索沃战争与乌克兰危机只是同一性质问题的阶段性差异在不同事件中各自表现而已。

一 国内外关于冷战后美国全球战略与北约发展的研究

目前有关本课题的相关研究，较为复杂，大致可以按照类别分成以下两类的几个方面。

（一）国外关于本选题的研究状况

一是在研究跨大西洋的欧洲与美国关系中研究北约和美国的欧洲外交。主要代表作是 Stefan Fröhlich 的《跨大西洋关系的新地缘政治学》一书，[①] 该著作以较为有效的传统的政治经济分析与历史分析相结合的综合论证方法，对跨大西洋复杂而宏大的地缘政治经济关系进

① Stefan Fröhlich, *The New Geopolitics of Transalantic Relations: Coordinated Responses to Common Dangers*, The Johns Hopkins University Press, 2012.

行了较为透彻的分析。作者非常机智而平衡地考察了北美与欧洲关系的趋势与裂隙，而不是陷入当时流行的与现实不相吻合的悲观主义论述。该书以当时伊拉克战争的争论为范例展现欧洲与北美的政治、经济、军事与外交关系的复杂状况，剖析了北约与跨大西洋关系发展中的重大危机，并对危机与裂痕原因进行定性，认为各个不同行为体的战略差异与利益差别以及国际秩序的变化是其分裂的原因，同时，该作者乐观地认为，北约会因为奥巴马及其前任总统的类似态度而趋向于维持现状，而跨大西洋由于自由民主价值的认同，尤其是面临共同挑战，必将继续存在和发展。类似的学者观点有，北约认为虽然美国与欧洲之间存在着经济、政治矛盾，但俄罗斯，尤其是中国的经济威胁，成为跨大西洋两岸的共识与现实挑战。①

还有一个代表作是由法国国防部资助、由兰德公司著名学者 Jeremy Ghez 主持的一项课题研究成果。② 该文认为，人们定位 21 世纪的战略联盟是造成联盟成员间误解、分歧与认识不清的源头，在过去的岁月里这些成员国经历了难以清晰认识联盟特征的困境与身份认同。之后的跨大西洋联盟成员间的关系紧张与同盟关系挫折，表明美欧之间出现严重的身份认同危机，尽管跨大西洋同盟仍然是特征明显、内部关系紧密度前所未有地加强。一些观察家们极力主张要尽力利用同质性与价值观共享来阻止欧洲盟国从现有的具体利益的防御体系中游离出来。文章作者不排斥行为体基于权力关注、经济因素、政治现实状况的影响而对同盟产生不同的看法，但更强调共性政治文化所构建出的身份认同的重要性，认为它可以形成联盟的一种预测能力与协调能力。认为为联盟设计蓝图并不意味着要废弃传统联盟的一些有价值的理论与方法，而动态的身份认同对跨大西洋联盟的发展仍然是具有潜力的方法。在整合联盟成员关系中有多种方法可以贯穿其中，而不是单一线条的链接。

---

① Report of German Marshall Fund of the United States, *Transatlantic Trends*: *Key Findings* 2013, Strengthen Transatlantic Cooperation, p. 1.

② Jeremy Ghez, *Alliances in the 21st Century*: *Implications for the US-European partnership*, RAND Corporation, 2011.

二是2008年金融危机之后，美国与北约的关系，以及北约自身的发展，也是人们研究的重点，其中比较有典型意义的研究是《迈向“后美国”的联盟？干涉利比亚之后的北约责任分担》①。金融危机后的利比亚问题，美国让欧洲盟国挑头，自己作为最强大的盟国却与他们平等地分享对利比亚行动的责任，一些评论家认为是跨大西洋潜在平等的同盟模式。美国政府似乎也接受这种观点。在利比亚卡扎菲政府垮台后的2011年10月布鲁塞尔会议上，时任美国防长的帕内塔认为利比亚行动是跨大西洋同盟平等分担责任的一个显例。他的前任罗伯特·盖茨在当年6月警告和批评大西洋其他盟国，要承担相应的责任，如果不投入防御建设，北约的职能有可能逐渐暗淡无力，必须扭转这种颓势。当时的北约秘书长拉斯穆森也持类似的观点。那么，利比亚行动真的是北约盟国责任公平分担的典范吗？作者认为这是不可能的，因为美国等较强大的盟国与其他较为弱小的盟国间的安全利益不同、不平衡、不对等，这本身就预示着盟国间的责任分担不太可能一样；美国有限的资源与代际变化，都使得华盛顿的政治精英们怀疑北约的价值，但美国还是要借助北约来保证自己的外交与战略利益，然而美国的国家利益在同盟运作中变得越来越小会招致他们对同盟领导的意愿逐渐衰微。利比亚行动不是典范的另一种解释，可以说，北约的军事行动不但使得参与国财政赤字高累，而且一些盟国干脆就不愿意参与行动。任务范围及时间的局限性都限制了主导国对北约的有效领导，因而人们有理由怀疑未来这种愿意在围绕法国、英国的跨大西洋同盟，是否能提供一个持久的责任分担同盟模式。而且，美国呼吁盟国增加投入防御费用，可能是没有任何结果的，因此，北约缺乏一个可持续承担责任的模式，将要招致北约解散。人们需要围绕以美国积极支持的后美国同盟为中心而建立一个盟国责任分担安排框架，它强调更强大的欧洲防务合作，注重同盟内的广泛资产与务实能力的发展，同时关注增加伙伴国的作用。

---

① Ellen Hallams and Benjamin Schreer, “Towards a ‘post-American’ alliance? NATO burden-sharing after Libya”, 2012 The Royal Institute of International Affairs. *International Affairs*, Vol. 88, No. 2, 2012.

三是其他盟国研究冷战后北约存在与发展及其对本国的意义，比较具有代表性的成果是加拿大国防与外交学院资深研究员 J. L. Granatstein 的科研报告《北约对加拿大还有必要吗?》[①] 认为北约是现代最成功的军事同盟，它自成立之后用了 40 年时间就兵不血刃地赢得了冷战的胜利；因在冷战结束不久它自损其身，或许现在需要加以完善了。它不是寻求建立一个新角色而是跨出防区，干涉南斯拉夫、在阿富汗打击基地组织与塔利班、空袭利比亚推倒卡扎菲政权，这些行动都没有取得显著的胜利。美国前国防部长罗伯特·盖茨说，北约面临的现实可能是暗淡的，即便未来不是惨淡的，北约基本的军事能力也可能不复存在，北约必须面对未来的根本战略隐患。这些都使得人们不看好北约存在的必要性。欧洲国家很容易防御自己的领土，此时我们必须要问，北约是西方安全最好的手段吗？哪些国家愿意为保卫西方民主价值而付出行动？盎格鲁·撒克逊国家，还有法兰西及丹麦。虽然没有谈到军事联盟，但存在着自愿结盟的可能。为了避免对北约的空壳进行效忠，加拿大要为 20 年制定战略。据此，加拿大要优先与美国结盟。但是，有个必须回答的问题是，北约还能够满足我们的政治与军事需要吗？而且问题变得更加糟糕，包括加拿大在内的一些盟国从阿富汗撤回战斗部队，还有一些盟国是否撤军也未知其实，加上经济危机对欧洲盟国的打击，北约布鲁塞尔司令部及盟国的首都对叙利亚内战束手无策。而中国的咄咄逼人的扩张政策迫使奥巴马政府对其实行再平衡战略，并将战略重心向亚太转移。世界在变化，北约显然还没有对新的国际格局做好应对准备。报告还认为，随着俄罗斯与中国的崛起，北极权益的争端日益激烈，美国与欧洲盟国也加入其中，看似会帮助加拿大，但任何国家利益都是具体的，没有人敢保证美国及其他北约盟国会帮助加拿大，因此，加拿大要考虑到自己未来 20 年或 50 年所面临的挑战与利益及需求所在。在这一种考察中，作者倾向于认为加拿大的国家利益仍然需要北约的存在和保

① J. L. Granatstein, *Is NATO Still Necessary for Canada*? Canadian Defence & Foreign Affairs Institute (CDFAI), March, 2013.

护。但是，作者认为，当今时代加拿大面临新的调整，要将这一问题进行深思熟虑，并做更加科学详细的规划。

四是关于北约发展进程的研究，较有代表性的研究是，希腊的马其顿大学就北大西洋理事会做的一项《第一主题：北约扩展进程》的研究成果。[①] 对北约成立以来的四轮成员增加进行梳理，介绍了北约东扩的当前现状以及存在的问题，尤其分析了北约东扩与俄罗斯的关系。该研究认为，北大西洋理事会作为北约的决策职能机构，应该关注联盟扩大的一些热点问题，有效地应对将要面临的挑战，因而应该了解自己的实际状况并为未来发展做好现实准备；要从深度与广度上把握联盟扩大的各种可能与问题，同时必须关注联盟各个成员国的具体诉求与状况。在此，必须关注下面的问题：在北约行动与责任范围扩大时，如何能保持诸如集体防御与军事联盟等的关键职能及行动的有效性不会受到削弱？针对日益紧密的政治与军事合作、未来的成员关系、对关涉国进行指导与考察，北约应该增加什么措施？这些措施对联盟体系内的国家都是最有利的吗？如何能让北约东扩不威胁到俄罗斯？如何让俄罗斯对北约东扩消除戒心与恐惧？

（二）国内关于本选题的研究状况

总体上来说文献不太多，研究较为薄弱。这方面的研究，主要以一种先入为主的否定态度而进行论证。一类是报道性的短评与分析，主要针对北约的一些行动，诸如峰会召开、空袭与军事干预行动等，如《北约为何拒绝“第五次”》[②]，借助北约军事干预利比亚危机而评论北约军事干涉的历史与现状。另一类是对北约进行阶段性研究，主要是针对中国学者以往对北约认识的偏见进行评价，认为人们误判冷战结束后北约的命运与他们没能全面把握北约的性质有直接关系；隐含批评冷战工具论、共同威胁论和美国霸权论都主要立足于传统安全视角。认为20多年来，“北约通过战略更新、联盟东扩和组织转型等

① North Atlantic Council—Topic Area A, *NATO's Enlargement Process*, University of Macedonia, Thessaloniki, Greece, for Thessaloniki International Student Model United Nations, 2014.

② 高华：《北约为何拒绝“第五次”》，载《世界态势》2013年第21期。

重大举措，得以不断适应形势的需要，履行并扩展自己的使命。不过，作为当今世界最强大的军事联盟组织，北约始终受到成员国利益冲突和政策分歧特别是防务分担的制约”①。还认为近年来的经济危机制约了北约职能发挥，影响了其在地区及全球事务中发挥应有的作用，且成员国之间的政策分歧日益明显。还有一类是关于北约与俄罗斯关系的研究，有人是通过对冷战后俄罗斯几届政府的外交政策与北约东扩进程进行结合，考察两者的动态与趋势。有人是针对乌克兰危机对北约与俄罗斯的关系进行研究，认为冷战结束后的北约，为了其存在的合法性，而持续推行“走出去”的战略转型，“即不视俄罗斯为主要威胁，着力应对非传统安全威胁，建设干预性军事力量。乌克兰危机爆发后，北约内部关于转型的分歧再次浮上台面，在是否应将俄罗斯视为主要安全威胁？是否应专注本土防御，减少对外干预？是否应加强传统军事能力建设以及是否向全球性政治和军事组织转型等问题上的争论升温。”② 认为乌克兰危机打乱了北约转型进程，使其在中短期内会忙于处理欧洲问题，而更专注对本土防御。比较重要的一类是对冷战后北约体制改革的反思，自北约成立以来，欧美等重要盟国就注重北约体制建设，以此为基础逐渐推进由条约转变为组织。冷战结束后，为适应国际形势变化，北约力推体制变革，扩展体制的权力范围、提高运作效能、加强内部协商与凝聚力、“使北约体制更加灵活、有效、富有朝气。然而，北约体制虽经改革，但仍缺乏完整的理论，而且决策力不足，因此，北约体制改革需要付诸更长时段、更深程度的努力”。③

（三）简评

国外学术主流关于冷战后北约与美国关系的研究，主要讨论的是美国利益与北约运行、发展的态势中存在的问题与矛盾，尤其是大多数研究都强调了维持同盟的内在要素：第一是民主与自由的价值观同质性，这在冷战时期就一以贯之。第二是共同的安全利益与面临的困

---

① 吴宇：《冷战结束二十余年来北约的发展与演变》，载《领导科学》2013 年第 4 期。

② 张健：《乌克兰危机背景下北约转型前景》，载《现代国际关系》2014 年第 5 期。

③ 许海云：《冷战后北约体制改革的反思》，载《教学与研究》2014 年第 2 期。

境和威胁。同时，西方的研究也较为客观地挖掘了北约存在的问题与内部矛盾，提出了一些展望与建议。这些研究都是在肯定北约对世界和平是有益的这个前提下进行的，尽管不同研究主体带有具体的差异性价值与利益的研究倾向。而且，大多数西方的研究没有从全球视角来研究，尤其没有把美国的大西洋同盟与太平洋同盟相互观照地结合起来研究，在这一点上，中国学者可能由于地缘近切的关系比较关注北约对亚太的影响。然而，中国学者对美国与北约关系的研究也存在着自己的缺陷，首先是意识形态的先入为主对北约及美国的战略进行定性，一般不承认北约与美国战略对世界发展的正面影响，只是论证其负面影响，也与西方研究形成了鲜明对照；其次是有部分学人隐含地认为当今北约不是冷战的工具了。其实北约是因冷战而诞生，其历史根基就是冷战的本质，而且其在冷战后没有根本转变冷战功能，因此过分主观将北约去冷战化，是与客观事实不符的。再次，人们很少对美国的全球同盟体系进行综合研究，特别是非常热衷地研究北约的军事安全功能，而极少研究北约的经济功能，这是东西方大多数学者的共性。本研究希望在继承前述研究优秀部分的同时，能够作补充与补正性的再论述。

二　从科索沃战争到乌克兰危机的国际格局变化与美国的北约外交

国际格局变化主要表现为大国或大国集团在国际事务中的角色变换。科索沃战争与乌克兰危机的酝酿和发展，北约的介入，俄罗斯、欧盟主要大国的卷入，等等，体现了冷战后国际格局变化的基本走势。

（一）国际格局转变中的北约由离散到凝聚

东欧剧变、苏联解体使得欧洲安全结构发生了重大变化，冷战的一方力量遭到根除，而另一方仍然存在，这说明全球冷战安全结构突然严重失衡，在地缘关系更切近的欧洲，苏联的解体使这种安全结构的失衡显得更加严重，因而欧洲安全结构的调整在一时间内似乎处于迷失的状态中，但此时的欧洲一体化进程却在加速发展。

欧洲安全的最大现实威胁消失，新的矛盾在欧元区建设中显现，此时欧洲与美国的利益纷争、欧洲事务自主性矛盾提升到影响同盟战略的高度，欧洲与美国的关系出现了游离倾向。对于大西洋同盟未来如何存废兴替，欧洲盟国处于迷茫中。冷战结束不久，北约内部团结受到了侵蚀。①

北约这一时期的松散化主要表现为以下几点：

第一是北约内部的分裂倾向：因冷战的结束，作为军事防御、经济贸易协定、复杂网络的大西洋联盟对地区乃至国际提供公共产品的必要性及效用，一下子变得急剧暗淡、备受议论了。无论是北美还是欧洲，本地的政治中都弥漫着低估北约的气氛。一个是来自同盟国内的政治压力逐渐要求当政者重新考虑北大西洋联盟对本国的作用，最主要的是美国，针对东欧剧变、苏联解体后的北约作用及美国承担的北约责任及投入，出现了一些质疑的声音。一个逐渐形成的由高调的政治家、学者及安全专家组成的团体宣称，在新的国际环境下，没有必要维持北大西洋两岸具有优先权的同盟关系了。部分美国国会议员集体发声，认为北约在冷战后对美国的作用逐渐降低，但美国每年还要为北约的运行付出绝大部分预算，从而削减了本国发展的财政支出，因此，美国国内对北约的拖累感一直持续。相类似的是，在大西洋的另一边，欧洲盟国整体区域与大多数单个盟国国内也对北约运行责任分担及北约的作用产生了疑问。这不仅有苏联垮台的原因，还有更加现实的是欧洲加快走向联盟的步伐以及欧洲希望在欧盟框架下实现自主防御。② 欧洲一体化进程中，欧盟中的大国谋划欧洲防务自主化。1998 年 12 月英法关于北约防务自主化发表《圣马洛联合声明》，宣称在北约内部，美国应该改变冷战期间的霸权姿态，与欧洲盟国成

---

① Stefan Fröhlich, *The New Geopolitics of Transalantic Relations: Coordinated Responses to Common Dangers*, The Johns Hopkins University Press, 2012, p. 1.

② Mark Nelson, *Bridging the Atlantic: Domestic Politics and Euro-American Relations*, Nelson Layout 18/10/02 5: 02 PM, pp. 3 – 7.

为平等的伙伴关系而不是领导欧洲盟国。[①]“冷战结束后的第一个十年随着冷战两极格局的瓦解，欧盟面临的挑战是他们如何确定在安全领域的角色，这既要求他们与北约的关系进一步制度化，又要求重新定义他们与美国的关系”。[②]这些表明，冷战后的大西洋同盟的确经历着体系内部的分离因素侵蚀。

第二是在内部团结问题上，北约成员国形成了心理上的外部压力：正如北约内部分离因素强调的外部环境变化，冷战结束之后的世界发生了巨变，首先是人所共知的北约的对称性对手不复存在了。世界上所有的国际行为体不仅体现在量上，还体现在对外竞争的能力上，没有一个能与美国进行对称性较量的实体存在，更不可能与北约比较了。而且，冷战结束之后的初期，苏联原势力范围内包括俄罗斯等几乎所有的国际行为体都处于“积贫积弱”的状况，正处于急需摆脱虚弱状态中，而中国这样的异质国家虽然发展速度很快，但也正处于崛起的过程之中，不仅其不可预测性很大，由于地缘关系，它远离欧美地缘政治核心，而且中国宣布要摒弃冷战思维，短期内中国只注重本国的发展，加上中国内部的分离势力干扰，周边领土争端牵制，中国不可能对欧美国家形成现实威胁。因此，包括美国在内的北约盟国，一时间似乎没有安全隐患。没有安全威胁反而成了北约团结的一种外部巨大压力，这是国际格局变化带来的北约成员国的心理感受。

内部纷争与外部压力，似乎在某种程度上是应和着的，共同构建起北约内部的离散因素，使得冷战后国际格局转变出现了更为复杂的形势。

但是在现实中，欧盟难以管控冷战后欧洲出现的动荡不安局面，在东南欧地区的民族宗教冲突、领土纷争等一系列问题上，欧盟难以

---

① Adam Daniel Rotfeld, *Europe: the institutionalized security process*, *Summaries from the SIPRI Yearbook* 1999: *Armaments, Disarmament and International Security*, Stockholm International Peace Research Institute, June 1999, p. 7.

② Adam Daniel Rotfeld, *Europe: an emerging power*, *Summaries from the SIPRI Yearbook* 2001: *Armaments, Disarmament and International Security*, Stockholm International Peace Research Institute, June 2001, p. 7.

承担责任，尤其是科索沃问题，必须借助北约，必须依靠美国，才能安定欧洲秩序。① 不仅如此，北大西洋盟国成员实际上也各自或多或少，或大或小地面临着它们自己的国内外挑战，诸如英法德等重要大国的海外安全，东欧诸如波兰、波罗的海国家直接面对俄罗斯等非盟友国家的地缘安全威慑，而且几乎所有的北约盟国都面临着国际恐怖主义势力的威胁。这首先需要欧洲多国配合才可能应对，而欧洲盟国的自身力量中，分散性无处不在，英法德等大国力量在欧洲的相对均衡性长期存在，在欧盟中的合作与争斗同时并存，加上中小国家对较大行为体依附的趋势游移不定和相互倾轧，再缠搅着美国对欧洲国家的各种影响，形成了欧洲的总体相对稳定中问题也层出不穷，有时突显到灼热的地步。大西洋同盟体系范围内的问题，既折射出同盟的离散性一面，同时也成为同盟团结的现实黏合剂。

（二）从科索沃独立到乌克兰危机——国际格局震荡加剧中的北约与美国角色

美国的大西洋同盟在冷战后的变化是持续的，为了考察这种变化及其特征，我们将选取两个带有节点性状的国际大事件进行考察，即选取科索沃独立与乌克兰危机。

之所以选取这两大事件，从表面上看，科索沃独立似乎是南斯拉夫联盟的问题，乌克兰危机也似乎是独立的地区问题，但是，实际上它们体现了国际格局动荡中的各种力量角逐的阶段性态势，反映了冷战结束后美国与北约欧洲盟国关系的微妙变化、美国和北约与中国和俄罗斯在处理事件或应对问题上的差异及角逐特征。而且这两大事件体现了国际关系发展两个大的历史阶段及其差异性特征，科索沃独立的酝酿及其结果反映了国际格局的单极化趋势在与多极化趋势较量中呈现了强势的一面，乌克兰危机体现了美国单极化诉求在其同盟体系中力不从心的状况。

从历史的延续性来看，冷战结束后的欧洲地区与世界格局都发生

---

① Ellen Hallams And Benjamin Schreer, "Towards a 'post-American' alliance? NATO burden-sharing after Libya", *International Affairs*, Vol. 88, No. 2, 2012, p. 316.

了剧变，其中欧洲的剧变带动了国际格局大调整，美国的大西洋同盟体系也受到激烈震荡。科索沃问题正是在这种国际关系变革中浮出水面的。

1. 科索沃独立的问题经历了几个阶段

第一个阶段是冷战及其之前的种族、宗教矛盾根源。南联盟在冷战时代之前就存在着信仰东正教的塞尔维亚族与信仰伊斯兰教的阿尔巴尼亚族的宗教与种族矛盾，而且不定期地发生激烈冲突。即便在铁托时代，这些民族宗教矛盾也时常发生，只能通过中央高压统治下，在科索沃地方实行不同民族轮流坐庄施政的权宜之计进行非正常管理。因此，民族宗教矛盾积累越来越深。冷战结束，南联盟中央政府的统治地位受到国内众多民族、种族及宗教斗争爆发的削弱，并在西方势力的渗透和干预中，中央对地方的控制力大大降低。

第二阶段是冷战结束之后的阿尔巴尼亚族民族独立分裂活动加剧，但欧盟无力解决南联盟中央政府与科索沃解放军之间的冲突。冷战以社会主义阵营的失败与解散而告终。南联盟中央政权也在东欧剧变、苏联解体中受到极大冲击，这为科索沃的阿尔巴尼亚族寻求独立的长期抗争挖掘了一个巨大的突破口。但是，无论多么民主的中央政府，也不太可能轻易地允许其治下的地方寻求独立。南联盟政府对科索沃独立运动予以了严厉打击与镇压，造成大量难民逃亡与严重的人道主义问题。只有当科索沃危机到来时，北约成员国才意识到挑战与军事力量之间的不对称性，认识到必须改革，加强军事应对能力的重要性。①

第三阶段是欧盟无力与美国逐步介入，带领北约绕开联合国对南联盟实施打击。南斯拉夫是俄罗斯的传统势力范围，东欧剧变、苏联解体后南政权并没有像其他东欧社会主义国家那样与俄罗斯一刀两断，并且被西方认为是冷战结束后欧洲的最后一个共产主义堡垒。

科索沃解放军得到美国及欧洲重要大国的支持，南联盟政权得到俄罗斯的援助，甚至还得到了中国的支持。于是问题在冷战后逐渐发

① Marina Caparini, *Security sector reform and NATO and EU, Enlargement*, *SIPRI Yearbook 2003: Armaments, Disarmament and International Security*, Stockholm International Peace Research Institute, June 2004, p. 243.

展，日益恶化。然而，在这个变化过程中，欧盟建立，欧元区逐渐运行，欧洲一体化进程加速，其中一个重要诉求是，欧洲希望独立自主，不但质疑北约在冷战后对欧洲的意义，而且排斥美国过多干涉欧洲事务。在20世纪90年代初，欧洲国家认为曾经解决了萨达姆占领科威特问题的北约不应再干涉欧洲的事务了，即便对巴尔干地区的动荡，美国及其领导的北约也应该靠边站了，而应该由欧洲自己解决这些问题；不仅仅是欧洲的主流舆论是这样的，甚至连一些美国人因欧洲消失了苏联的威胁及欧洲一体化加强随之也出现了对北约使命的悲观情绪——美国应该结束北约，可以从欧洲全身而退了，但是后来的国际局势与欧洲地区事态的发展还是促使美国与欧洲国家优先要保留并优化北约作为军事安全的有力保障与防务沟通的有效平台。[①] 因为缺少一个权威性的领导平台去处理本地区的重大事务，以至于科索沃等问题日渐激烈，欧盟也无法有效应对，而如何处理这些“新”问题自然成为北约在冷战后角色定位的重要依据。北约在巴尔干及东欧等原来华沙条约组织势力范围内的安全问题上找到了自己的用武之地，并借此来重新整合自己的组织机构及职能定位。[②] 美国领导北约不仅介入科索沃问题，而且逮捕了米洛舍维奇，最终促成科索沃宣布独立。

第四阶段是宣布独立与国际社会的反应。科索沃在米洛舍维奇政权垮台后，在美国等北约重要盟国的支持下，于2008年春天宣布独立。中国表示了担忧，俄罗斯进行了强烈谴责，印度没有表态是否承认，瑞典当即表示不急于承认科索沃独立是因为这一事件的复杂性和危险性极大。美国及其重要盟国绝大多数成员国在极短的时间里表示鼓励与支持，而且欧盟还予以了经济、政治资源的支援，只有西班牙

---

① Walter B. Slocombe, *Towards A New NATO Strategic Concept*: *A View from the United States*, Friedrich-Ebert-Stiftung, ISBN 978 – 3 – 86872 – 385 – 4, June 2010. from itsperspective.

② Paul Tsoundarou, NATO's Eastward Expansionand Peace-enforcement Role in the Violent Dissolution of Yugoslavia: 1994 – 2004, Thesis submitted for the Degree of Doctor of Phlosophy in the Dicipline of Politics, School of History and Politics, The University of Adelaide, October 2007, p. i.

因为本国的分裂主义势力问题而不承认科索沃独立。这样，关于科索沃独立的承认与否，可以看出美国及其主要盟国形成了支持的一方，中国与俄罗斯及西班牙形成了反对的一方，而印度、瑞典等国形成了中间方。这是冷战后特定时空内国际格局特征的具体反映。联合国一时间也无法立即对此表态，直到两年半之后的 2010 年 7 月，联合国国际法院才发表咨询意见，以 10 比 4 票的结果，认为科索沃独立并未违反国际法。

2. 乌克兰危机到来的国际力量变迁及国际格局情势

科索沃宣布独立时，美国已经陷入国内次贷危机之中，而全球正迎来新一轮经济大衰退——国际金融危机，随之逐渐形成焦点问题的是乌克兰危机。

乌克兰危机的逐渐紧张灼热化，与国际金融危机的蔓延与深化似乎如影随形。主要因为美国是 2008 年国际金融危机的源发地，继而全世界经济受到影响，而欧洲又是重灾区。乌克兰问题不仅仅涉及乌克兰及俄罗斯，更主要的还关乎美国及其领导的北约，尤其与欧盟相连。而俄罗斯虽然也受到国际金融危机的影响，但率先走出危机，经济复苏并呈现上扬势头。这个历史阶段，俄罗斯恢复经济与重新致力于大国外交的当口。在美国主流学者看来，俄罗斯在普京领导下，不仅要控制克里米亚半岛，染指乌克兰东部地区，而且要将触角引向当年苏联的势力范围。实际上，在乌克兰问题逐渐成为热点的过程中，美国及其领导的北约不仅经历着经济衰退的困境，而且在北冰洋地区也受到了俄罗斯日益强硬的挑战，并且叙利亚化武问题、阿富汗驻军问题、伊朗核问题、伊拉克境内的伊斯兰国问题等，都在考验着美国外交及北约的职能与未来走势。这些造成北约战略环境在 2014 年围绕着乌克兰危机为中心而挑战重重且具有失控的可能。因此，新的北约领导要有新的思想与更强的能力。①

尽管美国学者的看法是比较中肯的，但还没有看到问题的全貌，

① Jacob Stokes, Julianne Smith, Nora Bensahel and David Barno, Charting the Course: Directions for the New NATO Secretary General, Policy Brief, 2014 Center for a New American Security, September 2014, pp. 1 – 9.

北约的实际领导者不是拉斯穆森，也不是2014年11月新任秘书长挪威前首相斯托尔顿伯格，而是美国及其他重要大国的实力整合。因而，美国亚太“再平衡”战略中将主要兵力与外交重点转向“重返”亚太的举动，自然会削弱其在欧洲的战略资源部署。

在科索沃宣布独立之后的六七年正好出现了乌克兰问题演变成危机。正是这六七年里，俄罗斯变得强大而且对外咄咄逼人了，在乌克兰问题上日益挑战西方的安全与价值观，已经走到了危险的边缘。①

但是，从局势的发展进程看，俄罗斯已经完全控制了克里米亚半岛，并将其纳入自己的版图，同时在乌克兰东北酝酿了动荡与分离，尽管北约的主要大国领导了其同盟成员，包括日本等国都对俄罗斯进行了制裁，但力量的对比相较于1999年前后的科索沃问题，具有明显的差别，俄罗斯没有退让，而且在受到西方的巨大压力下不断前进。

因此，科索沃独立到乌克兰危机在国际格局变化中的情况可以对比如下表所示：

表3-1 **科索沃独立到乌克兰危机期间国际格局变化情况**

比较项 \ 行为体		美国	欧盟	俄罗斯
科索沃战争	所处经济发展期	经济发展“黄金期”	基本经济态势良好，且欧元区建成	经济不稳定
	姿态	支持科索沃解放军	支持科索沃解放军	支持南联盟政府
	结果	干涉取得预期目标	干涉取得预期目标	失败
	当前状态	科索沃独立获得美国支持与承认	获得大多数欧盟成员支持与承认	反对、不承认

① 布热津斯基的讲话，见：*Mutual Security on Hold? Russia, the West, and European Security Architect: Event Transcript*, the Global Europe Program hosted a roundtable discussion moderated by Christian Ostermann in Wilson Center, on June 16, 2014。

续表

比较项 \ 行为体		美国	欧盟	俄罗斯
乌克兰危机	经济发展期	处于金融危机期及复苏期的当口	处于主权债务危机的当口	逐步摆脱危机走向复苏
	姿态	支持乌克兰政府、反俄干涉	支持乌政府、反俄干涉、反亲俄势力	积极介入并帮助亲俄罗斯势力
	结果	还没有达到美国对乌政府支持的目标	还没有达到美国对乌政府支持的目标	处于进攻态势、已获得克里米亚半岛
	当前状态	仍然支持乌政府、反对俄介入、不承认克里米亚归俄	仍然支持乌政府、反对俄介入、不承认克里米亚归俄	坚决抵制美国等西方制裁、毫不相让

国际格局变化与大国、大国集团的综合实力消长有直接关系，尤其是关乎各自经济与军事实力的彼此相对变化。2008 年国际金融危机之后，在世界经济形势普遍乏力的环境下中国经济不但走出了危机而且创造了较高的增长。俄罗斯也迅速摆脱危机冲击，出现了经济复苏，而同一阶段的美国及欧洲、日本等国经济总体处于下行或缓慢复苏的态势。这种经济态势与 1993—2000 年这个阶段的美国经济的“黄金期”形成对比。科索沃战争正是处于美国经济的这个“黄金期”，乌克兰危机正好处于美国经济的疲软期。

从科索沃危机酝酿到战争再到宣布独立，这一过程，体现的是美国及其领导的北约的意志，在酝酿过程中欧盟主要大国曾经不希望美国干预欧洲事务，但不得不借助北约，实际上是屈从于美国的意志，但这个过程是违背俄罗斯及中国的国家意志的。科索沃的宣布独立，反映了在冷战结束后的国际格局变化中美国的国家意志得到更多的彰显，中俄及欧洲大国没有能够最终实现自己在科索沃问题上的初始国家意志。

三　从北约威尔士峰会透视美国单极化诉求

北约峰会，即北大西洋公约组织首脑会议，是自 1957 年开始第一届会议以来北约应对国际问题、优化自身效能和谋求发展的成员国首脑会议。20 世纪 90 年代北约峰会一般隔 1—2 年召开一次，进入 21 世纪以来有时不隔年就召开峰会，仅在 2002 年就召开过两次峰会。冷战结束以来的北约峰会频率明显增加，一般是对同盟团结合作及发展问题进行筹划、对国际局势变化带给自身紧迫威胁而进行应对性磋商。

进入 21 世纪以来，随着国际政治经济形势变化及成员国自身实力消长，北约运行和面对的问题也不断变化。尤其是在 2008 年国际金融危机蔓延造成欧洲主权债务危机之后，直至 2014 年，北约面临的挑衅日益复杂且突出。因此，以威尔士峰会为参照，可以回溯 21 世纪以来北约发展进程及其特点。

北约在英国威尔士当地时间 2014 年 9 月 4—5 日召开峰会，讨论在新的国际形势下北约、跨大西洋，欧洲乃至世界热点问题及北约面临的挑战，重点突出了俄乌问题，并规划北约未来发展的方向。[①]

北约威尔士峰会是当代国际格局演化的重要反映，折射出冷战两极格局瓦解的特点与当今国际格局两种变化趋势三种基本力量角逐的阶段性态势。更为重要的是，此次峰会实质上蕴含着美国在冷战后借助两洋同盟实施安全护持全球战略在 2008 年国际金融危机之后出现了低效能的困境，是美国重新整合与重振同盟以达到平衡潜在挑战者，来保证自己全球主导权。虽然峰会只字未提中国，但与中国不无关系，其投射出的冷战思维外交关涉中国，也是对中国长久以来主动（单方面）提出抛弃冷战思维外交的无声回应。仔细品味峰会，我们不难发现中国将有诸多外交及安全的隐忧。

（一）威尔士峰会与冷战结束

本次峰会的焦点是欧洲安全与其他自由民主世界的安全问题。其中重要的关切点就是当今世界几大热点：乌克兰危机与俄罗斯的行动，中东尤其是伊拉克纷乱，阿富汗问题等。这次峰会对于北约未来

---

① NATO agrees on plan to strengthen collective defence, Friday, 5 September 2014, http://www.siasat.com/english/news/nato - agrees - plan - strengthen - collective - defence2014 - 09 - 11 18：07.

命运的重要性，远远超过以往任何一次北约会议。

在会议召开前夕的两位重量级政治人物分别发表的言论中，也能够折射出该会议的不同寻常之处。俄罗斯总统普京在此次峰会前说，9月4日将是新冷战开始的标志。[①] 而另外一方北约，似乎对普京的讲话作出了巧妙而有力的回应，非身份级别对等性地让英国前国防大臣利亚姆·福克斯在9月4日的英国《每日电讯报》上发表文章，公开敦促俄罗斯不要忘记冷战失败的教训、不要忘记以北约为核心的西方是冷战的胜利者、敦促俄罗斯要改变恃强凌弱的外交原则。在文章中福克斯强调西方的经济模式与价值观优于共产主义是西方获得冷战胜利的根本原因。

英国首相卡梅伦在此次峰会上的讲话，似乎把上述两位政治家的对话交锋推向了未来实践的关键点。英国不仅自己带头，而且呼吁盟国，加强北约的内部团结、各国增加军费、必要时让渡一定的军事权利甚至尊严。

众所周知，北约乃冷战的产物，就北约峰会谈论冷战遗留，是较为恰当的。然而，大多数人都认为冷战已结束了，还要把当今的北约与过去的冷战死死地挂钩，似乎也有点不太合乎时宜的嫌疑。其实，上述冷战幽灵之所以挥之不去，是由于冷战两极格局瓦解及其后国际格局转型过程中的阶段性特征造成的。

（二）当今国际格局变化趋势与美国两洋同盟战略

1. 两极格局瓦解与当今国际格局态势

首先，我们要否定两种观点：一是认为冷战结束后到现在的国际格局是多极化格局或多极化明显；二是认为当今国际格局是（美国主导的）单极格局。实际上，自冷战结束以来，冷战两极格局向当代国际格局转型的过程中，同盟都是重要的角色。只是当代国际

① 关于新冷战不是普京最先提出的，此前就有学者正式提出并论证，新冷战与1991年前的冷战不同，但仍然强调美国是最主要的角色，尤其强调美俄矛盾、核威胁等。参看两文：①Casimir Dadak, A New "Cold War"? The Independent Review, v. 15, n. 1, Summer 2010, pp. 89 – 107；②Robert Legvold, What Moscow and Washington Can Learn From the Last One, foreign affairs, July/August 2014, pp. 74 – 84。

格局并存着多极化与单极化两种趋势，这两种趋势是由多极化力量、单极化力量及中间游移力量三者互动来表现的。其中的中间游移力量是向单极化力量方向，还是向多极化方向游移，有时起到凸显单极趋势或多极趋势的作用。两洋同盟是美国寻求建立单极国际格局的重要助力。但它也在特定的时空背景中分化，有的成员会成为中间游移力量或成为多极化力量，因此，美国凝聚好两洋同盟是其实现单极化意愿的关键因素之一，这从北约公布出来的驻阿富汗盟军成分可窥见一斑。[①] 多极化力量较为松散，缺少统一而有效的行为规范与约束机制，时常分化，有的会变成游移力量甚至成为单极化力量的一部分助力。

国际格局特征不是语言本身能作为判断的有力根据的，而是国际关系中的重大国际事件。

人们判断冷战两极格局瓦解的根据也是如此，尤其是以东欧剧变、苏联解体来作为普遍认可的判断依据。那么，冷战结束以来的国际格局变化特征，也理应由国际大事来进行逻辑印证。从冷战结束以来的科索沃战争、阿富汗战争、伊拉克战争的发起来看，都不是多极化的特征明显，而更像是单极化特征明显。当然，在这些大事的酝酿发起时期，多极力量曾经与单极力量进行过不同程度的较量，但没有占据优势，结果也没有阻止住单极力量在这些特定时期的行动。可以保险地说，这些时期，多极力量是存在的，但判断多极化趋势明显的证据极弱或者没有。然而，不是说多极力量是无所作为的，在一些非传统安全领域，诸如国际反恐、禁毒及国际紧急救援，尤其是国际金融危机中，多极化力量就有了显露角色的机会，这时单极力量一家独大的概率就变得较小。我们从 2008 年之后的一系列 20 国集团关于应对国际金融问题、应对世界气候问题等国际活动，就可以看到美国难以一家独大。2008 年之后的国际格局是多极化趋势与单极化趋势较量中单极力量显得虚弱一些，多极化趋势相对明显一些。对比一下

① International Security Assistance Force (ISAF): Key Facts and Figures, Troop Contributing Nations, NATO - ISAF, 3 Sep. 2014.

1999 年的科索沃战争与最近几年来的乌克兰、俄罗斯矛盾引发的危机，就可以看出，前者体现单极化国际格局趋势明显一些，而后者体现了多极化趋势抬头。这是相应的两个不同历史时空中不同国际主角力量消长、竞争的结果。

2. 美国的单极化诉求与两洋同盟

威尔士北约峰会的另一个重要任务是加强同盟团结以应对共同挑战。这不仅对盟国是有利的，而且对美国的单极化外交及安全诉求极为重要。

当代美国的全球战略无论如何调整与实施，从来都离不开同盟的力量，其单极化诉求更是如此。在冷战结束以来的美国历次重大国际行动中，不仅是军事等硬实力的构成，而且包括舆论宣传的软实力，也程度不等地得到了盟国的配合与支持。美国在乌克兰危机问题上对俄罗斯制裁的无效性，显示了同盟难以协调一致的原因。[①]

美国在冷战后的单极化实践主要由冷战时期的霸权护持行为模式逐渐转变为对其全球领导地位进行安全护持的行为模式。即由原来的遏制外交为主转向了平衡外交，前者较多的是零和性外交博弈，后者带有一定的共赢外交可能，但要以保证美国利益与全球主导权为前提。

当今美国单极化诉求的安全护持主要包括了对潜在挑战者采取预防型平衡，对盟国采取管控型平衡，对其他国家可能采取合作型平衡。美国对这三类平衡对象给予的利益共享成分呈现依次递增趋势。当代美国把预防型平衡作为全球外交的重点，把管控型平衡作为外交立足点，辅之以合作型平衡，来谋求美国全球领导权的安全。这势必造成让自己安全而让别人不安全。这是对旧的冷战安全观的延续。

两洋同盟一直是美国维护其全球领导地位的重要依托。这次北约峰会针对俄罗斯乌克兰关系问题制订的一揽子计划看似是英国外交的亮点，实质是美国同盟外交的阶段性丰硕成果。因为自从 2008 年国

① Christopher J. Griffin and Evan Moore, "FPI Bulletin: Don't Waste NATO's 'Crucial Summit'", *Foreign Policy initiative*, September 2, 2014.

际金融危机之后，尤其是危机发展成为欧洲主权债务危机之后，美国与欧盟的关系一直处于低迷状态，美欧之间因为金融问题而导致北约成员国厌弃美国作为金融危机始作俑者及落井下石的自私行为。

由于金融危机和欧债危机，美国自身的经济问题及欧洲经济不振带来的实力下降、欧洲盟国对美国的离心加剧，北约包括美国在内的成员国无力大规模投入同盟的军备建设，欧洲的重要大国纷纷削减本国军费，加上阿富汗北约成员驻军的消费，整个北约难以应对以乌克兰危机为中心的中东欧问题。而且美国还要在亚太地区对付中国等美国臆想下的潜在对手，将战略中心向亚太地区转移，进一步削弱了北约的实力，限制了北约在乌克兰危机问题上的有效行动，而只能采取非传统的安全手段来应对俄罗斯。①

从威尔士峰会中，人们或许会认为乌克兰问题是北约乏力的表现，但我们必须看到另一面，乌克兰问题必将是美国再次凝聚和优化北约的重大契机。

因为，保持一定热度和烈度的国际问题存在，始终是美国两洋同盟体系存在和延续的必要条件，也是美国安全护持平衡外交的前提条件。

这次北约峰会实际上是借助乌克兰危机问题凝聚美国大西洋同盟的一个里程碑。2008 年金融危机以来北约松散性与低效能，成为俄罗斯作为多极力量彰显自身意志的有利时机。这次峰会正是美国应对挑战，团聚盟国保证自身国际权益安全而不得不采取的步骤。也较为充分地反映了单极化与多极化两种国际格局变化趋势并存，且正处于较为特殊的历史阶段——多极化力量与单极化力量的角逐处于胶着状态。这是相对于 1999 年前后的科索沃问题而言的。那时美国单极化意志极为彰显，而多极化力量黯然失色。

3. 威尔士峰会暴露出北约的弱点

此次峰会上英国首相卡梅伦发表讲话敦促成员国按照北约条款投

---

① Towards the next Defence and Security Review: Part Two-NATO, Third Report of Session 2014 - 15, Ordered by the House of Commons to be printed 22 July 2014. HC 358, Incorporating HC 1067, Session 2013 - 14, Published on 31 July 2014, pp. 40 - 44.

入军费以保障北约必要的军备运转。北约的确给成员国带来了某种程度的安全“保险”，但只有为数较少的成员国“交保险费”，而大多数北约成员国不愿意为北约承担必要的运转费用。① 北约作为冷战集体安全的军事组织，成员国不断增多，带来的问题是，不同成员国的经济总量不同，发达程度不同。经济总量大的较发达国家会认为如果都平起平坐地按照北约规定拿出本国2% GDP来投入军备，这与经济总量小、发达程度较差的国家相比，他们付出的军费就会多出很多，而且安全是所有成员国共享的，因此这些大国认为如果按照规定投入军费，客观上就有相当一部分是帮助那些经济较弱的国家分担的，他们会觉得是“吃大亏”了。而较弱较小的国家会觉得如果他们投入与大国等量份额，即便是等量比例的军费，实际上是分担了与其实际权利享受不对称的责任，他们会认为大国享受到的相应安全保障份额要更多更大一些，理应投入对等的安全费用。

更有甚者，有的国家在一定时期内会退出北约军事一体化，其国家军事及装备等不纳入北约统一军事体系，不受北约军事最高指挥部调遣，完全自主决定应对国际事务的军事行动，但这样的国家仍然是北约成员国。法国曾经为了独立自主的大国权益而排斥美国的摆布、西班牙由于要求直布罗陀海峡控制权，都在很长时间内退出北约军事一体化，赢得了本国的民族尊严，同时获得了自主外交的国际利益。

再加上北约有些成员国之间存在着根深蒂固的历史矛盾，如英法不仅中世纪和近代史上，而且现当代在欧盟发展历程中的矛盾长期存在，美欧之间经济纷争、欧盟一直在努力要建立自己独立的防务体系等，这些无疑使北约成为“有缝的蛋”，客观上存在着离心因素，削弱了它的整体军事实力，部分地限制了其对外军事干预的速度与效果。

1990年代的巴尔干动荡、格鲁吉亚问题、乌克兰问题，都被北

---

① 10 things you need to know about NATO, Fact Shee, Public Diplomacy Division (PDD) - Press & Media Section Media Operations Centre (MOC), NATO, Sep. 2014.

约领导人看成威胁自由世界、颠覆国际秩序与国际准则、企图重建地区霸权的欧洲难题，是对北约的严重挑战。因此，他们认为这是加强北约的重要原因。[①] 这些原因可以被美国用来消除同盟内的离心因素，加强北约的团结，为保证自己的领导权安全创造条件。

① Anders Fogh Rasmussen, The Future of The Alliance: Revitalizing NATO for A Changing World, Anderson Court Reporting, The Brookings Institution, Wednesday, March 19, 2014, pp. 4 - 5.

第四章　国际金融危机以来美国两洋经济同盟与国际格局

2008 年金融危机爆发以来，美国全球经济战略发生变化，战略基础方面，表现在经济利益领域，战略渠道、重要的经济利益区、国际秩序、经济环境都发生了巨大变化；表现在经济目标上，加强国内市场建设、重视实体经济与之前的虚拟经济更加配套；表现在经济实力格局上，因国际经济体实力消长而造成的经济秩序变化，美国经济总量仍然占据绝对优势，但比例有所下降。金融危机后，发展中国家密集的经济风险和地缘政治风险、美国国家形象受损与在国际组织中地位下降、区域经济一体化不断发展，说明美国的国际经济环境具有不确定性。通过拓展贸易自由化、加深对外投资自由化、加强贸易和投资保障来优化全球经济战略渠道。围绕稳固全球经济霸权、孤立潜在新兴经济对手来改变战略与策略。通过对外经济援助、经济制裁、政治与外交策应来实现战略保障。

第一节　近年来美国全球经济战略调整趋势

2008 年国际金融危机爆发后，以迅雷不及掩耳之势席卷全球经济。美国作为这场危机的发源地，其国内经济和国际经济环境都面临着困难与挑战，可谓内忧外患。在美国本土，最直接的影响就是其金融市场，以雷曼兄弟的投资银行倒闭为开端，到美林、贝尔斯登被收购，再到房利美和房地美被迫由政府接管，众多金融公司陷入破产危机。之后，从金融行业蔓延到实体经济，包括通用汽车和克莱斯勒都申请破产保护。失业率高涨、出口锐减、消费低迷、投资不振，可以说，美国国内经济饱受严寒。经济全球化背景下，各国经济联系越发紧密，尤其是金融市场，像美国这样的超级大国，一旦发生危机，必然波及全球。2009 年欧债危机爆发，这是金融危机的延续和深化，发达国家市场极其不景气。由于金融市场或多或少受到严格管制，与发达经济体相比，以“金砖五国”为代表的新兴经济体受到国际金融危机的影响相对较小，这些国家的发展成为世界经济增长的新引擎。在如何提振全球经济的问题上，发达经济体与新兴经济体有着不同的利益诉求，美国面临错综复杂的国际经济环境。

“二战”后，美国推动建立布雷顿森林体系，形成战后主导世界经济的“三角架构”：国际货币基金组织（IMF）、世界银行（WB）、关税与贸易总协定（GATT，后来的世界贸易组织 WTO）。进入 21 世纪，国际社会对 IMF 进行改革的呼声日趋渐高，2001 年中国以及 2012 年俄罗斯加入 WTO，对美国在 WTO 中的既得利益造成了影响。甚至在联合国，美国也无法巩固一家独大的主导地位。可以说，美国推动建立的国际秩序已经不能随心所欲地被其掌控。金融危机后，国内国际经济环境的变化，以“三角架构”为主体的国际秩序越来越脱离美国的控制，美国必须调整全球经济战略。从竞争对手与合作伙伴的角度，中国必须熟知美国全球经济战略调整的趋势，才能更好地研究应对策略，最终维护自身的权益。①

一　相关美国全球经济战略的研究

两次世界大战后，美国成为唯一的超级大国。冷战期间，美国作为第三次工业革命的发端国，在高科技领域独树一帜，其经济发展水平也是世界一流。成为超级大国后，美国欲称霸全球，为此制定了全球战略。对于美国全球战略的研究，可以分为横向研究和纵向研究。

① 本节主要思想已发表，请参看钮维敢、王学凯《奥巴马政府美国全球经济战略调整透析》，《美国问题研究》2014 年第 1 期。

有关不同领域的横向研究主要以美国国家安全战略为基础，研究政治（包括军事与安全等方面）、经济、外交战略。（1）政治战略。美国的政治战略主要是安全战略，尤其是军事安全。①美国本土的安全。除了日本偷袭珍珠港，整个20世纪，美国本土没有遭受任何战争的侵扰，美国凭借发达的军事技术保护本土安全。而当今世界形势复杂多变，非传统安全问题突出，尤其是“9·11”恐怖袭击事件，打破了美国本土牢不可破的美梦。小布什政府开始了打击恐怖主义的行动，从阿富汗战争，到伊拉克战争，再到利比亚战争，都是借着保护本土安全之名发动的战争。[①] ②主要地区的安全。新中国成立后，美国视新中国为威胁，发动了朝鲜战争和越南战争，以遏制社会主义阵营的发展壮大，整个社会主义阵营成为美国关注的主要地区。20世纪80年代，加勒比地区和巴拿马成为美国关注对象，美国以“保护侨民”为借口，入侵格林纳达、突袭巴拿马。中东、北非地区向来是骚乱不断，加之石油资源丰富，必然成为美国时刻关注的最为主要的地区，美国在这一片地区军事涉足比较深，曾发动海湾战争、两次阿富汗战争、伊拉克战争、叙利亚战争等。[②] 在东南亚，马六甲海峡因为其重要的运输通道的作用，理所应当地成为美国关注的主要地区。（2）经济战略。美国经济战略会根据不同的国内国际环境进行调整，但有一个基本不变的信条就是开放各国市场和推动自由贸易。多年来，美国的经济战略主要涉及几个方面：一是国内经济发展，美国需要通过教育、研发等途径，确保经济竞争优势；二是推行市场经济，美国认为市场经济是推动国内国际经济增长的有效形式；三是获取资源，包括廉价的原材料、重要的能源、开阔的市场；四是关注主要经济体的发展，从冷战期间苏联经济的快速发展，到德国、日本的复兴，再到欧盟形成整体，以及现在以“金砖五国”为代表的新兴

---

① Susan E. Rice, “U. S. National Security Policy Post－9/11: Perils and Prospects”, *the Fletcher Forum of World Affairs*, Vol. 28: I (Winter 2004), pp. 133－144.

② “U. S. Policy in the Middle East”, Cato Handbook for Policymaker, *Cato Institute*, 2009, pp. 539－537. http://object. cato. org/sites/cato. org/files/serials/files/cato－handbook－policymakers/2009/9/hb111－52. pdf.

经济体崛起，美国都给予高度关注。[①]（3）外交战略。宗教因素引发的“使命感”，促使美国在外交战略上致力于将其理解的民主、自由和平等，以及由此确立的各种发展模式，包括政治制度、经济体制、多元文化，推广到全世界。[②] 在价值观念上，美国常用的两个武器是民主与人权。有学者认为，美国推进民主有其利益所在，一方面民主促进经济自由、开放和多元化，另一方面在于世界范围内的广泛民主可以保障美国的民主安全。这位学者还提出了推进民主的途径，包括针对民主的经济援助、争取民主的自由贸易等。[③] 在人权保障方面，美国自称处于世界领先地位，从多边和双边两个角度推进人权保障。[④] 双边的一个途径就是对外援助，通过这个途径，美国维持了地缘政治主导地位，以至于霸权地位。[⑤]

按照不同历史阶段的纵向研究则以时间为顺序，分析美国在冷战前、冷战前期、冷战后期、冷战后所采取的不同的经济战略。（1）冷战之前。冷战之前，世界经历了两次世界大战，这一时段美国采取的是战时经济战略。罗斯福总统号召美国“成为民主国家的大兵工厂”，为此美国政府积极采取措施，包括出资兴建兵工厂、对战略物资进行管制、加强科技研发。[⑥] 战时经济战略给美国带来了巨大利益，以至于“二战”结束时，美国从众多的大国中脱颖而出，一跃成为全世界唯一的超级大国。经济实力的增强，为以后美国实施冷战计划提供了坚实的基础。（2）冷战阶段的前期。第二次世界大战给除了

---

① 该部分由作者根据历年《美国安全战略》报告和有关美国战略的研究报告总结所得，《美国安全战略》报告可通过下面的链接得到：http：//nssarchive. us/。

② 张敏谦：《美国对外经济战略》，世界知识出版社 2001 年版，第 41 页。

③ Larry Diamond, “An American Foreign Policy for Democracy,” July 1991. http：//www. dlc. org/documents/democracy. pdf.

④ David P. Forsythe, “US Foreign Policy and Human Rights：The Price of Principles after the Cold War,” Human Rights and Comparative Foreign Policy：Foundations of Peace：Chapter2, *United Nations University*, 2000.

⑤ Clair Apodaca, “U. S. Human Rights Policy and Foreign Assistance：A Short History,” *Ritsumeikan International Affairs*, Vol. 3, 2005, pp. 63 – 80.

⑥ ［美］福克纳：《美国经济史》（下卷），王锟译，商务印书馆 1964 年版，第 434—448 页。

美国之外的各参战国带来严重损失，以美苏争霸为开端，国际社会形成冷战格局，前期美国实施的是盟国复兴战略。这种经济战略的内容有三个方面：一是用经济援助推动盟国的复兴，马歇尔计划和日本复兴计划是最为重要的复兴方案。二是以经济制裁遏制和打击社会主义阵营，美国于1949年制定《出口控制法》，旨在无限期中止所有商品由美国运往苏联及其卫星国。三是运用经济与军事援助同苏联争取“中间地带国家”，为此杜鲁门提出“第四点计划”，根据这一计划的精神，美国国会加入“技术援助条款”，使得对不发达地区的经济开发变成一种国家政策。[①]（3）冷战阶段的后期。在布雷顿森林体系框架下，通过美国援助，欧洲乃至整个世界的经济在20世纪五六十年代经历了一个高速增长阶段，然而20世纪70年代的石油危机和“滞涨”，让各国经济深陷泥潭。[②] 美国在这时采取的是治理危机战略。除了解决国内经济滞涨和能源危机问题之外，治理危机战略在对外领域的行动主要包括：一是调整国际金融体系结构，以美元为中心建构一个有效的货币体系；[③] 二是建立“互惠”贸易机制，以经济促进政治，实现政治、经济利益的平衡；三是在发展中国家、北方国家以及国际性机构的共同分摊中减轻对外援助压力。[④]（4）冷战后。冷战后的世界，对未来国际政治走向的研究，出现五种代表性观点，其中一种就是经济至上论，即欧洲、东亚、北美三大经济区域集团的竞争，没有超级大国，只有超级市场。[⑤] 来自苏联的威胁消失，地缘政治色彩渐淡，地缘经济的特点更加鲜明，日本、欧洲的兴起，使得经济挑

① 张敏谦：《美国对外经济战略》，世界知识出版社2001年版，第63—115页；Robert A. Pastor, “Congress and the Politics of U. S. Foreign Economic Policy,” 1929 - 1976, University of California Press, 1980, p. 269.

② “Economic Report of the President,” 1975, p. 48. http://fraser.stlouisfed.org/docs/publications/ERP/1975/ERP1975_ Chapter2. pdf.

③ Richard M. Nixon, “U. S. Foreign Policy for the 1970's: A New Strategy for Peace,” Report to the Congress (Washington, D. C.: Government Printing Office 1970), p. 93.

④ 张敏谦：《美国对外经济战略》，世界知识出版社2001年版，第172—184页。

⑤ Robert E. Hunter, “Starting at Zero: U. S. Foreign Policy for the 1990's,” The Washington Quarterly, Winter 1992, p. 32.

战成为美国最大威胁，因此美国采用确保优势战略。[①] 具体来说，有三个长远的战略规划：一是优先发展国内经济，推动建立投资型经济；二是推行战略贸易政策，突显“公平贸易”[②]；三是通过对外援助和经济制裁实现美国的全球战略目标，巩固全球经济的领导地位。

相关学者在研究美国国家战略时，通过横向研究美国构建全球战略，包括政治、经济和外交三部分，只有较少的学者单独研究其全球经济战略。纵向方面，美国在不同阶段采取不同的经济战略，自2008年金融危机以来，美国根据已经变化了的国际环境进行战略调整的研究逐渐增多。本研究主要考虑2008年金融危机这一重要因素，从战略基础、战略渠道、战略策略和战略保障四个方面分析美国全球经济战略，最终总结出美国在金融危机后对其全球经济战略进行调整的趋势。

二　美国全球经济战略的基础

（一）在经济利益领域

根据美国“21世纪国家安全委员会”第二阶段的报告，21世纪美国的国家利益主要分为三种：生存利益；关键利益；重要利益。其中，关键利益包括能源、经济、通信、运输及公共卫生等国际体系的连续性和安全性。[③] 关键利益也称为第二级别利益，总结起来，主要包含两个方面的内容：一是经济利益，涵盖战略渠道、重要的经济利益区；二是国际秩序和经济环境的利益，涉及巩固美国与盟国的关系、维持地区力量平衡。[④] 关于21世纪以来主要年份的美国经济利益情况，请看表4－1。

---

① Robert D. Hormats, “The Roots of American Power,” Foreign Affairs, Summer 1991, Vol. 70, No. 3, p. 133.

② Paul Krugman, “Introduction to Empirical Studies of Strategic Trade Policy,” Empirical of Strategic Trade Policy, University of Chicago Press, January 1994, pp. 1－10.

③ The United States commission on national security/21st century, “Seeking a National Security: A Concert for Preserving Strategy and Promoting Freedom,” April 15, 2000, p. 7.

④ 朱颖：《美国全球自由贸易协定战略》，博士学位论文，上海社会科学院，2007年，第9页。

表 4－1　　金融危机前后美国国家经济利益对比

年份 国家 经济利益	2002 年	2006 年	2010 年	2014 年
战略渠道	双边自由贸易和自由市场	经济自由化、双边贸易	国内繁荣	双边与多边贸易、投资体系
重要的经济利益区	北美、北约	欧盟、日本及金砖国家	环太平洋地区	环太平洋地区和欧盟
国际秩序	中国入世、欧元正式流通	多哈回合谈判停滞、IMF 投票权改革	金砖国家崛起、中国—东盟自贸区	新兴经济体繁荣
经济环境	“9·11” 事件	国际原油价格波动	全球金融危机	后危机时代

资料来源：根据 2002 年、2006 年、2010 年、2014 年和 2015 年美国国家安全战略报告整理。

2008 年金融危机之前，美国的战略渠道基本是双边自由贸易，推行自由贸易和自由市场；重要的经济利益区主要是北美和以北约为主体的欧盟地区，日本作为其一贯以来的战略伙伴，也是美国在亚太地区重要的经济利益伙伴，金砖国家崭露头角，美国能够感受到这些新兴国家的发展潜力，但并未积极推进合作。2001 年中国加入 WTO、欧元于 2002 年正式进入流通，对美国的对外贸易和美元霸权形成了一定的冲击，同时多哈回合谈判停滞、IMF 投票权进行改革，使得美国在国际组织中的话语权愈发减弱。“9·11” 事件直接给美国本土经济带来莫大损失，加之后来的伊拉克战争，国际原油价格波动，美国的经济安全环境有所恶化。2008 年，次贷危机引发的全球经济危机，削弱了美国的经济实力，也影响了美国在世界格局中的地位，美国虚拟经济出现了问题，直接导致实体经济的衰退，因此美国立足于以重返制造业为重点的国内实体经济的繁荣，并且积极推动多边贸易和投资体系的建立。重要的经济利益区从原来分散的北美、欧盟、日本及金砖国家，到整合环太平洋地区，再到链接环太平洋地区和大西洋地区，美国致力于在全球进行整体布局。2010 年南非正式申请加入金砖国家行列，金砖国家在世界经济发展疲软的情况下，保持增长态势，中国—东盟自贸区也在同年建立，新兴经济体的繁荣和联合引起美国高度关注。除了金融危机，美国还面临由此引发的“欧债危机”的国际经济环境恶化，后危机时代，美国必须围绕国家利益来强化对其全球经济战略的调整。

（二）在经济目标上

2006年美国《国家安全战略》报告中提出，美国的经济战略目标在于：（1）开放市场及整合发展中国家市场。（2）能源市场的开放、一体化和多样化。（3）改革国际金融体系以确保稳定和增长。① 2010年的报告中，提出国内经济繁荣政策，主要着手于以下几个方面：（1）加强教育和人力资本建设。（2）提升科技地位，鼓励创新。（3）达到平衡的和可持续的增长。（4）加速可持续发展。（5）有效地利用财政政策。② 2013年得克萨斯州大学的一份报告指出，美国应将引领全球经济作为目标，包括：（1）通过创新型经济提升美国竞争力。（2）美国的比较优势在于国内投资。（3）开拓全球贸易，致力于双边和多边贸易体系的建立。（4）掌控全球货币主导权，以稳定美国债务。③

金融危机前，美国国家经济目标主要关注点在国际市场上，一方面致力于开放其他国家的市场，另一方面着手于国际组织的改革。而金融危机的爆发，暴露了美国在其国内经济建设上的缺陷，即实体经济与虚拟经济的不配套，虚拟经济的发展超出了监管的范围，由此美国更加注重国内经济的繁荣，从教育、人才、科技和创新等方面着手；同时，通过推动建立多边贸易体系来扩大对外贸易，通过投资来确定比较优势，通过美元控制全球货币主导权。这些都是美国在金融危机后的国家经济目标。

（三）在经济实力上

横向比较方面，从几个主要年份来看，美国GDP总额与中国、

① The National Security Strategy of the United States, March 16, 2006, pp. 27 – 30. http: //nssarchive. us/NSSR/2006. pdf.

② National Security Strategy, May 27, 2010, pp. 28 – 35. http: //nssarchive. us/NSSR/2010. pdf.

③ National Security Strategy 2013, pp. 9 – 11. https: //www. utexas. edu/lbj/sites/default/files/file/news/National%20Security%20Strategy%202013%20 (Final%20Draft) . pdf.

德国相比，在总量上还是占据绝对优势的。从人均 GDP 来看，美国也是领先于中、德两国；以购买力平价计算的 GDP 占世界总 GDP 的份额中，美国基本维持在 20% 左右的比例，金融危机前远高于中、德两个国家，金融危机后略低于中国（见表 4 -2）。

表 4 -2　　GDP 指标下的美国主要年份与中国、德国经济实力比较

项目＼年份		2002 年	2006 年	2010 年	2014 年
现价 GDP（亿美元）	美国	109802.000	138579.000	149583.000	174189.250
	中国	14538.330	27129.170	59303.930	103803.800
	德国	20136.910	29054.450	33106.000	38595.470
现价人均 GDP（美元）	美国	38123.179	46358.358	48294.150	54596.653
	中国	1131.802	2063.871	4422.663	7588.996
	德国	24397.523	35296.704	40495.848	47589.972
购买力平价 GDP 占世界份额（%）	美国	23.471	22.182	19.918	16.140
	中国	7.920	9.972	13.369	16.324
	德国	4.847	4.271	3.897	3.448

资料来源：IMF, World Economic Outlook Database, April 2015.

纵向比较方面，2002—2013 年以购买力平价计价的美国 GDP 占世界份额从 23.471% 一路下滑到 16.140%，以中国为代表的新兴市场在世界经济总量的份额中所占比例不断提高，中国从 7.920% 增长到 16.324%，增加了一倍多。美国进出口额在金融危机前稳中增长，2004 年进口增长率高达 11.003%，出口增长率高达 9.364%，2008 年的金融危机重挫美国进出口，2009 年出口额骤降 13.663%，进口额骤降 9.072%，2010 年虽又激增，但此后三年增速基本保持在低位。金融危机前，美国的失业率始终保持在 4.6%—6% 这一正常范围之间，而金融危机后，美国的失业率在 2010 年一度达到 9.625% 的顶峰，此后最低也维持在 6.15% 这样的高位。[①] 参看表 4 -3：

① 美国 2002—2014 年 GDP 占世界份额、进出口总额变化率及失业率数据均来自 IMF, World Economic Outlook Database, April 2015。

表 4 - 3　　2002—2014 年美国 GDP 占世界份额、进出口总额变化率及失业率　　（单位:%）

年份	GDP 占世界份额	进口总额变化率	出口总额变化率	失业率
2002	20. 461	3. 665	-1. 722	5. 783
2003	20. 182	4. 464	1. 760	5. 992
2004	19. 906	11. 41	9. 755	5. 542
2005	19. 637	6. 333	6. 249	5. 083
2006	19. 125	6. 321	9. 038	4. 608
2007	18. 446	2. 521	9. 268	4. 617
2008	17. 869	-2. 560	5. 732	5. 800
2009	17. 427	-13. 722	-8. 793	9. 283
2010	16. 975	12. 714	11. 896	9. 608
2011	16. 583	5. 471	6. 852	8. 942
2012	16. 461	2. 330	3. 256	8. 067
2013	16. 285	1. 148	3. 046	7. 367
2014	16. 140	3. 974	3. 211	6. 150

资料来源：IMF, World Economic Outlook Database, April 2015.

该表的数据综合比较情况所呈现的较为直观的趋势如下坐标图所示：

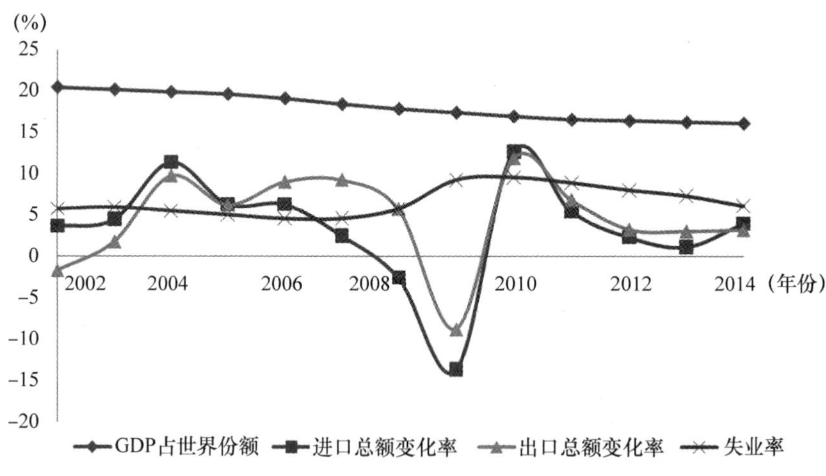

图 4 - 1　2002—2014 年美国经济状况

总的来说，美国的经济实力在总量上仍然具有绝对优势，但金融危机的冲击，也给其进出口、就业等内部经济要素带来较大冲击。

（四）在国际环境变化方面

根据IMF最新的《世界经济展望》报告，2013年下半年全球经济增长了3.67%，比之前预期的2.67%多了一个百分点，2014年全球经济增长达到3.4%，2015年则达到3.5%。全球商品和服务贸易总量也将回升，预计2015年将增长3.7%，发达经济体进出口较2013年均有显著增长，新兴和发展中经济体出口增速不大，进口增速有所回落。后危机时代，尽管发达经济体和发展中经济体经济复苏程度不同，但世界经济正处在上行趋势。[①] WTO预期2015年世界贸易额增长3.7%，同时警告各种风险。美国的财政悬崖政策和欧洲的主权债务危机的风险大幅度减小，但发展中国家正处在风险密集阶段，包括印度和土耳其等国的巨额经常账户赤字、阿根廷的货币危机、产出能力的过度预期、从出口转向内需的经济再平衡。另外，地缘政治风险加剧经济复苏的不确定性，中东、亚洲和东欧等地方的国内冲突和领土争端，可能推高能源价格，更可能直接影响国际贸易流向。[②] 2014年春以来的乌克兰内乱等一系列东南欧涉及北约、欧盟、俄罗斯等相关国家的动荡，必然促使美欧日等同盟国家对俄罗斯经济政策的调整，俄罗斯为了抵御西方的威胁与制裁，必然响应调整自己的经济外交重点，从而影响美国的全球经济利益。当年马航事件和越南国内排华暴动造成的旅游和贸易环境的恶化，必然极大地影响当事国之间乃至亚太区域经贸发展。参看表4-4：

---

① IMF, "World Economic Outlook: Uneven Growth Short—and Long-Term Factors" Apr, 2015, pp. 1-3.

② WTO, "Modest trade growth anticipated for 2014 and 2015 following two year slump," April 14, 2014. http://www.wto.org/english/news_e/pres14_e/pr721_e.htm.

表 4 - 4　　近年来世界总产出和贸易量实际增长率及预测

总产出及贸易增长率（%）		2012 年	2013 年	2014 年	2015 年	2016 年
世界总产出		3.2	3.4	3.4	3.5	3.8
世界贸易量（商品和服务）		2.8	3.5	3.4	3.7	4.7
总产出	发达经济体	1.4	1.4	1.8	2.4	2.4
	新兴和发展中经济体	5.0	5.0	4.6	4.3	4.7
贸易进口	发达经济体	1.1	2.1	3.3	3.3	4.3
	新兴和发展中经济体	5.8	5.5	3.7	3.5	5.5
贸易出口	发达经济体	2.1	3.1	3.3	3.2	4.1
	新兴和发展中经济体	4.2	4.6	3.4	5.3	5.7

说明：2015 年和 2016 年为预测数据。

资料来源：IMF，《世界经济展望》，2015 年 4 月。

美国国家形象及其在国际组织中地位的转变。“二战”后美国建立主导世界经济的“三角架构”（IMF、WB、GATT/后来的 WTO），美国在其中的掌控能力下降。原本在对影响 IMF 的可信度和合法性问题上，美国保持绝对主导权，以此获得政治利益。① 然而，对于美国在 IMF 中拥有一票否决权这种制度，很多学者建议重新衡量每个国家的投票权，让话语权和国家经济的发展相适应。② 2010 年的改革方案焦点主要有两个：一是 IMF 的规模与全球经济增长不一致；二是新兴国家和发展中国家的话语权与其在世界经济的重要性不匹配。③ 美国现在仍然具有 16.7% 的投票权，新的提议是将这一份额减少到 16.5%，美国迟迟不通过这一改革方案，已经影响到了其国家形象和国际影响力。④ 进入 21 世纪，美国直接或间接地绕开联合国

① Douglas Rediker, "Losing at the IMF, Foreign Policy," October 10, 2012. http://www.foreignpolicy.com/articles/2012/10/10/losing_at_the_imf.

② Dennis Leech, "Voting Power in the Governance of the International Monetary Fund," the Annals of Operations Research, vol. 109, 2002, pp. 373 - 395.

③ Rebecca M. Nelson and Martin A. Weiss, "IMF Reforms: Issues for Congress," CRS Report, March 11, 2014, p. 4.

④ Edwin M. Truman, "IMF Reform Is Waiting on the United States," PIIE, March 2014, pp. 3 - 7. http://www.iie.com/publications/pb/pb14 - 9. pdf.

对其他国家进行军事打击，干涉他国内政，也引发了新一轮对联合国进行改革的呼声。改革聚焦在三个方面：（1）联合国秘书处明显的无效率和缺少责任感；（2）权力的重叠；（3）资源的浪费、滥用和管理不善。[①]

多哈回合谈判停滞，给美国推动“美国化”的经济全球化带来不小的阻碍。在经济全球化受挫的同时，区域经济一体化广受各国青睐。中国—东盟自贸区的正式签署、金砖国家从最初的四个到五个国家形成的常态化合作机制、欧盟在应对欧债危机中联合一致的行动，这些都是区域经济一体化很好的例证。区域经济的一体化，对区域内成员具有极大的贸易创造效应，但相应地，对于区域外的非成员则存在贸易转移效应。

金融危机后，美国处在总体向上增长的世界经济大环境中，但发展中国家密集的经济风险和地缘政治风险、美国国家形象受损与在国际组织中地位下降、区域经济一体化不断发展，这些都给美国面临的国际环境带来了很大的不确定性。

三 美国国际经济战略的渠道、策略和实施

（一）渠道

世界经济合作形式多种多样，总结起来，基本途径就是国际贸易和对外投资。美国正是利用贸易自由化、对外投资自由化、贸易和投资保障等方式作为其实现全球经济战略的渠道。

1. 拓展贸易自由化

自由贸易的思想可追溯到亚当·斯密的绝对优势理论和大卫·李嘉图的比较优势理论。美国从两次世界大战中大发横财，一跃成为全球唯一的超级大国。高度发达的工业化生产，必然需要巨大的市场来消化丰富的产品，于是，美国将推进贸易自由化作为既定政策。“二战”后援助欧洲的“马歇尔计划”实则也是培育市场，以推行自由

① Luisa Blanchfield, “United Nations Reform: U. S. Policy and International Perspectives,” CRS Report, December 21, 2011, p. 2. https://www.fas.org/sgp/crs/row/RL33848.pdf.

贸易。冷战期间，贸易自由化作为战略渠道，主要是顺应两大战略目标：一是美国联合日本、西欧形成支配世界经济紧密的战略经济同盟；二是以贸易自由化确保美国的经济优势地位。[①] 20 世纪 80 年代见证了美国对外贸易政策的调整，后来称之为“微型单边主义”，包括区域性贸易自由化运动和“意见调节微型单边主义”。[②] 欧洲区域经济一体化的快速进程，刺激了美国，冷战后克林顿政府采取“三轨道”的对外贸易政策：一是多边主义，在关贸总协定（GATT）以及后来的世贸组织（WTO）中通过多边贸易谈判，以建立规则为基础推进贸易自由化；二是单边主义，即限制贸易伙伴的产品进入本国市场，而积极鼓励美国产品进入他国市场；三是与某一国家或地区签订自由贸易协定，建立 FTA。[③]

美国在 20 世纪大都在 GATT 以及后来的 WTO 框架下推进全球自由贸易，区域贸易自由化成果最大的莫过于北美自由贸易区的成立。这是一个具有美国主导、南北合作、战略过渡特点的区域组织，美国打算借助北美自由贸易区，将包括中美洲、南美洲在内的整个美洲整合成像欧盟一样的贸易自由化组织。2006 年是美国推进贸易自由化成果较为丰富的一年，美国与中美洲五个国家达成中美洲自由贸易协定，加上之前的美国—智利自贸协定，和后来与秘鲁、巴拿马、哥伦比亚的自由贸易协定，美国基本完成了整个美洲的自由贸易区整合。进入 21 世纪，美国在亚太地区着手，先后与新加坡、澳大利亚签订双边自由贸易协定，金融危机后又与韩国签订了双边自由贸易协定。另外，美国也与中东、北非五个国家签订了自由贸易协定。美国推进的区域贸易合作有如下特点：一是形成时间多在金融危机之前，一次是 1994 年，一次集中在 2006 年前后，金融危机后只签署三个自由贸易协定；二是地域分布较为散乱，除了北美自由贸易区已经形成一个

① 张敏谦：《美国对外经济战略》，世界知识出版社 2001 年版，第 124—129 页。

② ［美］马丁·费尔德斯坦：《20 世纪 80 年代美国经济政策》，王健等译，经济科学出版社 2000 年版，第 559—567 页。

③ 朱颖：《美国全球自由贸易协定战略》，博士学位论文，上海社会科学院，2007 年，第 37—40 页。

统一整体，中东北非五国、亚太三国都没有形成一个整体，即使是中美洲和南美洲，也只是和美国有双边贸易协定而已；三是合作深度有限，大多数贸易协定限于进一步削减关税、开放特定部门市场等初级阶段。美国在促进贸易自由化的道路上，仍然需要更进一步。

2. 加深对外投资自由化

从不同角度看，国际资本流动与国际贸易存在着替代和互补的关系。国际贸易的发展会促进国际资本的流动，国际资本流动也会推动贸易自由化。在美国已经建成的贸易自由化区域内，不只是促进贸易，还涉及投资部分，实践中的贸易和投资通常呈现一体化态势。

国际资本流动主要表现在对外投资，分为直接对外投资和间接对外投资。根据联合国贸发会议 2014 年《世界投资报告》，美国不管是金融危机前，还是金融危机后，都表现为投资净流出。其中，2005—2007 年三年年均净流出为 250. 82 亿美元，金融危机后，这一数值急剧增加，于 2009 年一跃上升到 1233. 51 亿美元，并于 2011 年达到近些年净值顶峰，为 1697. 19 亿美元，这一年直接对外投资的流入为 2269. 37 亿美元，流出为 3966. 56 亿美元，同时达到了近年来的极值。直接对外投资存量方面，1995 年流出仅为 1 万多亿美元，2013 年则已经超过 6 万亿美元，占比方面，2010—2013 这四年基本可以占 GDP 比重的三分之一；流入则从 1995 年的 1 万亿美元，增长到 2013 年近 5 万亿美元，近三年均占到 GDP 比重四分之一左右。跨国公司是直接对外投资的载体和主体。跨国公司在全球范围内进行配置资源的经营活动，在全球范围内进行贸易和投资。美国跨国公司众多，规模大且质量高。根据地理广度指数（GSI）划分，在全球 50 大金融跨国公司里，美国占据 10 个席位，其中花旗集团以 18646. 6 亿美元的资产位列全球第二位；根据国外资产划分，世界前 100 大非金融跨国公司里，美国公司有 22 个。[①] 参看表 4 – 5：

① UNCTAD, World Investment Report 2013, http://unctad.org/sections/dite_dir/docs/wir2013/wir13_fs_us_en.pdf.

表 4-5　　2010—2013 年美国直接对外投资存量

年份	流入（亿美元）	流出（亿美元）	流入占 GDP 比重（%）	流出占 GDP 比重（%）
2010	33974.11	47667.30	22.70	31.85
2011	35093.59	44999.62	22.61	29.00
2012	39319.76	51911.16	24.33	32.12
2013	49351.67	63495.12	29.43	37.87

资料来源：2013 年联合国贸发会《世界投资报告》。

表 4-5 中的年份数据比较直观呈现的趋势如下列坐标与柱状复合图所示：

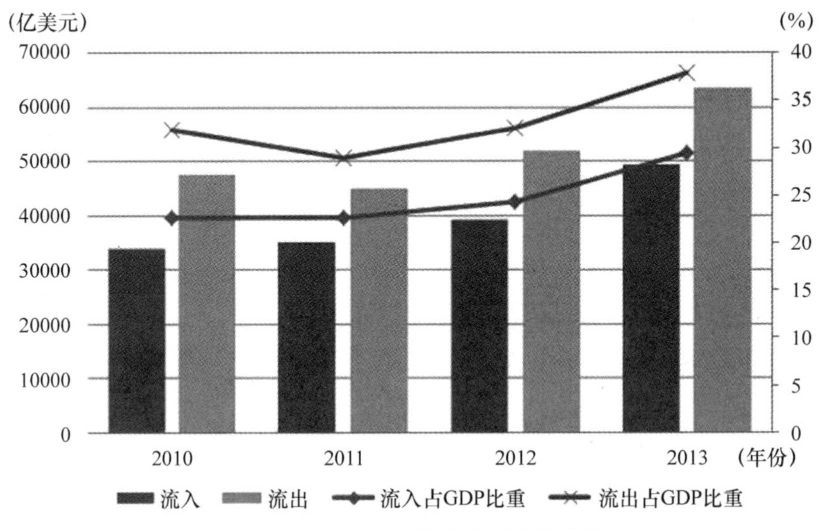

图 4-2　2010—2013 年美国对外投资情况

美国推进的对外投资自由化，以直接对外投资为重点，有如下几个特点：一是规模庞大，与主要国家相比，流量方面的流入流出都高于中国、日本、英国，2012 年的流出甚至超过了整个欧盟，存量方面的流入流出远远高于中国、日本和英国。二是载体甚多，美国的跨国公司数量众多，质量优秀，2013 年财富世界全球企业 500 强中有 132 家美国企业。三是分布广泛，一方面是地域分布广泛，遍布美洲、非洲、大西洋和环太平洋各个国家和地区，另一方面是行业分布广泛，涉及金融、科技、机电、石油化工、运输、零售、食品等各个行业。美国正是通过这种方式，推进对外投资自由化。

3. 强化贸易和投资保障

贸易自由化、对外投资自由化作为主要的战略渠道，无法完全帮助美国实现全球经济战略，美国需要辅助的战略渠道，即对贸易和投资进行保障，才能让其全球经济战略得以全面顺利展开。自美国独立，美国缔造者就在宪法中赋予“作者写作独占权和发明者的发明独占权”，经过两百多年的发展，知识产权保护已然成为经济社会发展不可分割的部分。与其他国家相比，美国的知识产权保护程度非常高，在对外经济中，美国总是遭受其他国家诸如盗版等方面的损害，这对其对外经济造成了一定程度的损失。据统计，美国从事知识产权密集型产业的人数将近3000万人，因此，美国在推进贸易自由化、对外投资自由化的过程中，特别注重知识产权的保护。

除了知识产权保护这一常用的辅助战略渠道，在金融危机后，美国还大力推行劳工健康和安全标准，具体包括：（1）强制性的基本劳工标准；（2）对童工和青壮劳动力的保护，涉及努力去除童工和强制用工现象、消除就业歧视、自由组成工会和联合提高工资、改善工作环境、规定工作时间上限等方面。此外，在推进贸易自由化、对外投资自由化的同时，美国也特别注重环境这一辅助性战略渠道。美国近来推进的TPP，就涵盖环境议题：（1）签订多边环境协议以强制对环境进行保护；（2）对海洋、森林和物种的保护；（3）倡导清洁技术。[①] 当然，美国采用的辅助性战略渠道还不止于此，数字自由、市场透明度、审批授权等都是其在金融危机后努力推进的部分。这些辅助的战略渠道，最终还是为了促进贸易自由化、对外投资自由化这两个主要的战略渠道。

（二）策略

“二战”后，美国确立了美元殖民的战略策略。布雷顿森林体系

① “Values Driving U. S. Trade Policy,” February 18, 2014. http://www. ustr. gov/about - us/press - office/fact - sheets/2014/February/Values - Driving - US - Trade - Policy.

的瓦解，并没有撼动美元作为全球硬通货的地位。从“广场协议”到墨西哥比索危机，再到1997年亚洲金融危机，美国通过美元殖民这一战略策略成功地抑制了竞争对手的发展。中国改革开放取得了巨大成就，美国故伎重施，通过施压人民币升值和放开汇率管制的方式，侵占中国经济发展的成果。[①] 2008年金融危机的爆发，打破了美元作为硬通货的神话，尽管美元在未来很长一段时间内依然充当国际货币的角色，但继续将美元殖民作为美国全球经济战略的策略，美国已经不大可能像危机爆发之前那样得心应手了。

奥巴马政府时期，除了力争保持美元霸权的地位，为了实现其全球经济战略，美国还采取积极推进两洋同盟战略、多边服务业协议这三个战略策略。具体来说，美国以地缘经济为出发点，美国本土作为核心，北美自由贸易区作为依托，构建主体；向西联合环太平洋诸多国家形成一翼，向东联系欧盟国家形成另一翼；与环太平洋国家努力建构TPP，与欧盟推动建立TTIP，与日本、欧盟、澳大利亚、加拿大等主要发达国家商讨建立ISA（或PSA，多边服务业协议），共同形成“一体两翼三策略”的战略策略。“三策略”的内容与推进贸易自由化、对外投资自由化以及贸易和投资保障这三个战略渠道相对应，共同为美国全球经济战略服务。与奥巴马政府意欲打造新的由美国主导的国际经济规则体系相比，特朗普政府执政以来，不是在原有国际经贸规则体系基础上进行修订性地建构新规则和新体系，而是要按照美国意愿，以美国优先为基准，采取了收缩性的“退群”措施，先破坏现有国际经济规则体系，然后有选择性的继承历史遗产，创制新规去打造新的国际经贸体系。特朗普政府退出TPP，瘫痪TTIP谈判进程，退出北美自由贸易区并重新谈判，威胁退出WTO等行动，与奥巴马政府的国际经济外交手段不同，但都是为了美国能够掌控全球经济治理的主导权。只是奥巴马政府的全球经济战略带有“以‘进’为进”倾向，特朗普政府则采取了较为明显的“以‘进’为进”的手法。两者的实质都是为了“进”而维护美国全球利益最大化。

① 吴学云：《美元全球经济殖民战略解析》，中国经济出版社2009年版，第53—169页。

布雷顿森林体系形成的美元殖民的战略策略，其运行方式是美国主导，大国“合作”。美国当前采取的“一体两翼三策略”的战略策略其实也是一个道理，都是为了巩固美国全球霸权地位。但这两种战略策略也存在着区别，美元殖民战略策略通常是隐蔽的，而“一体两翼三策略”则需要公开地与相关国家和地区进行实际谈判。前者操作简单，只需通过金融手段即可达到其战略目的，而后者因为涉及众多国家，谈判进程无法由美国一个国家控制，所以实现起来比较复杂。前者的效果非常显著，每次操作都能攫取巨大利益，而后者现在正在谈判当中，是否能够达成一致协议仍然是个未知数，就算达成一致协议，是否完全符合美国国家利益也不可知。加上现行的“一体两翼三策略”尚不包括中国、印度、俄罗斯等富有活力的新兴经济体，具体效果有待检验。参看表4－6：

表4－6　　美国金融危机前后战略策略对比

项目＼策略	美元殖民战略策略	“一体两翼三策略”
透明度	隐蔽	公开
可操作性	简单	复杂
效果	显著	有待检验

资料来源：作者通过比较总结所得。

（三）实施

美国全球经济战略的顺利实现，有战略基础、战略渠道和战略策略还不够，还需要对其进行战略保障。只有有效的战略保障，才能巩固战略基础、丰富战略渠道、维系战略策略。

战略保障之一是对外经济援助。美国的对外经济援助受其外交传统的影响，在不同时期带有“现实主义”和“理想主义”的色彩。冷战后，世界经济高速发展，美国虽为超级大国，但在经济领域却不能一家独大，当相对实力受到削弱的时候，美国的对外经济援助必然带有浓厚的“现实主义”色彩。对外经济援助作为美国全球经济战略的保障，主要表现在：一是获得他国廉价原料与资源；二是培育市场，促进美国商品和服务出口；三是改善投资环境，增加对外投资。[①]作为战略保障，对外经济援助最为明显的特征就是“束缚性援助”，即美国在对外经济援助中通常附加一些条款，比如他国需购买美国生产的商品和提供的服务。

战略保障之二是经济制裁。经济制裁作为美国全球经济战略的保障，并不是一个常用的手段，制裁的对象也比较少，比如古巴、伊朗、朝鲜、叙利亚等。在美国看来，这些国家在政治上被认为是极有可能威胁到美国国家安全，在外交上被认为是缺乏民主法治，从而在经济上被认为是美国推行全球经济战略的阻碍。尽管有限地使用经济制裁牌，但作为一个威慑性的战略保障，还是对其他国家形成了一定影响。

战略保障之三是政治与外交。正如美国历年《国家安全战略》的布局，美国的全球经济战略向来都不是单独的，总是与政治、外交战略组成有机统一体。在经济全球化、区域经济一体化的背景下，世界各国的竞争主要体现在经济领域，政治与外交作为经济战略的保障成为一种必然。美国通过军事打击、军事威胁的政治战略，连同带有美国价值观的外交战略，保障经济利益诉求、经济目标实现、经济实力巩固、国际环境安全，保障贸易自由化、对外投资自由化的畅通，保障“一体两翼三策略”的实施。当然，经济战略反过来也作用于政治、外交战略。经济战略的顺利达成，可以巩固政治战略的基础，可以增强外交战略的吸引力。这三个战略相互策应，共同推进美国的全球战略的实践。

四　小结

认识奥巴马政府时期美国推行的全球经济战略——改造全球经济秩序，一方面，是理解中国作为全球第二大经济体如何应对美国的全球经济战略调整带来影响的前提条件。另一方面，也是在新形势下人

---

① 娄亚萍：《战后美国对外经济援助研究》，上海人民出版社 2013 年版，第 95—98 页。

们预测中美两国如何在竞争与合作中寻求各自的全球经济战略平衡的基础。2008 年金融危机的爆发及其后的国际经济动荡，促使国际格局变化，在面临新的国内经济困境与国际经济环境挑战下，美国有必要因势利导地进行全球经济战略的调整。从上文的分析可以得出，美国已经由依托其主导建立的国际秩序实施美元殖民战略，转变为从强化国内经济建设出发，实施以美国本土为中心链接两洋同盟的全球经济战略改造。当然，美国的战略不会止步于两洋同盟，两洋同盟战略只是与美国产生直接链接效应，借助两洋同盟以及美国自身对外经济援助与制裁，美国可以影响全世界经济与政治运行。因此，金融危机爆发以来，美国推行的“一体两翼三策略”、重新塑造以美国利益为中心的世界经济秩序，是为了巩固全球经济霸主的地位、实现美国的经济利益诉求。

第二节 美国推动两洋同盟经济合作调整的动因

——基于引力模型的分析

虽然 2016 年年底美国总统大选结果出炉及 2017 年初特朗普执政以来的美国对外战略实践时间较短，但是，由于特朗普总统对奥巴马总统时期的许多重大外交举措进行了具有轰动效应的抛弃、修订和另起炉灶，国内外学术界尤其对奥巴马执政时期的 TPP、TTIP 及《巴黎气候协定》被特朗普抛弃和冷落而出现了放弃研究的总体趋势。

实际上从特朗普宣示就职到本书修订截稿时，尚不足五年。这么短的时间内，国内外主流学界就表现出放弃研究 TPP、TTIP 等奥巴马总统时期的重大外交政策，这不是从一个较长历史阶段来判断国际关系变化，而是追逐时尚的短视研究行为。

2008 年爆发国际金融危机以来，美国对其全球经济政治战略进行大调整，其中经济战略调整主要表现在美国推动建立 TPP（跨太平洋伙伴关系协议）和努力构建 TTIP（跨大西洋贸易与投资伙伴协议）。近年来，人们对美国两洋同盟的经济战略调整研究不断深入，形成了一些新成果，产生了一些有益的启示。本研究构建了发达国家对世界的贸易引力模型，以模拟出来的线性回归方程为基础，测度美国对其他各国的贸易流量和出口潜力数据，根据这些数据，对比分析其推进大西洋同盟和亚太同盟不同的直接经济动因：第一是美国推动TTIP主要是为了促进美欧贸易；第二是美国推动TPP主要是出于亚太“再平衡”的经济战略考虑。在此基础上，分析其中蕴藏的间接经济动因：（1）遏制以中国为代表的美国臆想的竞争对手；（2）金融危机后的经济战略重心转移；（3）美国推动两洋同盟战略最终是为达到其全球经济战略。

相较于奥巴马政府十年外交的实践，特朗普执政以来外交举措尽管具有轰动性，但其中的自我反悔与修订也同在。从近四年的新政府执政及其与国际格局变化的关系来确定美国外交战略的未来走向，要得出一个科学的结论未免过于急躁。相反，我们要从一个相对较长的实践过程来研究其走势与可能。

一　两洋同盟发展进程及美国面临的挑战

（一）两洋同盟发展进程

1. 大西洋同盟

“二战”后美国与欧洲逐步建立紧密的经济联系，以援助希腊、土耳其为开始，到“马歇尔计划”的实施，美国与欧洲因为战后援助，建立了不可割断的经济联系。冷战期间，通过北约（NATO）①、经济合作与发展组织（OECD）、G7（后来的G8）以及WTO，美国和欧洲共同参与各种类型的多边经济合作，为TTIP的提出打下了坚实的基础。1990年美国和欧共体发表《跨大西洋宣言》，1995年签

① 北约一般被学界看成政治机器，尤其被看成军事联盟。其实北约也具有经济功能，主要是在成立时，由于加拿大的坚持，在盟约第二条规定了经济方面的内容，促进成员国之间的贸易与投资等。参看：Colin Robertson，*A Primer to the Wales NATO Summit*：*NATO*，*summit agenda*，likely results，Canadian interest，Canadian Defence & Foreign Affairs Institute，September，2014，p. 1。

署《新跨大西洋议程》，1998 年签订《跨大西洋经济伙伴协定》，这三个跨大西洋协议的签署，巩固了美欧同盟关系。[①] 进入新世纪，美国前总统小布什和德国总理默克尔推动成立“跨大西洋经济理事会”，并签署《跨大西洋经济一体化计划》，推动在知识产权、贸易安全、金融市场、技术创新和投资等领域的合作。[②] 2011 年由欧盟贸易委员和美国贸易代表两方牵头组成“促进工作与经济增长高级别工作组”，研究双方区域经济一体化的可行性。该小组于 2013 年 2 月 11 日发布最终报告，建议美欧应该发起可理解的、目的明确的谈判，并协商双边贸易及投资问题。[③] 两天后，美国总统奥巴马和欧洲理事会主席范龙佩、欧盟委员会主席巴罗佐发表联合声明，双方将启动“跨大西洋贸易与投资伙伴协议”的谈判，TTIP 呼之欲出。

2. 环太平洋同盟

此前美国参与亚太经合组织，并且和环太平洋地区的加拿大、墨西哥、澳大利亚、韩国、日本等重要国家都有着双边或多边的经济、军事合作，但整个亚太地区始终没有形成一个统一的整体，美国在这些合作中也并非完全占据主导地位。2005 年以文莱、智利、新西兰和新加坡发起的 P4 成为美国的跳板，2008 年奥巴马政府决定正式参与 TPP 谈判，同时邀请澳大利亚和秘鲁等一起参加。2010 年越南和马来西亚的加入，使 TPP 成员扩大到 9 个，形成所谓 P9。2012 年墨西哥、加拿大的加入，2013 年日本的正式加入，再次壮大了 TPP 的规模，韩国也于去年宣布申请加入 TPP 谈判，使美国推进的环太平洋同盟更有竞争力。[④] 迄今为止，TPP 已经进行了多轮谈判，最近的一次谈判涉及近 30 项议题，报告显示其中 9 项已经达成

---

① Mark A. Pollack, “The Political Economy of the Transatlantic Partnership”, *Robert Schuman Centre for Advanced Studies*, June, 2003, p. 5.

② http: //trade. ec. europa. eu/doclib/docs/2007/may/tradoc_ 134654. pdf.

③ http: //trade. ec. europa. eu/doclib/docs/2013/february/tradoc_ 150519. pdf.

④ 全毅：《TPP 对东亚区域经济合作的影响：中美对话语权的争夺》，《亚太经济》2012 年第 5 期。

一致协议。[①]

（二）美国面临的挑战

近年来，美国在国际组织中的话语权有所弱化。2006 年，美国在 IMF 中的投票权占 17.5%，拥有一票否决权，但对于这种制度的改革呼声非常强烈，很多学者都呼吁对投票权进行再衡量，让每一个国家得到应有的话语权。[②] 2008 年 IMF 理事会批准对投票权进行改革，旨在减少发达国家的投票权，以增加发展中国家的话语权。根据 IMF 最新公布的数据，美国在 IMF 的投票权已经降到了 16.75%。相应地，欧盟 28 国在 IMF 的投票权占到了 31.14%，“金砖五国”则增长到了 11.03%。[③] 虽然投票权依然超过 15%，但美国为了权衡各方利益，这种话语权已经明显地有所弱化。

新兴国家的崛起，尤其是“金砖五国”的突起，使得美国从既有国际秩序中得到的利益相对减少。2010 年到 2012 年，“金砖五国”的商品贸易出口额基本是美国商品贸易出口额的两倍，且倍数差距逐年略微扩大。新兴经济体在世界贸易份额中的上升，使其积极参与 WTO 谈判和贸易争端解决，这对美国的经济和贸易政策产生巨大影响。[④] 2008 年金融危机后，金砖国家成为世界经济发展的引擎；金砖国家在 WTO 关于服务业和农业的谈判中也成为重要力量；金砖国家还是关于全球气候变化和可持续发展讨论中的重要参与者。[⑤] 以“金砖五国”为代表的新兴国家已然成为改变国际秩序的重要驱动力。相应地，美国从现有的国际秩序中得到的利益受到了相当程度的削弱。

---

① Ian F. Fergusson, Mark A. McMinimy, and Brock R. Williams, “The Trans-Pacific Partnership (TPP) Negotiations and Issues for Congress”, *CRS Report*, Mar 20, 2015.

② Dennis Leech, “Voting Power in the Governance of the International Monetary Fund”, *the Annals of Operations Research*, vol. 109, 2002, pp. 373 – 395.

③ http://www.imf.org/external/np/sec/memdir/members.aspx.

④ Raymond J. Ahearn, “Rising Economic Powers and U.S. Trade Policy”, *CRS Report for Congress*, December 3, 2012.

⑤ Carlos Frederico and Pereira da Silva Gama, “Assemblages of a Shifting World Order: the Rise of BRICS and Multilateralism”, BISA, 2013.

区域经济一体化不断强化，使美国难以直接插足地区事务。“二战”后启动的“马歇尔计划”，名义上是帮助欧洲复苏经济，并且也如马歇尔本人所说“美国的援助计划必须基于欧洲国家确保共产党不进行暗中破坏或对援助使用不当”[①]，带有遏制苏联战略的成分，但最终还是为了促进美国商品和资本对西欧的输出，通过经济手段插足西欧事务。冷战结束后，美国调整对外援助政策，从对东欧各国民主转型国家的援助[②]，到“9·11”事件后将经济援助与反恐相配合，[③] 美国无暇顾及两洋，尤其是大西洋彼岸的西欧。而欧洲在恢复经济的同时，形成了统一市场，创建了经济货币同盟及统一货币，产生了有效的政策协调机制。[④] 这三个重要的成就，使欧洲的独立性越来越强，逐渐摆脱美国对本地区事务的管控。同样，在亚太地区，东盟的发展、中国—东盟自由贸易区的建成、中日韩拟商讨建立 FTA 等一系列区域经济一体化进程，让美国在环太平洋经济圈的影响力相对趋弱。

话语权的弱化、新兴国家的崛起以及区域一体化的加强，驱使美国寻求新途径来改变现有国际体系，以达到保障自身全球利益的目的。虽然美国与加拿大、墨西哥组成了北美自由贸易区，但不像欧盟从最开始就将长远视角和商业实际相结合，现在变成了一个松散的双边协议。欧盟区域经济一体化的成功，给美国上了很好的一课。经济联盟具有多米诺骨牌效应，一旦主要国家形成经济联盟，其他国家会紧随其后。[⑤] 在全球经济领导权受到威胁时，[⑥] 美国积极在其本土东西两翼推进高标准的投资和贸易协定，向东跨大西洋与欧盟努力构建

① U. S. Department of State, “Foreign Relations of the United States (FRUS)”, 1947, vol. 3, Washington, D. C.: U. S. Government Printing Office, 1972, p. 221.

② 张敏谦：《美国对外经济战略》，世界知识出版社 2001 年版，第 350 页。

③ USAID, “Foreign Aid in the National Interest”, Washington, D. C., 2002, p. 1.

④ Ministry of Finance Japan, “Study on Regional Economic Integration in Asia and Europe”, http://www.mof.go.jp/english/international_policy/convention/asem/tyou059.pdf.

⑤ Richard E. Baldwin, “Sequencing and Depth of Regional Economic Integration: Lessons for the Americas from Europe”, *World Economy*, Vol. 31, Issue 1, January 2008, pp. 5 – 30.

⑥ Caroline Freund, Our Global Economic Leadership Is at Stake, Mar, 2015. http://bolgs.piie.com/trade/?p=162.

TTIP（跨大西洋贸易与投资伙伴协议），向西与环太平洋国家建构TPP（跨太平洋伙伴关系协议），共同营造以美国为链条中心的全球经济一体化格局，最终巩固其全球经济霸主的地位。

二　相关研究

（一）关于大西洋两岸经济联盟的研究

针对大西洋两岸经济联盟的研究，主要集中在两方面：（1）大西洋两岸经济联盟面临的困境。美欧经济联盟存在于经济、政治和安全联盟框架之下，组成的双边贸易关系困境突显。① 美欧贸易和投资的主要问题在于三个方面：一是监管障碍中的争端；二是WTO争端解决机制问题上的分歧；三是长期存在的竞争关系。② 为了解决这些问题，有必要通过建立美欧FTA，以达到贸易创造和贸易转移效应。③（2）对不同情景下的大西洋两岸经济联盟的效果进行定量分析。有学者通过CGE模型计算，一方面，考虑单独降低关税、推进服务业或政府采购；另一方面，模拟双方FTA情景时，分别降低10%和25%非关税壁垒成本，对双方经济的影响。测算结果表明，如果降低美欧贸易和投资壁垒，欧盟GDP将增长680亿—1190亿欧元，美国的GDP将增长500亿—950亿欧元。④ TTIP谈判涉及市场准入、监管问题和具体规则（包括投资、知识产权保护、劳工和环境、21世纪新问题），最新的议题涵盖商品和农产品的关税、服务业、电子贸易和电子商务、政府采购、投资、知识产权保护等多方面，这些都有利于双方贸易和投资的发展。⑤ 研究者通过“全面协议”的情景模拟，

---

① Marcel Kordos, "Issues and Challenges of the US-EU Economic Relations", *Economics and Management*, 2014. 19 (1), p. 12.

② Raymond J. Ahearn, "European Union-U. S. Trade and Investment Relations: Key Issues", *CRS Report for Congress*, February 14, 2008.

③ William H. Cooper, "Free Trade Agreements: Impacts on U. S. Trade and Implications for U. S. Trade Policy", *CRS Report*, February 26, 2014, pp. 8 – 10.

④ Joseph Francois, "Reducing Transatlantic Barriers to Trade and Investment", *Centre for Economic Policy Research*, March 2013, pp. 95 – 96.

⑤ Shayerah Ilias Akhtar and Vivian C. Jones, "Proposed Transatlantic Trade and Investment Partnership (TTIP): In Brief", *CRS Report*, July 23, 2013, pp. 6 – 9.

展示贸易效应的结构性计量经济学估计，得出如下结论：全面贸易自由化将使美欧贸易创造效应增长 79%；全面贸易自由化也有利于国家间的贸易转移；TTIP 有助于提高各个国家的福利水平，其中美国获益最大。[①] TTIP 为美国经济政治提供难得的机遇，表现在：应对中国及新兴工业化经济体的威胁；为修复规则导向型的多边经济体制提供模板；成为美国外交政策新基石。[②]

（二）环太平洋经济联盟筹划的研究

美国与亚太地区的联系至少已有二百多年的历史，从 19 世纪末期到 20 世纪近一百年期间，美国还采取种族歧视的移民政策，但到 20 世纪 60 年代中期新移民标准的建立，数以百万计的亚裔人移居到美国。从第二次世界大战到冷战结束，美国在亚太地区的军事、经济和外交，都有其国家利益所在，并且基本占据主导地位。[③]

对环太平洋经济联盟的研究集中体现在以下几个方面：（1）亚太地区崛起及美国在该区域面临的挑战。过去的 20 年，亚洲区域经济一体化不断增强，已经建立了亚太经合组织、东亚峰会、东盟、中国—东盟自贸区等，美国参与了前两个，后两个没有参与。即使美国想建立囊括所有亚洲国家的东亚共同体，包括经济、安全、社会文化等方面，亚洲国家可能也不希望美国参与。[④] 另外，中国经济的崛起，着实给美国在亚太地区的主导地位带来了巨大的冲击。[⑤] 更为重要的是，奥巴马政府面临两大挑战：一是金融市场混乱对美国以及世界经济的负面影响，比如 2008 年金融危机仅当

① Gabriel J. Felbermayr and Mario Larch, "The Transatlantic Trade and Investment Partnership (TTIP): Potentials, Problems and Perspectives", CESifo Forum 2/2013 (June), pp. 49 – 60.

② Ernest H. Preeg, "A U. S. —EU Free Trade Agreement: Far-Reaching Opportunities for U. S. Economic and Foreign Policy Interests with Technology-Intensive Manufacturing at Center Stage", *MAPI*, April 2013, PA – 120.

③ Robert G. Sutter, *et al.*, "Balancing Acts: The U. S. Rebalance and Asia-Pacific Stability", Elliott School of International Affairs, August 2013.

④ Han Sung-Joo, *et al.*, "America's Role in Asia", 2008, pp. 1 – 9, 117.

⑤ Robert G. Sutter, "China's Rise: Implication for U. S. Leadership in Asia", East-West Center Washington, 2006, pp. 1 – 16.

年就造成近万亿美元的损失；二是国内政治环境致使难以形成系统的贸易政策，比如多哈回合停滞不前，东盟努力将东盟自贸区作为区域中心系统推进时，美国只和新加坡签订了自由贸易协定，由于政治上难以协调一致，和其他几个亚洲国家的谈判已经停滞。① 近年来，中日在钓鱼岛有争端，中越在南海的西沙群岛有争端，以及中菲黄岩岛争端等一系列问题，使得 TPP 一旦失败，影响的不只是美国的经济，更会威胁到美国认为的安全。② 除了原有的挑战，当前美国还面临一些两难，包括美国的执着认真态度极有可能影响到与其他国家的双边贸易关系、TPP 在国内并不一定会得到准许、美国需要妥协折中方有可能达成最终协议。③（2）美国“重返”亚洲及亚太“再平衡”战略。战后美国对于区域一体化的政策是基于美国国家利益的，美国认为，区域一体化不应该破坏国际体系，不应该损害美国和其盟国的安全关系，不应该由美国敌对势力控制。④ 基于此，美国前国务卿希拉里在 2009 年访问泰国时，郑重宣布美国将“重返”亚洲。而由新西兰、新加坡、智利和文莱四国发起的 P4，理所当然地成了美国“重返”亚洲的有力跳板。以 2011 年秋季奥巴马政府一系列讲话为标志，美国正式提出了亚太“再平衡”战略。刚开始这个战略更多的是强调军事领域的再平衡，限于中国与美国亚太地区盟国的海洋争端，奥巴马政府在 2012 年下半年弱化了军事再平衡，更多强调经济和外交再平衡。除了增加 7% 对亚太地区的援助，还积极推进区域经济和地缘政治相结合的 TPP。⑤

① Marcus Noland, “U. S. Economic Policy Toward Asia for the Incoming Administration”, America's Role in Asia, 2008, pp. 101 – 113.

② Claude Barfield, The Trans-Pacific Partnership and America's Strategic Role in Asia, Mar, 2015. http://www.aei.org/publication/trans – pacific – partnership – america – strategic – role/.

③ Brad Glosserman, America's TPP Dilemmas, Apr, 2015. http://csis.org/publication/pacnet – 20 – americas – tpp – dilemmas.

④ Ellen L. Frost, “America's Role in Engaging with Asia's New Regionalism”, America's Role in Asia, 2008, pp. 115 – 129.

⑤ Robert G. Sutter, *et al.*, “Balancing Acts: The U. S. Rebalance and Asia-Pacific Stability”, Elliott School of International Affairs, August 2013.

（3）美国加入TPP的立足点和落脚点。从最初的P4，到美国于2009年高调宣布扩大跨太平洋伙伴关系计划，形成的P9，美国借助现有的TPP，推行自己的贸易议题，开始全方位主导TPP谈判。TPP对美国和整个世界的重要性在于，这里居住着全球40%的人口，每年生产出全球GDP的近60%，还包括一些当今高速增长的经济体。美国主导的TPP，有其自身的立足点：一是达成一个全面和高标准的区域自由贸易协定；二是在亚太地区为建立贸易自由化提供广阔平台；三是使美国在新出现的贸易问题上具有规则制定权。[①] TPP充当美国战略目标的落脚点，一是北美自由贸易区的扩张；二是美国亚太"再平衡"战略的途径。TPP成员国与亚太经合组织、东盟以及其他亚太区域自由贸易协定中的成员国有所重合，TPP应该注重经济价值，而非地缘政治目的，应该对所有亚太国家开放，如果TPP包括中国，那将成为真正意义上的亚太自由贸易区。[②]（4）对建成TPP后各国能够获得利益的定量分析。有学者对TPP的经济影响和亚太模式进行量化研究，采用全球贸易和投资的现代化模型，定义协议将在亚太经合组织的21个成员国中产生，形成亚太自贸区，结果表明：①到2025年，TPP模式每年可以获得2950亿美元的收益，亚太模式可以获得5000亿美元收益，与此同时，区域贸易自由化将达到19220亿美元，即世界GDP将增长1.9%。②亚太自贸区将使得世界贸易增长12%。③美国将从TPP模式中每年获取780亿美元收益，而从扩大的区域贸易自由化中每年将获得2670亿美元。[③] 也有学者对此持怀疑态度，认为亚太地区形成贸易集团，将使GDP增长2%—3%是对TPP的过高估计。这位学者运用GTAP方法，分别模拟TPP9、TPP12、TPP12＋中国这三

① Brock R. Williams, "Trans-Pacific Partnership (TPP) Countries: Comparative Trade and Economic Analysis", CRS Report, June 10, 2013, p. 1.

② Ian F. Fergusson, *et al.*, "The Trans-Pacific Partnership (TPP) Negotiations and Issues for Congress", CRS Report, December 13, 2013, pp. 4–6.

③ Peter A. Petri and Michael G. Plummer, "The Trans-Pacific Partnership and Asia-Pacific Integration: Policy Implications", Peterson Institute for International Economic, Number PB12–16, June 2012, pp. 5–8.

种情景，得出结论：①TPP9 情况下，贸易自由化不仅对整体及各个国家的 GDP 有很小的影响，而且还对部分国家的 GDP 存在反向作用，非 TPP 国家由于贸易转移效应的存在，其 GDP 会有轻微的下滑。②TPP12 情景下，日本的加入，并没有给美国带来巨大利益，非 TPP 国家的经济损失比 TPP9 情景下更大。③TPP12 + 中国时，中国的加入对 TPP 成员国有利有弊，一方面，中国是最大获益者，美国的 GDP 也会有所增长，如果从经济角度来衡量，美国更应该邀请中国而非日本加入 TPP；另一方面，中国的加入也会降低部分国家的 GDP，因为中国会和这些国家共同分享美国的市场份额。[①]

（三）学术评价

在对两洋同盟战略分析的内容上，多从军事、经济、外交这三方面来论述，同时注重从美国角度研究其立足点。方法上，以定性描述居多，也有部分定量方法。评估区域贸易自由化常见的定量方法有产业竞争力模型、引力模型、投入产出模型以及 CGE 模型。在贸易流量和出口潜力的测度中，引力模型具有一定的优势。引力模型最初思想来源于牛顿万有引力定律，即任意两个物体间都存在引力，其大小与物体质量成正比，与物体间距离的平方成反比。20 世纪 60 年代，由 Tinbergen 和 Pöyhönen 最早应用于国际贸易量的研究。[②] 随后，Linnemann 采用瓦尔拉斯均衡方法，将人口这一变量加入模型，Bergstrand 对其进行了完善。[③] 在贸易理论基础上，Bergstrand 基于 H－O 模型和 Linder 假设、Deardorff 基于 H－O 模型、Evenett 和 Keller 基于规模报酬递增及垄断竞争的 H－O 模型进行相关研究，为引力模型找

---

① Inkyo Cheong, "Negotiations for the Trans-Pacific Partnership Agreement: Evaluation and Implications for East Asian Regionalism", ADBI Working Paper Series, No. 428, July 2013, pp. 9－13.

② Tinbergen J, "Shaping the World Economy: Suggestion for an International Economic Policy", New York: The Twentieth Century Fund, 1962. & Pöyhönen P, "A Tentative Model for the Flows of Trade Between Countries", Weltwirtschaftliches Archiv 90 (1), 1963.

③ Linnemann Han, "An Econometric Study of International Trade Flows", Amsterdam: North-Holland, 1966. & Bergstrand J. "The Gravity Equation in International Trade: Some Microeconomic Foundations and Empirical Evidence", Review of Economics and Statistics, 1985, 67: 474－481.

到了贸易理论基础。[①] 在具体应用上，研究者不断加入人均收入、开放度、区域贸易协定、语言等解释变量，以使引力模型的拟合程度更贴近现实情况。[②]

之前的研究通过模型模拟，得出美国推动建成 TTIP 和 TPP 都会获得显著增长的经济利益，在分析原因时，大多从单独角度来剖析，较少有学者同时研究美国推动 TTIP 和 TPP 的不同原因。尽管研究了由大西洋向亚太地区的地域性战略转移，但很少考虑到美国自金融危机以来的经济战略重心转移。虽然剖析了美国与欧盟的经济联盟战略、亚太“再平衡”战略，但较少将两者联系起来全面分析美国全球经济战略。本研究构建发达国家对世界的贸易引力模型，以模拟出来的线性回归方程为基础，测度美国对其他各国的贸易流量和出口潜力数据，根据这些数据，对比分析其推进大西洋同盟和亚太同盟不同的直接经济动因，并在此基础上，分析其中蕴藏的间接经济动因。

三 模型与实证

（一）模型

基本引力模型的自然对数表达式为：

$$\ln X_{ij} = \beta_0 + \beta_1 \ln Y_i + \beta_2 \ln Y_j + \beta_3 \ln(Y_i/P_i) + \beta_4 \ln(Y_j/P_j) + \beta_5 \ln D_{ij} + \mu_{ij} \tag{1}$$

本研究引入外贸依存度、语言以及双边贸易协定三个变量，得到扩展的引力模型表达式：

---

① Bergstrand J. “The Generalized Gravity Equation, Monopolistic Competition, and the Factor-Proportions Theory in International Trade”, Review of Economics and Statistics, 1989, 71: 143-153. & Deardorff A. “Determinants of Bilateral Trade: Does Gravity Work in a Classical World?”, NBER working papers 5377, 1995. & Evenett S and W. Keller, “On Theories Explaining the Success of the Gravity Equation”, Journal of Political Economic, 2002, 110: 281-312.

② Lawrence Robert Z, “Does Japan Import Too Little: Closed Minds or Markets?”, Brookings Papers on Economic Activity, 1987, (2): 517-554. & Frankel Jeffrey A., et al., “Regional Trading Blocs in the World Economic System”, Washington DC: Institute for International Economics, 1997.

$$\ln X_{ij} = \beta_0 + \beta_1 \ln Y_i + \beta_2 \ln Y_j + \beta_3 \ln(Y_i/P_i) + \beta_4 \ln(Y_j/P_j) + \beta_5 \ln D_{ij} + \beta_6 \ln Z + \beta_7 LAN + \beta_8 FTA + \mu_{ij} \quad (2)$$

其中因变量为出口国 i 对进口国 j 的商品出口额（百万美元），解释变量的含义、预期符号以及理论说明，下面的表 4－7 中有所说明。

表 4－7　**解释变量的含义、预期符号及理论说明**

解释变量	含　义	预期符号	理论说明
Y_i	出口国 i 的名义国内生产总值（百万美元）	+	代表了一国的出口供给能力，出口方经济规模总量越大，潜在出口能力和双边贸易流量越大
Y_j	进口国 j 的名义国内生产总值（百万美元）	+	代表了一国的进口需求能力，进口方经济规模总量越大，潜在进口能力和双边贸易流量越大
Y_i/P_i	出口国的人均国内生产总值（美元），P_i 为出口国的人口数（百万人）	-	反映出口国人均收入，进而反映需求，人均水平越高，出口国国内需求越大，贸易流量越小
Y_j/P_j	进口国的人均国内生产总值（美元），P_j 为出口国的人口数（百万人）	+	反映进口国人均收入，进而反映需求，人均水平越高，进口国需求越大，贸易流量越大
D_{ij}	两国之间的物理距离（千米）	-	物理距离反映运输成本，一般来说，距离与贸易流量呈反向关系
Z	进口国的外贸依存度	+	反映进口国的开放程度，与贸易流量呈正向关系
LAN	虚拟变量，进口国是否以英语作为官方语言，是取 1，否则取 0	+	当使用英语作为官方语言时，贸易谈判成本会下降，与贸易流量呈正向关系
FTA	虚拟变量，两国是否缔结双边贸易协定，是取 1，否则取 0	+	自由贸易协定与贸易流量一般呈正向关系

（二）样本及数据

1. 样本

到本成果完稿时，由于 2014 年部分国家间的贸易量尚未公布，为了保证数据充足性，本部分内容选用 2013 年发达国家对两洋同盟的出口贸易流量的截面数据，利用普通最小二乘法进行回归测算，结果可以表明一个“典型”的发达国家（即美国）贸易出口的决定方程。选取的发达国家包括美国、加拿大、日本、德国、英国、法国、澳大利亚等 7 个国家；大西洋同盟以欧盟 28 个成员国为样本；[①] 亚太同盟则以参与 TPP 谈判的 12 个成员国为样本。[②] 除去本国对本国的出口，本研究的实际观察样本容量共计 274 个。

采用上述样本，主要基于加拿大、墨西哥、日本、德国、韩国、英国、法国、荷兰及意大利等国均为美国 2013 年排名前 15 的贸易出口方，大西洋同盟的 28 国和亚太同盟的 12 国所有出口量占美国 2013 年出口的 63.56%[③]。另外，选取的发达国家不管是在经济总量，还是在经济结构和发展方式上，均和美国有类似的地方，这样有利于对美国的国别出口潜力进行估算和分析。

2. 数据来源及说明

两国之间的双边商品贸易流量（即出口国 i 对进口国 j 的出口额）数据来源于联合国商品贸易统计（UN comtrade）；2013 年各国 GDP 和人均 GDP 来自国际货币基金组织的《世界经济展望》；两国之间的距离以两国首都为点，通过 www. indo. com 中的 Distance Calculator 计算而来；外贸依存度根据各国进出口额以及上述 GDP 计算而来；是否使用英语作为官方语言根据各国地理简介整理而来；是否缔结双边贸易协定则是按照世界贸易组织的 RTA 数据库进行整理。

（三）模型回归结果

首先，对基本方程（1）进行回归，五个解释变量中，只有进口国的人均国内生产总值不显著，其他四个解释变量在 1% 的显著性水平下都通过了检验。根据冗余变量检验，将进口国的人均国内生产总值这一解释变量剔除，得到的新回归方程中，四个解释变量均通过了 1% 显著性水平下的检验。另外，这两个回归的拟合优度和 F 统计量

① 克罗地亚于 2013 年 7 月 1 日正式成为欧盟第 28 个成员国，为了方便计算和分析，本文假设该国于 2013 年年初就已经是欧盟成员国。

② 韩国于 2013 年宣布研究加入 TPP 谈判，并且已经与其他各国展开双边预备谈判，所以本文默认为该国于 2013 年年初就成为 TPP 谈判国。详见 2014 年 3 月 28 日，中国社会科学网（http：//www. cssn. cn/gj/gj_ gjwtyj/gj_ sjjj/201403/t20140328_ 1049097. shtml）。

③ 美国统计署（http：//www. census. gov/）。

都比较理想，DW 值略微偏小。

其次，根据扩展方程（2），将所有解释变量全部包括在内，得到第三个回归方程（3）。同样地，只有进口国的人均国内生产总值不显著，其他解释变量均通过了显著性检验。按照冗余变量检验和逆向剔除法，对解释变量进行筛选，在剔除进口国人均国内生产总值这一解释变量后，所有解释变量都通过了显著性检验。并且，拟合优度和 F 统计量都很理想，DW 值也有所提高。因此，本研究将采用扩展回归方程（4）作为模拟美国对各国贸易潜力的基础。见表 4-8：

表 4-8　**不同形式的回归结果**

	基本回归方程		扩展回归方程	
	（1）	（2）	（3）	（4）
$\ln Y_i$	1.01 (10.57)***	1.00 (10.54)***	1.11 (12.68)***	1.11 (12.70)***
$\ln Y_j$	0.99 (21.74)***	0.98 (22.48)***	1.08 (20.44)***	1.08 (21.63)***
$\ln(Y_i/P_i)$	-1.55 (-3.60)***	-1.57 (-3.67)***	-1.11 (-2.77)***	-1.11 (-2.78)***
$\ln(Y_j/P_j)$	-0.09 (-0.96)		-0.03 (-0.32)	
$\ln D_{ij}$	-0.99 (-13.75)***	-0.98 (-13.75)***	-0.57 (-6.64)***	-0.57 (-6.71)***
$\ln Z$			0.34 (2.43)**	0.34 (2.41)**
LAN			0.34 (2.51)**	0.33 (2.50)**
FTA			1.34 (7.38)***	1.35 (7.58)***
常数项	5.73 (1.15)	5.25 (1.06)	-6.51 (-1.35)	-6.75 (-1.41)
调整后 R^2	0.78	0.78	0.82	0.82
DW 值	1.30	1.30	1.52	1.52
F 统计量	187.43	234.12	150.65	172.74

说明：括号里为 t 统计值；*** 表示符合 1% 的显著性水平，** 表示符合 5% 的显著性水平。

（四）美国的出口潜力测算

根据模型回归出来的方程，测算美国对样本国家的出口潜力，用实际值与模拟值的比值来说明出口潜力。如果大于1，说明“贸易过度”；反之，则说明“贸易不足”。

总体上，美国对样本国家处于“贸易不足”状态，对亚太12国表现为“贸易过度”（1.40），而对欧盟28国则是“贸易不足”（0.65）。40个样本国家的出口潜力排名中，最高为文莱（5.36），最低为斯洛伐克（0.16）。在欧盟28国中，除了对马耳他（3.98）、比利时（3.95）、荷兰（3.44）、卢森堡（1.95）、爱尔兰（1.73）、立陶宛（1.56）和拉脱维亚（1.12）这七个国家存在“贸易过度”，美国对其他欧盟国均存在不同程度的“贸易不足”。在亚太12国中，除了对澳大利亚（0.51）、加拿大（0.75）和韩国（0.87）存在“贸易不足”，美国对其他亚太国家都处于“贸易过度”状态。参见表4－9：

表4－9　**美国对两洋同盟各国的出口潜力**

进口国	实际值	模拟值	实际值/模拟值
所有样本国家	1002988.76	932099.76	1.08
欧盟28国①	263816.90	404990.32	0.65
奥地利	3528.26	5219.73	0.68
比利时	31720.28	8037.30	3.95
保加利亚	312.56	584.31	0.53
塞浦路斯	143.19	255.05	0.56
克罗地亚	308.44	590.47	0.52
捷克共和国	1944.02	2708.64	0.72
丹麦	2231.38	5788.95	0.39
爱沙尼亚	293.44	388.75	0.75
芬兰	2356.54	2906.58	0.81

① 将欧盟视作一个国家，以总部布鲁塞尔为首都，LAN取1，FTA取0来计算。

续表

进口国	实际值	模拟值	实际值/模拟值
法国	34090.60	34253.37	1.00
德国	46944.88	52578.80	0.89
希腊	736.95	2233.12	0.33
匈牙利	1733.23	1856.20	0.93
爱尔兰	6622.20	3817.68	1.73
意大利	16511.65	23555.12	0.70
拉脱维亚	495.37	441.70	1.12
立陶宛	855.55	549.40	1.56
卢森堡	1860.42	956.46	1.95
马耳他	536.42	134.74	3.98
荷兰	42652.49	12393.65	3.44
波兰	3895.94	8729.76	0.45
葡萄牙	835.29	2647.16	0.32
罗马尼亚	747.03	2752.95	0.27
斯洛伐克	294.16	1816.42	0.16
斯洛文尼亚	273.27	552.27	0.49
西班牙	10236.06	17370.47	0.59
瑞典	4310.96	6909.54	0.62
英国	47346.33	49771.44	0.95
亚太12国①	739171.87	527109.43	1.40
澳大利亚	26035.28	50958.87	0.51
文莱	558.45	104.26	5.36
加拿大	300175.63	401169.60	0.75
智利	17584.66	10342.76	1.70
日本	65142.51	45873.50	1.42
韩国	41554.50	47852.68	0.87
马来西亚	13002.93	2934.44	4.43

① 将亚太12国视作一个国家，距离为美国到各个国家的平均值，LAN 取0，由于美国与7个国家有FTA，分别为澳大利亚、加拿大、智利、韩国、墨西哥、新加坡、秘鲁，美国对这7个国家的贸易流量很大，所以取FTA为1。

续表

进口国	实际值	模拟值	实际值/模拟值
墨西哥	226152.90	86741.93	2.61
新西兰	3217.78	1459.37	2.20
新加坡	30678.77	16434.62	1.87
秘鲁	10055.51	8126.88	1.24
越南	5012.97	1378.89	3.64

资料来源：实际值来自 UN comtrade，模拟值根据模型测算而来。

四　经济动因分析

（一）直接经济动因

1. 美国推动 TTIP 主要是为了促进美欧贸易

首先，由表 4－9 数据可以计算出，美国和欧盟总体贸易缺口达 1411.73 亿美元，2013 年美国对世界商品贸易的出口总额为 15780.01 亿美元，仅仅对欧盟的贸易缺口就占到出口总额的 8.95%，如此大的比重，使得美国有足够的空间推动 TTIP 以弥补这一缺口。其次，根据扩展方程的模拟结果，解释变量 FTA 对出口额的影响力达 1.35，也就是说，在其他条件不变的情况下，将美欧之间的 FTA 由 0 改变为 1，则出口额的模拟值高达 12163.99 亿美元，远高于没有 FTA 时的 4049.90 亿美元，这充分验证了建立 FTA 具有贸易创造效应。再次，TTIP 的内容除了贸易安排，还包括投资、知识产权保护、劳工和环境、21 世纪新问题等方面，这些大都是为美欧双方贸易做保障，最终还是为了促进双方贸易扩大及福利增加。这与奥巴马政府 2010 年提出的“出口倍增计划”相契合。

2. 美国推动 TPP 主要是出于亚太“再平衡”的经济战略考虑

从表 4－9 中的数据可以看出，美国对亚太地区整体上是“贸易过度”的状态，而其中三个“贸易不足”的国家，又都和美国有双边区域贸易协定。如果美国是出于促进双边贸易才推动 TPP，显然对澳大利亚、加拿大和韩国不适用，因为只要美国和这三个国家对已经签订的双边贸易协定进行再谈判，即可解决“贸易不足”这一问题。

因此，美国推动 TPP 另有目的。

美国推动 TPP 与亚太“再平衡”战略相契合。亚太“再平衡”战略三要素中的经济要素要求扩大美国和亚太地区双边及多边经济合作，而 TPP 正是达成这一目标的途径和策略。当前美国的全球力量平衡的挑战主要来自东亚，倘若美国不做出努力，中国在亚太地区的事务上将逐步掌握主导权。① 亚洲不存在和美国类似的单一主导经济体，也不存在和欧盟融合度一样的正式的区域一体化组织，美国此前一直不希望亚太地区和欧洲一样，形成一个统一市场，因此美国在战略上力争使亚太保持一个分离的状态。自从美国入主 TPP 谈判后，联合同样是北美自由贸易区成员的加拿大和墨西哥、军事上的盟国日本和韩国、经济上签订双边贸易协定的澳大利亚与新加坡，以及南美和东南亚几个其他国家，明显地对中国进行遏制。更进一步地观察，除了中国，还有同为金砖国家的俄罗斯和印度，也是美国亚太“再平衡”要牵制的对象。美国推动 TPP，使亚太地区形成两大竞争集团，一个是以美为首的 TPP 集团，另一个是“金砖”三国集团。而金砖国家的崛起，已经对美国在亚太地区甚至在全球的利益形成了冲击，为了平衡新崛起者和竞争压力，以维护美国在本地区的利益，美国积极推动 TPP。

（二）间接经济动因

1. 遏制以中国为代表的美国臆想的竞争对手

以中国为例，从国际体系地位来看，中国是联合国常任理事国，在全球问题的决策中拥有一票否决权；中国在 IMF 的投票权也增加到了 3.81%；在地区事务上，不管是东北亚，还是在东南亚，中国都有一定的发言权和竞争力。从国内生产来看，中国国内生产总值从 2008 年的 31.603 万亿人民币，发展到现在已经超过 56 万亿，中国的国内生产总值在金融危机的疲乏下，仍旧可以保持较快速度的正增长。从人民币的区域化国际化来看，中国已经和新西兰签订人民币对

① Robert G. Sutter, et al. , “Balancing Acts: The U. S. Rebalance and Asia - Pacific Stability”, Elliott School of International Affairs, August 2013.

新西兰元的直接交易协议，和德国、英国也签订了人民币清算和结算备忘录，加快了人民币在欧洲大陆的离岸中心建设，也加快了人民币国际化进程。这些无不说明中国经济崛起已经成为事实。美国视中国为竞争对手，在经济领域基本持遏制态度。一旦美国疏忽中国的崛起，其在亚太地区甚至全球的地位都会受到实质性影响。[①] 美国推动TPP，正是直接应对以中国为代表的新兴经济体崛起的一大举措。

现有TPP成员国中不得不提到的是越南。越南是一个社会主义国家，与中国的关系较为紧密，但存在着零和性领土争端。如果按照TPP现有标准，越南根本无法达到要求。可美国正是抓住越南左右摇摆的态度，利用其来遏制中国。以纺织业为例，美国在北美自由贸易协定里采取“纱后原则”，按照该原则规定，所有纱线织物必须从协约成员国中进口，一旦TPP采用这一原则，越南将很可能取代中国成为全球纺织品中心，这就驱使越南有动力跟随美国遏制中国经济，同时还可能得到美国在中越领土争端上的策应。但与此同时，不管是基于中越历史联系，还是基于当前巨大的中国市场，越南都不愿意失去中国这样一个合作伙伴，这也给美国的遏制策略注入了一些不确定性。可以确定的是，越南的态度不会改变最终TPP形成的协议，但会对整个进程产生影响，美国和越南的合作，无非是相互利用而已。

TTIP的作用表现在两方面：一是美国加强与欧盟的贸易和投资联系，使得美国从中可以获得更多的直接的贸易和投资收益，增强自身在亚太地区的综合竞争力；二是和欧盟的合作还将表现在国际社会的集体决策中，不管是在世贸组织，还是在国际货币基金组织，或是在世界银行这“三角架构”中，美国都将联合欧盟对中国实施遏制政策。

2. 金融危机后的经济战略重心转移

从冷战初期的盟国复兴战略，到冷战后期治理危机战略，再到冷战后确保优势战略，美国在各个阶段的侧重点有所不同。[②] 如果说金

① Robert G. Sutter, “China's Rise: Implications for U. S. Leadership in Asia”, the East-West Center Washington, 2006, pp. 9 - 16.

② 张敏谦：《美国对外经济战略》，世界知识出版社2001年版，第63—317页。

融危机之前，美国是以利用美元进行全球经济殖民为战略重点的话，金融危机之后，美国则更加注重实体经济的发展。1944 年 7 月建立的“布雷顿森林体系”，确定美元与黄金挂钩、成员国货币与美元挂钩的“双挂钩”制度，美元开始占据国际货币的垄断地位，为美国战后在世界范围内实施经济战略奠定了基础。1971 年“布雷顿森林体系”的所谓瓦解，将美元从黄金的束缚中解脱出来，美国更游刃有余地以美元为战略重点在全球进行经济殖民。金融霸权往往体现在资源控制中，以美元为战略武器，美国直接或间接地控制了全球石油、粮食、金属矿物等大宗商品。由次贷危机引发的 2008 年金融危机，打破了美元作为坚挺的国际货币的神话，使美国经济深陷泥潭。以美元为确保优势战略的重心效果已经不再像以前那样显著，加之美国经济复苏乏力和国内矛盾重重，奥巴马政府以重振美国制造业为起点，以“出口倍增计划”为目标，将美国国内实体经济的发展作为战略重点。新聚合的技术，包括 3D 打印技术、人工智能、纳米技术等，将会是美国发展国内实体经济新的立足点。通用电气、福特汽车以及谷歌等跨国公司也在积极响应奥巴马政府重返制造业的号召，将部分制造业务转回到美国市场。

欧盟成员国中的英国、法国、德国等都是老牌资本主义国家，有着坚实的工业基础和研发能力。美国推动 TTIP，其中一个重要议题就在于建立投资伙伴关系。美国对欧盟投资，利用欧盟的工业基础和研发能力，形成美国的技术优势。欧盟对美国投资，美国更是可以直接吸收欧盟技术、管理等发展实体经济的要素。美国推动 TPP，则更多的是看重亚太地区具有美国经济战略重心转移的要素及战略位置。一方面，加拿大、墨西哥和澳大利亚有着丰富的能源和矿产，澳大利亚与新西兰的畜牧业非常发达，新加坡是国际金融中心之一，是重要的航运中转与过境咽喉，可以为美国实体经济的发展提供金融和贸易支持，日本和韩国在汽车、电子等产业较为先进，可以为美国实体经济提供创新思路和发展通道；另一方面，在规模上亚太地区经济已经占到世界总规模的一半以上，以中国、俄罗斯和印度为代表的新兴经济体大多也是在亚太地区，所以亚太地区成为各国激烈争夺的地区，对美国而言，亚太地区不仅仅意味着资源禀赋，更重要的是其重要的战略位置。发展实体经济需要原料地和购销市场，美国推动两洋同盟战略，就可以紧紧抓住大西洋和亚太这两个市场，不管是购买原材料，还是销售制成品，购销市场都有了更可靠的保障。

3. 美国推动两洋同盟战略最终是为了达到其全球经济战略

冷战结束后，作为全世界唯一的超级大国，美国致力于在全球范围内进行整体布局，包括军事、政治和经济。经济方面，当前美国主要采取的是以地缘经济为基础的“一体两翼三策略”。“一体”是指北美洲大陆为主体，以美国本土为核心，依托北美自由贸易区构建主体；“两翼”是指向东与大西洋形成一翼，向西与环太平洋形成另一翼，共同为主体服务；“三策略”是指与欧盟推动建立 TTIP，与环太平洋国家建构 TPP，与欧盟、日本、加拿大、澳大利亚等主要发达国家商讨建立 ISA（或 TISA、PSA，诸边服务贸易协定）。美国对于中西亚地区、东欧以及非洲等地区，要么通过美国的对外援助建立直接经济联系，要么通过与欧盟、亚太地区国家的经济联系间接影响这些地区的经济。总之，美国试图在全球范围内进行经济布局，以达到掌控全球经济、巩固经济霸主地位的目标。

五　TTIP 可能对国际格局演变的影响

从上述分析我们可以看出，美国全球经济战略调整是利用优化两洋同盟的经济功能，重塑同盟体系的经济联系，是企图按照美国利益与美国价值来延续美国对全球经济发展趋势的主导权。

首先，这种战略调整的国际活动，是针对新形势下全球经济格局的宏观框架进行“修补”，使得冷战时期的美元霸权体系在冷战后能够继续维持。美国在“二战”之后的整个冷战期间，依仗自己主导的国际经济体系，维持资本主义同盟的领导地位，展开与苏联争霸，并成功地从经济根基上引导苏联走向解体，并在冷战结束不久又诱导俄罗斯等国家按照华盛顿共识进行经济演进，进一步削弱了俄罗斯的崛起势头，延缓了俄罗斯的复兴步伐。并且，引导欧洲盟国及日本等国实行新自由主义经济模式，但这些国家与美国一道在 2008 年国际金融的检验中承认新自由资本主义经济发展模式的失败。这个阶段的美国经济战略有助于延续冷战时期的全球资本主义经济格局，有利于美国继续把持国际经济主导权，不利于全球经济格局多极化发展。

其次，美国在2008年之前的经济战略是强调按照美国模式来塑造世界，汇集同盟力量，搞垮竞争对手苏联，之后依恃冷战胜利者的资本，极力否定非美国模式，强调历史终结论基底的华盛顿共识。在美国模式引导下的主要盟国经济出现泡沫化，加上美元仍然作为全球主流经济交往媒介的地位没有动摇，美国又利用冷战结束不久大规模的垄断金融资本输出，对盟国及俄罗斯等国家的不动产、能源及其他重要经济部门进行渗透，最终导致世界主要经济体受到美元的挟持。美国大量发行国债，大量售卖给世界主要经济体，使得整个世界经济格局出现了被虚拟美元绑架的态势。美国垄断资本的操控及美元的绑架，致使世界经济被绑缚在美国利益的刀刃上。美国经济战略的维持与调整，加深了国际经济格局的单极化趋势，体现了当今国际经济体系的历史遗留性。因此，2008年之后的金融危机及欧洲主权债务危机，证明了美国战略对世界经济格局改造的真实破坏性作用，也说明多极化经济力量运行的盲目性和与生俱来的脆弱性。

金融危机之后美国经济战略的调整，是为了挽救美国资本操控世界经济及被主要盟国唾弃的美国经济模式、抛弃的新自由主义经济政策，本质是为了挽救美国模式在此轮经济危机中遭受的重创。而更为重要的一点是为了延续美国的经济霸权，护持美国的全球经济安全，同时必须孤立和遏制新兴经济体中国、俄罗斯及印度这样的大国，尤其是大力遏制和平衡近年来跃升为世界第二大经济体的中国。它使得冷战结束之后国际经济格局的非平衡性更加严重且更加混乱，亚太地区经济一体化受挫，促使亚太经济格局表现出更加明显的碎片化倾向。TPP的成功运行与壮大，对中国、俄罗斯的公开孤立与排斥，必然遭到这些新兴经济体的反制，相应的丝绸之路经济带的建设，亚洲峰会的运作等，必然会对美国的亚太经济战略调整形成冲击，与TPP形成对峙。同时，APEC等平台的作用将受到挤压出现功能蜕化的趋势。

加上美国推动 TTIP 谈判，势必推动欧洲盟国在经济联系上与美国聚拢，将形成更加强有力的国际竞争集团，连同环太平洋的美国经济同盟，孤立 WTO 等现有的国际经济秩序支柱，进一步加固和夯实美国主导的经济霸权，造成国际经济更进一步的分裂态势，以便边缘化发展中国家，孤立和遏制新兴经济体。从根本上说，没有能够摆脱冷战时期的美国经济战略目标与策略的劣根性，也是维系当今国际经济体系中冷战经济本质的重要根源。

六　小结

本研究通过引力模型，计算出美国对欧盟 28 国和亚太 12 国的出口潜力，利用实际值与模拟值分析得出美国推动 TTIP 和 TPP 有着不同的直接经济动因，表现在 TTIP 充当更多的是贸易和投资需求，而 TPP 则更多带有战略目的。当然，美国推动两洋同盟战略的原因不止于此，间接的原因在于，其一是为了遏制以中国为代表的美国“假想敌”，其二是金融危机之后美国产业结构调整的需要，其三是总体上为了达到美国全球经济战略目标。

美国推动两洋同盟战略的谈判正在进行中，尽管谈判各方在部分议题上存在争议，谈判曾一度陷入艰难的困境，但依旧显示出了良好的预期。一旦谈判成功，美国将从两洋同盟战略中获取巨大收益。美国很有可能在成功构建两洋同盟之后，将这些新的高标准的贸易和投资准则推行到 WTO 框架之下，最终通过 WTO 影响全球贸易和投资，以实现其确保经济优势战略，并达到美国称霸全球经济的目的。其实，美国的同盟战略包含经济与政治（军事与安全），经济同盟战略与政治同盟战略是相互策应的，更是一体化的，两个同盟战略互相提供保障和支撑。本研究主要论述经济同盟战略，关于军事与安全同盟的论述，另文探讨。

从以上美国推动两洋同盟来维护经济霸权，可以看出，美国的单极化诉求离不开冷战遗留的同盟体系。冷战后美国现实安全的最大隐患苏联垮台了，但美国安全观念中新的隐患不断涌现，一是多极化新兴力量的迅速成长，二是盟国的离心倾向加强，三是全球资源与环境问题严重且国际间难以协力应对，四是国际恐怖主义势力抬头。无论称之为霸权，还是称之为领导权，都与美国的全球利益有关。为了能够更好地探索本选题，本研究借鉴了霸权护持概念，并重点将霸权护持概念进行优化，自主提出“安全护持”这个概念，以便本课题研究得更加顺畅、论述更加有力。安全护持概念比霸权护持概念更加宽泛地涵盖国际与国内，且包含了霸权护持概念本身，更能够从本质上来认识冷战后美国两洋同盟与国际格局的政治发展特性。

这里还要补充说明的是，美国经济深受2008年爆发的国际金融危机影响，在奥巴马政府的八年执政期间，采取了调整战略，基本上是强化经济同盟，重新打造新的经济战略平台，企图通过建立新的规则机制来修订原有国际经济秩序，围堵和滞缓像中国这样的经济体崛起，而到美国新总统特朗普上台后出现了新的经济外交调整苗头，即部分地抛弃多边主义而采取双边主义的手法及单边霸凌手段。但是，美国特朗普执政半年来的实践会不会重新返回到多边主义的外交，还是一直坚持抛弃多边外交？我们认为，这虽然受到不同执政团队及其智囊的影响，但根本还是要取决于美国的国家利益和美国经济运行的态势。我们较为肯定地认为，美国迟早还会折回头寻求TPP、TTIP或构建其他类似多边经济同盟这样的高平台来主导全球经济秩序，而不可能长期采取单边主义或双边主义经济外交。

第五章　当代国际格局中的新冷战问题与美国两洋同盟因素

冷战虽然结束了，但冷战现象在苏联解体之后还是经常出现。随之，国内外出现了关于新冷战的学术讨论，尤其是2008年国际金融危机之后，新冷战被更加频繁地提及，对此，学术研究也较以前越加活跃起来。但是，学者们对新冷战的认识出现了观点繁多的态势，既有肯定观点中的中美新冷战论，也有美俄新冷战论，还有美法新冷战论，又有否定或怀疑新冷战存在的观点。所有这些学术成果都部分地借助冷战这个概念来阐述东欧剧变、苏联解体以来的国际关系发展趋势及其特征，但是，很少有人阐述新冷战的学理依据与概念涵义。

新冷战的讨论必须要先确定冷战概念，并要在历史与现实上分析与回答新冷战新在何处、为什么。①

第一节　新冷战学术思潮现状与再思考

一　新冷战思潮现状

自东欧剧变、苏联解体以来，无论是政界还是学界，都不断有人在涉及当代国际关系时提及新冷战。

新冷战，是相对于冷战而言的。它是在冷战结束后，人们因为出现冷战现象而对国际局势的一种概括性描述，也是借用“冷战”这

① 本章第一节的主要思想已发表，请参见蔡瑞艳《新冷战学术思潮现状与再思考》，《宁夏社会科学》2016年第6期。

个词所包含的冷战特征对客观现实进行主观认知的思维逻辑。

（一）国内外政界不断提及新冷战

首先，冷战结束后，俄罗斯、越南、朝鲜、古巴以及中国的政界常常批判美国等西方大国顽固地抱定冷战思维进行冷战外交，尤其是21世纪以来，中俄高层，甚至国家元首也在不同场合对美国的新冷战外交进行过直言不讳的谴责，比如2014年9月初，对美国、英国关于乌克兰危机的北约威尔士峰会，俄罗斯总统普京说威尔士峰会将开启新冷战。①

其次，西方大国更是以冷战胜利者自居，尤其是关于近年来乌克兰危机，英国、美国更是提醒俄罗斯，不要忘记冷战失败的教训，言下之意，俄罗斯将在新冷战中再次落败。② 戈尔巴乔夫则指出，乌克兰危机使得西方与俄罗斯处于冷战边缘，柏林墙倒塌了，但现在一堵新墙在乌克兰已经落下。③ 关于北冰洋地区的领土与资源争端，美英政治主流舆论认为俄罗斯将与西方展开新冷战。④

（二）国内外学术界的关注与论争

1. 第一类是否定论——子虚乌有论：有学者认为：“俄美间存在一定的‘结构性矛盾’。但所谓‘引发新一轮冷战’则实属耸人听闻。”因为俄美两国都“玩不起”冷战对抗。⑤ 也有学者认为，美国

① 关于新冷战不是普京最先提出的，此前就有学者正式提出并论证，新冷战与1991年前的冷战不同，但仍然强调美国是最主要的角色，尤其强调美俄矛盾、核威胁等。参看两文：①Casimir Dadak，“A New ‘Cold War’？”，*The Independent Review*，Vol. 15，No. 1，Summer 2010，pp. 89－107；②Robert Legvold，“What Moscow and Washington Can Learn From the Last One”，*foreign affairs*，July/August 2014，pp. 74－84。

② 英国前国防大臣利亚姆福克斯就在2014年9月4日北约威尔士峰会前夕的英国《每日电讯》上撰文，提醒俄罗斯不要忘记冷战失败的教训。

③ Barbara Miller，Former Soviet Leader Mikhail Gorbachev warns the“world is on the brink of new Cold War”，First posted 9 Nov 2014，6：02 am，Updated 9 Nov 2014，9：53 am，http：//www. abc. net. au/news/2014－11－09/mikhail－gorbachev－says－cold－war－has－started/58774222015/4/17 0：16.

④ 加指责俄欲吞并北极英媒称俄或与西方爆发新冷战，2008年5月19日。来源：中国日报网站（http：//news. xinhuanet. com/world/2008－05/19/content_ 8205390. htm），2014年4月16日。

⑤ 李瑞景：《“俄美新冷战”言过其实》，《世界报》2013年8月14日第2版。

没有足够实力，也没有冷战时期的号召力来发动新冷战，而俄罗斯尽管与美国对峙，但并无意愿与美国进行冷战，所以美俄不会进行新冷战。①

2. 第二类是肯定论：即有的学者认为，新冷战是存在的，但这一类又分为三种情况如下：

（1）第一种情况是，认为新冷战是美国与俄罗斯之间的事情。这个方面的代表性成果是论文《新冷战时代》，该文认为新冷战是第二次冷战；该文基于认为上一次冷战是“美苏在社会制度与意识形态上严重纷争，导致了长达46年之久的冲突，双方甚至为此还各自组织了军事集团。这一冲突，一直延续到矛盾的一方苏联解体才告结束。”② 因此，该文认为新冷战是美俄之间的斗争，即西方为了挤压俄罗斯战略安全空间与俄的相应反制行动之间形成的对抗。

（2）第二种情况是，认为新冷战发生在美国与中国之间。首先，有的学者认为，新冷战是以美国为首的西方大国对华进行的单方面冷战外交，即冷战结束后，中国淡化和放弃意识形态之争，不希望再起冷战，但西方国家的英美大国抱定冷战思维不放，仍然对华搞冷战思维外交，这就是所谓的新冷战。③ 其次，有西方学者认为，冷战后中国海军力量迅速发展，美国为遏制中国的军力崛起，正在与中国进行着一场新冷战的较量。④ 最后，有学者认为，美国冷战后加强美日同盟，拉拢亚洲其他国家，重返菲律宾军事基地，要在亚太地区营造新冷战格局来扼制中国崛起。⑤

（3）第三种情况是，认为中美之间的新冷战是潜在的，中美双方应该力争避免之。代表性的观点是美国前国务卿基辛格，他认为，中美在价值观、世界秩序变革、中国崛起的世界影响等领域都存在着不

---

① 王寒：《美俄对峙不会爆发新冷战》，《世界报》2008年9月3日第5版。

② 沈丁立：《新冷战时代》，《东方早报》2008年9月9日第A20版。

③ 叶小文：《也谈“新冷战”》，《人民日报》（海外版）2011年12月22日第1版。

④ ［美］莱尔·高德斯泰恩：《美刊：西太平洋上的中美海军新冷战》，《世界报》，胡锦洋译，2008年4月30日第11版。

⑤ 任卫东：《美国意欲打造新冷战格局吗?》，《人民日报》（海外版）2013年1月10日第1版。

同观点与矛盾，存在着双方进行冷战的可能，但中美之间的相互依存关系也是存在的，因此，中美两国应该加强沟通，避免出现中美新冷战。[①]

3. 第三类是怀疑论：即有的学者怀疑新冷战是否存在。代表性的文献是《新冷战新冷淡》，文章认为："'新冷战'真的能来吗？其实，当前美俄关系总体上不具备'冷战'的特征，充其量是'新冷淡'。"[②]

4. 第四类是认为新冷战是美国与其他国家间关系的一种状态。代表性的是西方媒体有文章认为美国与其盟国之间存在着外交关系明争暗斗，舆论敌对与经济暗战，表现在美国与法国关于美国领导发动伊拉克战争的政治争斗及其衍生的经济较量。因而认定这是一场新冷战。[③] 也有人认为，美国在中东，尤其是与伊朗之间的国际关系是在塑造一种新冷战的关系，同时两国关系也被新冷战塑造。[④]

（三）在评价的基础上提出研究建议

上述关于新冷战的几类学术思潮，都是借用"冷战"这个词来描述不同的国际关系现象，尽管观点不尽相同，都不同程度地具有一定的合理性，且其中有的不乏学术启发意义。然而，这些学术观点也都不同程度地存在着问题。

第一，否定存在新冷战的观点，对冷战后的国际关系发展的认知过于简单，它并没有回答为什么冷战结束之后还频繁出现冷战现象。

第二，认为新冷战只是美俄之间的关系问题。这可能是基于认为冷战主要是美国与苏联之间的事情，而忽略了其他重要国际行为体，诸如中国、英国等在冷战时代的国际角色。因此，对应地、简单地认为新冷战是美国与俄罗斯之间的事情。该观点更没有关注到冷战的意

---

① ［美］亨利·A. 基辛格：《美媒：美中应竭力避免新冷战》，《国防时报》2011 年 1 月 21 日第 6 版。

② 王志刚：《新冷战新冷淡》，《学习时报》2007 年 4 月 16 日第 2 版。

③ 郑若麟：《法美之间面临新冷战?》，《文汇报》2003 年 3 月 20 日第 6 版。

④ Flynt Leverett and Hillary Mann Leverett, "the United States , Iran and the Middle East's New 'Cold War'", *the International Spectator*, Vol. 45, No. 1, March 2010, pp. 75 – 78.

识形态因素。

第三，认为新冷战是美中之间的关系问题，只是过分看到冷战的重要属性之一，即资本主义意识形态与社会主义意识形态敌对的一面，而将新冷战与冷战混同，也同样无法解释新的时代特征及其与冷战的区别之处。

第四，怀疑新冷战是否存在，是因为对冷战与冷战现象关系的认识不足。

第五，认为新冷战是美国与其他国家之间的关系问题，这是因为论者将冷战的主体范围无限扩大，认为只要不发生传统热战的对抗与竞争，都是属于冷战范畴，因而将美法关于伊拉克战争的纷争也看成冷战。

基于上述情况，我们认为，无论新冷战是否存在，只要探讨“冷战”这个词，就首先要科学地认识冷战，因为冷战是新冷战的历史起点与现实前提；其次是要规范地探究新冷战，必须发掘出其新在什么方面，又是如何体现出新的内容与形式的。

现有的文献，只是从一个维度，即只从表面简单的时间先后与时代转换来看待国际现象——讨论东欧剧变、苏联解体以来的国际关系中是否存在新冷战，无法展现出其内涵。

要研究新冷战，必须从时间—空间—进程三个维度来综合地考察其内涵与外延，也就是说，必须既要从时间转换的维度来表述其新与旧，更要从空间转换的维度来展现其位移的状况，而且还要从新冷战这种现象（即便是假设性存在）的演化进程来揭示其运行轨迹与本质。

其中，贯穿时间—空间—进程这三个维度的动力，是考察新冷战的基轴。

二 新冷战的历史起点与现实基础

“冷战”作为一个安全与国际结构属性的学术名词，是以美苏为首的两大不同意识形态阵营（国家）间的非正式爆发战争的相互遏制与对抗。它绝对不是只限于美苏两国之间的争斗。它的时间限定被学术界广泛认同在1947年至1991年。

新冷战是与旧冷战相对应的概念。它不仅体现在时间的近切，还体现在全球与相关地区安全结构上的变化，尤其表现在其中的国际行为体角色变迁上。

（一）历史起点：冷战结束及其后的冷战遗留

首先，冷战作为两极国际格局，其结束具有极其强烈的结构非对称性——遗留了美国领导的资本主义阵营——美国领导的大西洋同盟与太平洋同盟两洋同盟。它是以社会主义阵营与其旗手苏联的剧变与垮塌为结束标志的。换句话说，资本主义阵营没有解散，不仅没散去，而且存续并被美国优化和利用，但是社会主义国家也没有全部消失殆尽。

其次，冷战作为一种全球安全体系，其结束也具有强烈的地区非平衡性——亚太地区相对于欧洲大西洋地区，遗留了更多的冷战问题，即冷战遗留问题数量更多、更为集中，尤其是亚太冷战安全框架体系得以残存。

最后，冷战的“胜利者”并没有因为冷战结束而抛弃冷战思维，尽管冷战后的社会主义国家无意再继续冷战外交。

（二）全球安全结构变化与地区安全问题发展

1. 在军事安全板块，资本主义的两洋同盟作为美国对世界领导权巩固与延续的重要工具，虽然内部进行了不断调整，但总体上与冷战时期的资本主义阵营没有根本性变化。两洋同盟扮演着在美国操控下来塑造冷战后国际新格局的主导角色。

相对应的是，在西半球，冷战结束后，苏联领导的大多数社会主义国家发生质变，被北约东扩进程消化为成员国，而成为资本主义性质的国家，并扮演着北约挤压俄罗斯等非亲西方国家的安全空间的桥头堡角色。苏联解体后的俄罗斯虽然还是大国，但只是核战略与地域意义上的大国，尽管它还是独联体的主角，但在叶利钦政府前期，经济长期疲软，过分依附西方国家的经济援助，国家总体实力难以抗衡美国领导北约东扩的安全空间被蚕食之势；叶利钦执政后期，借重中国来抵御美国领导北约的东扩威胁。但因为俄罗斯国内经济政治建设调整还难以一时间恢复强大国力，北约步步为营，并不断在俄罗斯传统安全空间内酝酿与挑起颜色革命，俄罗斯与美国领导的西方资本主义阵营之间的矛盾呈日益尖锐之势；普京执政后，俄罗斯经济发展态势好转，俄中战略合作伙伴关系不断升级，俄罗斯坚决抵御美国主导北约不断进军俄罗斯城下，在有关安全战略空间的争夺中，俄罗斯以超强硬对强硬，俄美（北约）关系不断走向更加激烈的对抗。继1990年代后期以科索沃战争为代表的激烈对抗之后，东南欧与中亚地区不断出现美国、北约与俄罗斯的政治、军事角力持续升级，关于格鲁吉亚问题，俄罗斯不惜动用军事力量占据主动。之后，在乌克兰问题上，俄罗斯不但吞并了克里米亚，而且毫不屈服于美国领导的盟国对俄罗斯的经济制裁与军事威慑。目前，俄罗斯与美国领导的西方阵营正处于军事对峙的白热化状态。

在东半球，冷战结束后，美国将亚太安全的威胁逐渐锁定为正在崛起中的中国，为此，美国将其全球安全战略的重心从欧洲逐渐向亚太地区转移。到奥巴马执政时期，美国公开提出并实施“重返”亚太的“再平衡”战略，以确保在亚太地区的领导权。而该战略的基石就是美国领导的旧金山同盟体制——以美日同盟为核心的亚太双边同盟链。而该同盟体系主要以冷战遗留的亚太领土主权争端为具体的战略楔子，尤其在西太平洋的中日、中韩海洋领土主权之争，在南海周边国家与中国的领土主权争端上，美国以同盟为基轴，纵横捭阖，构建遏制中国崛起的战略收缩圈。

此外，在中东、非洲大陆、拉美及加勒比等地区，不仅在一些政治安全热点问题上，而且在这些地区的经济发展方面，中俄与美国及其大部分盟国也存在分歧与利益纷争。

针对美国利用冷战遗留的两洋同盟形成的安全威胁形势，中俄不仅在建立全面战略合作伙伴关系的过程中解决了两国长期存在的领土主权争端，而且以中俄为核心，建立了上海合作组织，并不断扩展，以维护亚洲的和平与稳定。这对防止美国策动的一系列“颜色革命”在亚洲泛滥造成社会动荡起到了遏制作用。

2. 在经济板块，尽管冷战结束后，经济全球化加速发展，现存的为数不多的几个社会主义国家，也逐渐与美国领导的国际经济体系关系密切，其中中国、越南、古巴已经加入 WTO（世界贸易组织）等国际经济组织（这些组织原先被社会主义国家普遍认为是资本主义阵营对全世界劳动人民进行经济剥削与侵略的工具）。但是，进入 21 世纪以来，中国经济不断强大，被西方大国，尤其是美国认定为中国是搭了世界经济体系的便车。于是，为了孤立中国、俄罗斯等新兴经济体，美国主导开启重塑冷战后国际经济格局的两洋经济同盟谈判，即在太平洋地区进行跨太平洋伙伴关系协定（TPP）谈判、在跨北大西洋地区进行跨大西洋贸易与投资伙伴关系协定（TTIP）谈判。

TPP 主要是针对中国进行经济排斥，同时也孤立俄罗斯，边缘化印度、巴西等新兴经济体，TTIP 也具有同样的目标。而且两者客观上会对 WTO 倒逼式地修订或架空，并做空 APEC 及 10 + 6、10 + 3、10 + 1 等亚太经贸协定。就连美国前驻华大使芮效俭参与主持的一项研究成果都认为 TPP 客观上会萎缩 APEC 等现有亚太经济合作项目组织[①]。TPP 和 TTIP 基本上都是以美国领导的盟国为主干力量进行抱团，并拉拢与被孤立国家有着巨大矛盾的其他非盟国，形成经济上的一种联盟或起码是准联盟的对内互惠，对外孤立与遏制的扩张态势。

似乎是因应美国主导改造冷战遗留的国际经济体系所带来的威胁，中国、俄罗斯、印度等新兴经济体各自提出了进行联合与优势互补的不同区域经济一体化倡议。

金砖国家峰会机制建立后，2014 年 7 月成立了金砖国家开发银行。尤其引人关注的是中国提出了“一带一路”倡议，引来众多国家纷纷加入，之后中国主导设立丝路基金，继而提出建立亚洲基础设施投资银行，吸引了包括美国的许多重要盟国在内的几十个国家的纷纷加入。而且，美国与日本对亚投行的心态，由强烈排斥与抨击，到态度软化，转变为要重新考虑是否加入亚投行，再发展成为日本斥巨资仿效亚投行、拉拢俄罗斯来围剿亚投行，这样也展现出美国及其盟

---

① Han Sung-Joo, J. Stapleton Roy, *Asia Society Task Force on U. S. —East Asia Relations: A Strategy for Multilateral Engagement*, Singapore Institute of International Affairs, 2012, p. 23.

国在国际舞台上对华进行冷战思维外交的鲜活角色。

在实施这些大手笔应对美国对华经济孤立的举措过程中，中国还分别与韩国、澳大利亚、法国、德国等美国的盟国单独谈判，建立双边 FTA（自由贸易协定），协力应对和破解美国主导筹划两洋经济同盟可能带来的对中国经济围剿局面。

3. 在文化、信息与民主价值观的交流板块，美国对中国等社会主义国家从来也没有停止过冷战外交，对俄罗斯也同样如此。

以美国为首的西方发达国家对中国等社会主义国家的文化渗透没有因为冷战结束而停止过，各种途径的文化腐蚀外交使得中国 2013 年以来在全国范围内进行防止外来敌对势力的文化渗透活动，而与此同时，美国等发达国家也进行了清除中国文化的活动，最为显著的是欧美一些国家采取不同手法关闭一些大学的孔子学院。

在信息安全方面，中国、俄罗斯与美国都一直存在着相互竞争与彼此遏制的暗战。美国对中俄网络与信息安全构成的威胁，早已是路人皆知之事。除了维基解密部分地披露美国为首的西方大国窃取他国安全机密之外，2013 年美国中情局雇员斯诺登爆出美国棱镜计划的丑闻，更加揭示出美国不惜重金构建规模庞大而惊人的监听监视网络，获取他国信息的恶劣行径。

此外，美国还通过网络、电视、广播、电影与报纸等各种渠道和文化产品，向中国等美国臆想下的非民主国家进行西方价值观兜售，同时不遗余力地诋毁和腐蚀中国优秀传统价值。除了老牌的美国之音广播电台外，冷战结束后不久，美国随即建立的自由亚洲广播电台对中国、越南等国的颠覆式宣传，就是明显的单方面冷战思维行动。

（三）残延的历史与演化的现实

冷战作为一个时代确实已经结束，但作为历史，它没有消失殆尽，还有一些显著的残留。尤其是应冷战而产生的美国两洋同盟继续残延，而社会主义阵营的解体并没有使得所有的社会主义国家消失。这样，资本主义阵营作为一个整体与为数不多的社会主义国家仍然存在着冷战的条件，尽管现存的社会主义国家大多数不愿意再继续冷战外交，但并没有得到美国为首的两洋同盟的认同。因此，如上述在军事、经济与文化等领域里，不断出现了资本主义阵营同盟体系主动的进攻性的冷战现象。

当然，这里必须交代的是，俄罗斯这样的国家不是社会主义国家，但被美国等西方大国认为是异质国家，俄罗斯与美国两洋同盟的对抗，更加体现出苏联解体后冷战现象的所谓“新”特征。不仅对中俄，就是对待中东一些国家，比如伊拉克、叙利亚，对待其他非西方同质的潜在威胁国家，冷战结束以后的美国历届政府仍然将其视为安全威胁。[①]

三　冷战现象与新冷战

冷战作为一个国际时代，的确已经结束。冷战结束以来，不断有人讨论新冷战，但至今还没有人给出一个明确的新冷战概念及其诠释，尤其是没有解释新冷战新在什么方面，为什么如此。

（一）理论与现实

1. 从理论上说，冷战的结束，无论是作为一个时代的结束，抑或作为一种国际格局的结束，都不是强调，也不可能避免那个时代迹象的再现。冷战的结束，也不代表冷战现象的绝迹。作为一个国际关系的学术名词，冷战本应该是两大阵营（国家）之间的一种国际关系态势，但是冷战格局在20世纪50年代末开始发生巨大变化，两大冷战阵营内部都发生了重大变化，相对资本主义阵营而言，社会主义阵营发生了阶段性质变的分裂，尤其是中苏同盟瓦解后，中国与美国关系正常化直到建交，中美联合对抗苏联的趋势尤为明显。但中国这样的社会主义性质国家同样没有被美国为首的资本主义阵营剔除出冷战遏制对象的全球战略之外，直至如今以美国为首的两洋同盟始终没有放弃对华进行各种形式的冷战思维外交。

2. 从现实上讲，冷战后，如同冷战期间一样，美国一边采取各个击破的手法，分化与离间不同社会主义国家对外友好关系，一边加

---

① Robert S. Litwak, *Outlier States: American Strategies to Change Contain, or Engage Regimes*, Washington, D. C.: Woodrow Wilson Center Press, The Johns Hopkins University Press, 2012, pp. 1 – 8.

强对同盟调整以遏制社会主义国家。在亚太，缓和与越南关系，加强美越军事交流，并将越南纳入 TPP 谈判进程中，共同对付中国的和平崛起，同时也对越南采取接触加遏制的两手外交。在朝核问题上，美国首先与朝鲜接触，然后在中国买单的所谓“六方”会谈中，美国边谈边进行规模日益庞大的美韩、美日军演，进行安全威慑的同时加强同盟国的对朝鲜经济制裁，不仅酝酿而爆发了延坪岛炮击事件，而且美国还亲自操刀企图瞒天过海自导自演了“天安号”事件调查。而更为常见的是，自冷战结束后，美国继承且不断挑起冷战在东亚遗留的领土争端。2008 年国际金融危机爆发以来，为了缓解美国在全球制造和不断插手的众多安全热点问题所带来的压力，在美洲加勒比地区，美国在不放松遏制与中俄关系密切的委内瑞拉时，近年来开始缓和与古巴的关系。在中东地区从伊拉克撤军、与伊朗进行核谈判并最终达成协议，都是为了减轻乌克兰危机、中东乱局、亚太“再平衡”战略等一系列美国介入或主导的地区安全问题所形成的巨大经济与军事负担。这似乎与 1970 年代全球资本主义经济危机爆发前后美国采取与中国关系缓和并走向正常化，有异曲同工的类似之处。

3. 自苏联解体之后，美国领导的两洋同盟也并没有放松对俄罗斯的冷战外交。在欧洲北美地区，美国主流舆论 CNN 认为，俄罗斯在北欧、东欧，尤其是波罗的海地区及黑海地区，严重威胁着美国领导的同盟安全。俄罗斯舰艇在瑞典海域游弋、飞机巡航英国领空、威慑波罗的海三国、介入乌克兰问题、霸占克里米亚半岛，在黑海进行军事演习等，这些与美国领导的北约针锋相对，做出一系列挑衅举动，几乎将欧洲拉向战争的边缘。在东北亚，美日同盟不仅主要针对中国，也同时策应着北约对俄罗斯形成东西夹击之势。2013 年乌克兰危机白热化之后，日本积极参与到美国领导的盟国对俄经济制裁行列。

从上述几个方面看，尽管俄罗斯不是社会主义国家，但美国及其领导的两洋同盟在两极格局瓦解以来的国际新格局酝酿过程中，总体上仍然延续着冷战时期的全球战略架构与策略实践。因此，从前述不断兴起的新冷战学术思潮，到学术的理性思考，再到把历史与现实对比，我们不难看出，冷战结束以来，围绕美国及其领导的两洋同盟这个轴心而演进的国际关系全局，的确存在着持续不断的冷战现象，而且常常还发生着冷战向热战转化的战争边缘危机，甚至显现出核战争的苗头——典型的冷战。但这毕竟不能等同于冷战。

（二）认同新冷战的几个指标

关于新冷战的存在与否，都不是以人们的主观意志为转移的，而是既要从理论上进行相对探究，更要从历史与现实的实践方面进行验证。

1. 在理论指标上，第一步是确立认同前提，要先在冷战概念上有一个广泛的共识与认同，否则无法讨论新冷战。按照历史本真，前述冷战的概念，是本研究论述新冷战的前提。第二步是认识冷战结束后的国际格局的主要角色，在认同前提下，冷战结束后的国际格局处于两种趋势的三支力量角逐中（多极化趋势与单极化趋势并存，其间相应的三支力量是要求多极化趋势的力量、要求单极化趋势的力量及中间游移力量）①。第三步是在众多力量结构中厘析出新冷战的相关主体，根据认同前提的冷战概念及冷战结束前后的国际格局主要角色变化，参考国内外相关新冷战的学术讨论，结合冷战结束以来的重大国际关系事件，本研究认为新冷战的相关主体主要有美国及其领导的两洋同盟力量、中国及其他社会主义国家、俄罗斯。

2. 在实践指标上，是角逐的单方面性突出，力量结构的绝对非平衡性强，行为结构上的压倒性进攻与绝对防御的非平衡性明显。当代国际格局，是一个尚未定型的国际格局演进过程，其中，美国及其凝聚的两洋同盟力量，是单极化力量的主要组成部分。美国的两洋同盟，不仅力量结构上是冷战遗留的资本主义阵营的主要载体，而且在国际事务的实践上一直没有改变冷战的运行模式。而美国两洋同盟所针对的最主要的实践目标，是中国、俄罗斯等被美国为首的西方国家看成是潜在的战略对手。只是这种冷战实践具有单方面性，而中国完

① 参看钮维敢、孙灿《美国两洋同盟演化与当代国际格局转型的再思考》，《太平洋学报》2014 年第 12 期。

全是被动地应对西方的冷战外交。俄罗斯也在遭受以美国为首的两洋同盟的冷战遏制与安全空间挤压中不得不采取强硬的应对措施，有时还会采取进攻性防御。

3. 之所以称为新冷战，是相较于冷战而体现出一些所谓新特征。

第一，主体的非对称性与攻守的非对称性。冷战结束以来的一系列冷战现象，不是两大阵营之间成建制较为对称性的互有攻守的对抗，而是美国领导资本主义阵营的两洋同盟对不同社会主义国家分别进行的遏制、威慑及颠覆渗透，而这些社会主义国家也相应地防御与抵抗这些敌对活动。也就是说，新冷战的两个主体的一方是成建制的美国两洋同盟，处于绝对优势的进攻姿态，而另一方常常是散兵游勇地各自被动地节节抵御，尽管偶有松散的双边或多边共同对抗美国的遏制，说明新冷战的主体是非对称的，且两者攻守也具有极强的非对称性。新冷战的单方面性表现在资本主义同盟在冷战后的安全观念中仍然认为西方世界受到威胁，因而同盟需要保持与优化，以便其遏制住或消灭掉威胁主体。[①]

第二，美国及其领导的两洋同盟与俄罗斯的攻守，在意识形态上不属于资本主义与社会主义的矛盾范畴，具有非冷战的成分。但俄罗斯是西方冷战阵营臆想下的非同质国家，而继承了众多的苏联遗产，因此，俄罗斯与美国及北约非热战的敌对和争斗，又带有冷战气息。这与冷战期间中苏与西方资本主义阵营敌对的情形有着一定的区别，主要是当代俄罗斯与中国在主流意识形态上有着本质的不同，而冷战期间中苏即使发生了同盟分裂与两国敌对，但在本质上仍然被西方认同为社会主义国家，且被西方定位为遏制的对象。

第三，由冷战时的经济上彼此深度孤立、对抗为主，转向在彼此经济深度合作交流中美国对中、俄进行频繁的冷枪暗炮攻击与遏制。冷战结束以来中美之间的经贸与投资关系日益发展成为当今世界最为重要的双边经济关系之一，这个关系不仅对两国，而且对全球经济发

① Stanley R. Sloan, *Nato in 1990s*, Pergamon-Brassey's International Defense Publishers, Inc. 1989, pp. 1 - 8.

展都是至关重要的，其相互依存程度，也是中美关系史上最高的。但是，几乎任何一项关于中国在国际经济格局中的外交政策与实践，都受到了美国遏制与刁难，无论是当年中国加入 WTO（前身是 GATE）的谈判，还是2008 年国际金融危机，抑或是关于国际经济体系的改革及人民币的国际角色变化，都是美国领导其盟国对华进行舆论中伤与外交羁绊，而且，美国与其重要盟国还在不断努力打造 TPP 与 TTIP 来孤立中国。对待俄罗斯，更是不遗余力地进行经济削弱与落井下石。

第二节　应对国际格局变动与美国两洋同盟演化带来的风险

一　美国两洋同盟的角色

本章第一节关于新冷战的探讨，其缘起与现实主角美国及其同盟体系在国际格局变动中的战略行为及其带来的国际影响有关。

冷战结束之后，不断出现关于新冷战的学术讨论与研究，尽管观点繁多杂陈，但可以确定的是，这种现象表明，人们在冷战两极格局瓦解后的国际格局演化态势上，还无法完全离开冷战这个国际关系学的术语。

从现有的文献看，持肯定新冷战存在的观点占多数，而持否定与怀疑的观点占少数。在认识到新冷战确实存在时，我们不能无限放大其主体范围，必须兼顾到其与冷战概念的关系，但前提是设定冷战概念的内涵与外延，才有讨论的必要与可能，同时，我们必须指出新冷战何以为新。

讨论新冷战是否客观存在的问题，不仅是因为冷战结束后的冷战现象不断出现，而且，更重要的是因为冷战结束的非平衡性造成美国两洋同盟及冷战的结构性条件都没有完全退去。最为重要的是，美国的冷战任务没有因为苏联为首的社会主义阵营解体而得以完成。① 因此，美国作为资本主义同盟体系的旗手，在其将自己的民主价值观对

① 钮维敢：《论美国冷战任务的完成》，《辽宁大学学报》2008 年第 5 期。

全球扩展作为一种利益源泉的条件下，美国自然会敌视中、俄等非同质国家，在保持美国全球政治经济运行的主导权上，与冷战后的历届美国总统一样。奥巴马曾经在谈到“9·11”事件之后美国军备财政预算时，赤裸裸表达了其目的就是保证美国的全球领导地位。[①] 因此，美国自然会从骨子里防范与遏制中国这样的正在不断崛起的异质国际行为体。这是新冷战的滋生、存在与不断发展的重要根源。

除非冷战彻底结束而消除了冷战的条件，即资本主义阵营及其意识形态上对社会主义国家的敌视都消失，或者社会主义国家全部消失，或者资本主义国家全部消失，或这两类国家都消失、转化成其他类型的国家，否则，在国别利益差别尚存时，冷战现象不会绝迹。

当冷战现象持续出现并发展成大规模的全球性对抗时，新冷战，起码新冷战的苗头存在，是不容任何人熟视无睹而客观存在的。并且，在剖析美国两洋同盟与当代国际格局变化趋势的背景下，从冷战遗留的视角，去挖掘当今冷战现象的本质，才可能按照学理逻辑有效认识新冷战的深层根源及其当今特征和未来趋势。

当今国际格局中的新冷战现象不断出现，主要是美国及其领导的两洋同盟抱定冷战思维，为了谋求单极霸权而采取冷战方法对异质国际行为体进行军事威慑、经济孤立甚至实施战争边缘政策。

如果说关于冷战的首先肇事者问题，还有很大很多的争议，那么，新冷战的缘起和推动者基本上可以断定是美国。这是由美国对外交对象的选择按照理解与认同法则来确定是否为同质国家来决定的，并且主动出击地要求或采取其他和平演变措施，以美国为代表的资本主义性质国家为蓝本来改变异质国家。这与冷战后的社会主义国家外交政策导向与实践的防御性，形成鲜明差别。

新冷战苗头中的美国是单极化力量的根本部分，其领导的两洋同

① Dana H. Allin & Erik Jones（2012）Chapter Five：Power，influenceand leadership，Adelphi Series，52：430－431，165－182，from：American power in decline?，Publisher：Routledge，Published online：22 Jun 2012，p. 165. http：//dx. doi. org/10. 1080/19445571. 2012. 701972 downloaded by［Smithsonian Institution Libraries］at 13：12 03 December，2014.

盟，常常扮演着追随美国的角色，但也会因为本国利益最大化而在一定时空游离出美国一边，而走向中国、俄罗斯等新兴国际行为体一边，有助于体现多极化的国际格局特征。这时，国际格局被表现为新冷战的分化，可能较多地显现多极化特征。反之，当美国及其领导的两洋同盟都处于经济发展的稳定与上升期，其总体实力强劲，且美国领导的两洋同盟较为稳固，在某些具体的国际大事件上就会体现新冷战资本主义“阵营”的较强攻势，但在经济、全球气候，反恐等非传统安全领域，则不得不与美国臆想下的异质国家“和平相处”，或者在美国为首的资本主义阵营处于经济发展周期的低谷阶段，美国对外的进攻性会总体上减弱，甚至处于防御态势，这一定程度上可以体现多极化。

二　中国面临的挑战

中国在冷战还没结束时就开始放弃冷战思维及冷战外交了。但这不能排除美国为首的西方阵营对中国实施的冷战外交，因而现实与未来中国面临着美国为实现单极化诉求所带来的国际关系挑战。①

（一）在经济领域，除了要规制新兴大国经济之外，单对中国而言，TTIP和TPP将对中国经济崛起构成合围态势

从中国自身看，TTIP客观上妨害中国的全球战略，最重要的是影响中国与欧盟及美国的双边关系。中国长期以来致力于探索中美合作的可行性，虽然在投资、贸易及反腐方面取得一些进步，但一直未能签署正式的FTA协议；虽然2013年中国与欧盟公布《中欧规划》（全称《中欧合作2020战略规划》），成为中欧新时期良好合作的开端，但其内容太宽泛，实质性内容不多。而欧美构建TTIP，客观上形成挤压欧中、美中的双边合作之势，这是由于传统经贸关系加上意识形态同质性，欧美着力打造TTIP，造成他们难以用更多的精力来拓宽和加深欧中、美中双边合作。

① 本部分的主要思想已发表，请参见钮维敢《中国和平发展与美国亚太经济战略调整》，《甘肃社会科学》2016年第4期。

从环太平洋有重大影响的国际行为体看，由于欧美本来就是现存国际经济体系的主导者，而TTIP一旦构建成功后所产生的综合影响力，会极大地耗散中国这样的新型国家对这些行为体的经济影响力。那些与美国保持同盟或准同盟关系的环太平洋国家，如日本、加拿大、澳大利亚、墨西哥等，极有可能在美国借助TTIP对世界经济操控能力激增的情况下，疏离与中国经贸关系。这些国家大多是TPP的成员国或谈判国。其中不乏一些国家如日本、菲律宾及越南等国，还与中国有着零和性的矛盾。如此的态势，有利于美国未来将TTIP和TPP进行整合，不断修订规则，采取更加排外的高端准入制度，对华形成全球性的经济封锁。

那些长期扮演游移角色的国际行为体，诸如印度、菲律宾、越南及其他东盟成员，也可能游移到美国或欧盟一边而使中国—东盟及其他涉华的双边FTA空心化。

从其他发展中国家与地区看，同样，在现实利益驱动与安全关切的影响下，它们必须面对一个经济庞然大物TTIP与TPP的高压权威、利益分享，也不得不考虑如何站队才能给自身发展更多地加分这个问题。因此，在对外经济关系的方向定位及选择合作伙伴时，将不得不考虑这些现实因素，这无论是在主观上还是客观上都存在弱化与中国关系的可能。

如果说这三种视角得出的结论是带有感性成分地推测了TTIP与TPP会削弱中国在WTO及其他经贸协定中的地位与作用，那么，已有的更为理性的定量研究成果表明，“TTIP对中国的总体经济造成负面影响，其中对GDP的冲击在－0.32%——0.41%，对出口的冲击在－0.2%——0.24%，对进口的冲击更大，在－0.32%——0.4%之间；分行业看，TTIP对农业初级产品和加工食品影响较小，对服务贸易影响较大”[①]。而TPP在现有成员国每年的GDP总和已经占APEC的70%以上，其对外的高关税壁垒及内部成员间的优惠，将带给中国亚太经贸的损失更加严重。

---

① 陈虹等:《TTIP对中国经济影响的前瞻性研究——基于可计算一般均衡模型的模拟分析》,《国际贸易问题》2013年第12期。

所以，TTIP与TPP存在侵蚀中国在全球经济战略的潜能，对中国发展形成遏制与孤立之势。

（二）在军事安全领域，美国在冷战时期打造的旧金山体制——亚太双边同盟链，及在跨大西洋组建的北大西洋公约组织，在冷战结束后，继续为美国全球利益服务

就中国周边而言，美国用其领导的亚太双边同盟链，以中国与日本、韩国，及东盟相关国家的海洋领土争端为切入点，从冷战结束以来就怂恿、支持这些国家不断将相关争端放大、升级，尤其是美日同盟不断进行修订与优化，将同盟由原先战略防御设计，转变成针对中国崛起进行遏制的战略进攻态势，由日本本土扩展到日本周边，再扩展到钓鱼岛、台湾海峡，直至南海，日本在其中由仆从国渐渐转变为与美国趋于平等的战略协同进攻同盟。这造成从东海、台湾海峡到南海涉华领土主权完整的争端上，中国随时面临美日等国的安全威慑乃至突发战争。

不仅如此，美国的其他盟国也牵涉其中，尤其是澳大利亚随从美国、日本卷入南海争端与东海争端，毫不掩饰地宣称并实践对中国军事恫吓，且与日本、美国、菲律宾等国正在谋划将原来的多个双边同盟叠加成为多边网状同盟，对中国的海洋主权及发展远洋事业构成封喉式扼杀。

与此同时，美国及其领导的同盟成员，还在中国周边的非美国同盟国家进行安全战略渗透，从中国陆上周边构建对华战略收缩的弧形收缩圈。最为典型的是在缅甸、印度及蒙古的外交上，已经逐步显示出对中国的现实安全隐患，并不时产生边境摩擦。美国、日本的缅甸、印度外交，促使其在与中国边境的安全问题上不断袭扰中国，不时试探性地触及中国安全底线。而在中国的背部一侧的蒙古国，美日韩都在冷战后积极争取拉拢之，而且美国还与蒙古国进行较为频繁的军事演习。这无疑是借蒙古国地缘打入威慑中国安全的楔子。加上美国曾经在阿富汗战争期间利用中亚国家的军事基地所形成的战略关系，在中国陆地周边形成了一个弧线战略收缩圈，与对中国海上战略围堵圈合围对接，基本在海陆对接后呈现出一个对华战略安全的圆形包围圈。

（三）其他影响

在意识形态方面，美国的两洋同盟基本上不认同中国的政治体制，尤其是美国政治高层长期以来对中国民主法治微词不断，并且对中国进行文化渗透，通过大众媒体、文化产品夹带西方价值观侵蚀中国优秀传统文化，摧折中国精神文化的精髓；在对中国国内的分裂分离主义势力和暴恐分子的境外活动上，美国、日本等西方大国长期以来采取不同方式大力支持“藏独”、“疆独”以及“台独”、“港独”势力，企图分裂和肢解中国；在国际舆论上，或唱衰中国，或大肆蛊惑和捏造中国“威胁”论抹黑中国。

以上对中国的几方面影响，常常是综合地发酵，而不是孤立起作用的。

第六章　总结

一　本研究的学术探索

本研究是从发现相关当代国际格局变化与美国两洋同盟的现实问题及理论缺点而提出问题。针对问题，本课题对国内外相关研究文献进行了追踪与梳理，并对其成就与不足进行了评价，在评价的基础上提出自己的学术研究思路与框架。同时，也探讨了本研究的现实与理论意义。在现实上，本研究成果有利于中国在关注国际层面的国家安全时，能系统且清晰地认识冷战结束以来的国际关系发展总体走势；在理论上，借鉴先进成果的同时，分析现有关于国际格局性状的学术判定误区，纠正因此误导而长久存在的大众舆论偏差。

1. 在纠偏纠差时，本课题也自然地形成了些许创新之处。

首先，本研究从理论上得出结论——当代国际格局是两种趋势并存，这两种趋势中有三支力量角逐；对应于这种论断，创建出直观模式图，以此直观体现出冷战结束以来的当今国际格局转型趋势。

其次，本研究对已有的美国霸权护持理论进行了修正，创建出冷战结束以来的美国安全护持理论。为此精心地进行了理论假设——结合亚太地区国际关系（尤其是美国的亚太同盟外交实践）进行了逻辑推理，再用美国跨大西洋外交战略实践（尤其是北约外交实践）验证了推理结论。

2. 在主要研究内容与方法及技术路线方面，本研究把美国全球战略中的重要冷战遗留——冷战思维，既作为美国两洋同盟的重要特征，用以维护其国际“领导权”，又将其作为一个串接所有研究内容的连线，贯穿于整个研究进程的始终。

3. 在军事安全同盟上，美国及其重要盟国继承了冷战遗留的两洋同盟，随着国际关系的变化，为维持美国的全球主导权，让盟国分享安全保护，在不同阶段对同盟进行修订与优化。这个过程的前提是塑造假想敌——构建出美国臆想的潜在对手。然后，利用具体的争端，集结同盟军事力量，进行军事部署，威慑和遏制潜在对手。美国两洋军事同盟的这种运作，也能够牵制盟国，为美国的国际主导权稳固与扩大服务。

4. 在经济同盟的再构建上，2008 年国际金融危机爆发之后，美国开始组建两洋经济同盟 TPP 和 TTIP，这不仅是以美国为首的资本主义大国经济发展与国家利益的目的所在，更是对国际经济格局与经济规则的再改造，同时规制新兴经济体，遏制中国经济崛起。

5. 为了厘清国际格局变化的趋势及主要国际行为体之间关系，本研究对一些关键概念，如冷战、冷战现象、新冷战、冷战遗留问题以及国际格局等，进行了重新界定。

二 研究的主要内容

本研究在总结现有研究成果的基础上，借助冷战结束以来的国际关系实践，将当今国际格局的主角分成三个势力群落，即要求多极化的力量、要求单极化的力量与夹在这两者之间的中间游移力量，并对这三支力量的基本状况与相互关系进行了介绍，还创建了直观模式图来辅助，深入阐述当今国际格局性状，为科学地挖掘出整个论证背景奠定基础。

1. 国际格局的基本力量结构。单极化力量与多极化力量的竞争是一个动态的演化过程，其趋势不仅仅是由各自综合力量的消长来决定的，不仅关联各个行为体自身的经济、军事、政治与文化等实力的变化，而且，各个重要国际行为体吸引中间游移力量，促使其或其一部分力量的游移方向，或保持或变化；如果中间游移力量的运行方向朝着单极化力量位移，那么就有可能有利于彰显单极化力量的诉求，反之，则会彰显多极化力量的诉求。在这里，本研究还强调了，三支力量的构成及特性，尤其重视中间游移力量的重要性。

国际格局变化的动力源于各个国际行为体的利益诉求及其驱动下的国际实践所造成的重大国际行为体间的相对关系调整。

2. 冷战后国际格局中存在大量的冷战遗留因素，致使当今国际格局变化尘埃未定。冷战遗留的美国两洋同盟与冷战思维，是当今国际格局难以保持多极化常态的重要原因。美国及其国家利益是两洋同盟存在与发展的主要因素，这是当今国际格局单极化力量的根本所在。那么，维护和保持美国在国际事务中的主导地位，就成为单极化的根本任务。冷战后围绕这种主导地位，逐渐形成了美国两洋同盟运行的安全护持战略行为模式。

本研究借鉴现有研究成果中的霸权护持概念的优点，在对其进行补充与修订的基础上，先假设出新概念安全护持，并主要从国际系统进程这个维度，用亚太国际关系的历史与现实作为佐证，围绕制衡行为，论证了假设的可行性，然后用美国领导的跨大西洋同盟在冷战结束以来的国际关系对假设概念进行扩展讨论，再用美国的南海外交行为对概念假设再进行验证，从而完成了假设论证到验证的过程。这样本研究所创造出的安全护持概念在文章截稿时往前直至冷战结束的这个历史时段内，是具有较为科学的全覆盖性的解释力。

3. 借助于上述对关键概念的界定，根据对当今国际格局性状的判断性论证，围绕创新出的美国安全护持概念的核心——美国在国际及地区主导权，本研究对美国两洋同盟战车的四个轮子——两洋经济同盟与两洋军事安全同盟，进行了详细论证。

（1）2008 年国际金融危机爆发以来，西方大国经济受到重创，美国两洋同盟总体实力相对下降，单极化趋势在国际格局变化中难以占据主导地位；为了维持美国经济主导权，支持两洋军事同盟在全球的绝对优势，美国推动两洋同盟经济合作构建与调整。

在环太平洋地区，推动建立 TPP 经济圈，在跨大西洋地区，推动 TTIP 谈判。TPP 与 TTIP 都是按照西方发达国家资本主义民主价值观的经济规则，重新设立的经济原则与机制。由于 TPP 与 TTIP 的经济规模超大，这两个经济同盟一旦正式谈判成功并运行，将对国际经济格局进行外科手术式的大改造。由于 TPP 和 TTIP 是立足于维护与扩大西方大国利益的，其产生的外溢效益不可避免地会影响到中国在全球和亚太地区的经济影响力与经济利益。但是中国是世界第二大经济体，中国的经济体量与全球影响，也是TPP和TTIP难以回避的。

针对TPP与TTIP将对中国产生的负面影响，围绕做强国内，经营好海外这两个方面，本研究专门提出了一系列应对性建议。

（2）美国调整和重构其领导的两洋经济同盟，与其领导的两洋军事同盟是相得益彰的。正是经济的盛衰变化，从根本上影响军事的扩张与收缩，从而影响整个国际格局的变化态势。

本研究考察了冷战结束以后的历次重大国际安全事件，以2008年国际金融危机爆发为界限标志，总体上将单极化力量在国际格局竞争中的运行历程分为两段，前面的阶段性历程基本上表现为单极化诉求的彰显期，后面的历程则是其黯淡期。美国两洋同盟在单极化的运行中所呈现的阶段性不同现象，与世界经济格局变化几乎有着同步性。

由于美国引领科技前沿，常常进行着信息技术的突破，美国将知识经济作为新经济的领军者，并且发挥金融潜能，利用美元的全球经济霸权优越性，致使整个20世纪90年代美国经济处于发展的又一个黄金期，其政府收入激增，财政预算宽松，军费开支充裕。

而美国发展黄金期的经济外溢效应，也使得其两洋军事同盟的凝聚力增强，在一些重大国际安全事务中，美国的单极化意愿得以推行与实践。

但是，2007年美国爆发次贷危机，引发2008年的国际金融危机，使全球经济衰退，美国及其盟国经济更是受到重创，因此，美国大多数盟国的军费开支大为缩水，军事支撑疲软，总体上对国际重大安全问题出现了由扩展转向收缩。

（3）冷战结束以来的国际格局态势，单极化与多极化的互动竞争，这都与冷战遗留的美国两洋同盟有着紧密的关系。在这个研究领域，尽管一直以来，都没有成为学术前沿的研究主流，但自冷战结束以来，从来都没有停止过对冷战遗留问题的讨论，尤其是近几年，随着乌克兰危机持续炽热化，国内外关于新冷战的研究逐渐热络起来；

乌克兰危机似乎与欧洲安全更加关切一些，相应的是，亚太地区也长期存在新冷战的问题，朝鲜半岛问题、冷战遗留的领土主权争端、台湾问题、中国“威胁”论等，都关乎着新冷战的讨论。

本课题对当今国际格局到底是否是新冷战，进行了学术研究方面的梳理。总体上看，学术界对待苏联解体以来国际格局的新冷战问题，有两类看法：第一类认为不存在新冷战，第二类认为存在新冷战。肯定新冷战存在的观点，又分为美俄新冷战论、中美新冷战论、美法新冷战论、美国伊朗新冷战论等。这些观点的最大缺点都在于没有研究新冷战的前提性概念，对冷战概念的内涵、外延进行无限制的随意取舍，进而对新冷战进行随性的诠释来描述与判断当今国际格局性状。更为重要的是，肯定新冷战存在的观点，也没有回答关键问题，即新冷战新在什么地方，为什么？

新冷战的存在与否，不单单是以时间这个标尺来衡量的。从美国两洋军事同盟看，它是从冷战直接遗留下来的，在冷战结束以后，也没有褪去冷战的主要功能。如果同意将冷战看成资本主义国际行为体与社会主义国际行为体彼此之间对峙、相互遏制的敌对、竞争等非战争状态，如果不排除中国也曾经是冷战重要角色之一，那么，我们难以回避当今国际格局中的冷战现象。

冷战现象在冷战时代结束之后并没有绝迹，而且因为冷战遗留问题的不断发酵而时常出现。冷战主体条件资本主义国际行为体与社会主义国际行为体都没有因为冷战格局瓦解而消失；冷战作为宏观的国际格局瓦解具有区域差别性，在亚太地区不仅大量的冷战问题没有解决，而且亚太安全格局就是直接承袭了冷战架构。而且，这其中两种性质的国际行为体之间存在严重的利益差异、分歧与矛盾。这些是冷战结束以来冷战现象不断的硬件条件。

如果一种现象持续不断，并在较长的历史时期产生大规模的全球性影响的话，那么，这种现象的特征应该成为概括性描述这一历史时期的重要因子。因此，如果冷战现象持续影响着冷战两极格局瓦解以来的国际格局变迁，那么，人们议论新冷战问题，也是在所难免的学术研究的重要使命了。

（4）近年来新冷战国际格局的逐渐显现，也正是当今国际格局两种趋势并存三支力量角逐的体现。新冷战的现实条件是具备的，但更要考察其过程。新冷战的新不仅是时间问题，也是其内容的新。

本研究从进程中梳理出新冷战的特征，不仅是以冷战结束作为参照物，更重要的是，新冷战的主体的复杂性：资本主义国际行为体的冷战直承性，而除了社会主义国际行为体，还有就是像俄罗斯这样的国际行为体，其国家性质不具有社会主义的特性，但仍然在美国为首的资本主义阵营冷战外交的覆盖范围内，而且，在对峙与相互扼杀的博弈中，当今新冷战的敌对行为体之间的利益交集的程度较冷战时期更加高深。从这一点看，新冷战要是采用战争边缘的遏制手段，其成本比冷战期间要更加高昂，尽管当今美国领导两洋同盟仍然在不遗余力地加大军事威慑与遏制的筹码。

另一个更加显著的新冷战特点是，社会主义国家对外的意识形态扩张在冷战结束之后已经微乎其微，甚至有的国家如中国已经在话语与实践上都摒弃了意识形态外交。而相反，资本主义国家在冷战之后却在意识形态扩张上有增无减，造成新冷战中的非资本主义国际行为体基本上处于意识形态安全的防御态势。

三　新冷战苗头是当今国际格局发展态势的显著表现之一

新冷战原发性的主要因素在于美国单极化意愿及其实践。为此，美国不但利用冷战遗留的军事机器两洋军事同盟，而且，针对已有国际经济格局不太有利于美国而积极主导打造两洋经济同盟 TPP 和 TTIP，在军事与经济上同时围堵新兴国家的崛起，构建扼杀中国的圆形包围圈。在对待俄罗斯上，西方从冷战刚结束就用北约东扩不断蚕食俄罗斯外围安全缓冲带，其中较为显著的是 1999 年爆发了科索沃战争，美国领导的北约以绝对优势压制住俄罗斯与中国对科索沃问题的主张，彰显出单极化的意愿。

作为被动的新冷战对象，中国采取了合作共赢的积极外交战略，在安全上创设了上海合作组织，与俄罗斯及中亚邻国协商解决了边界领土纠纷；在经济上与亚太国家、俄罗斯签署不同级别的自由贸易协定，积极组建金砖国家机制与金砖银行，与欧盟、非洲及南美定期举行经济论坛，积极支持亚洲相互协作与信任措施会议（简称亚信会议），又牵头组建亚洲基础设施投资银行，积极帮助欧盟解决主权债务危机，不遗余力援助希腊经济困局等，都说明中国在有效地应对与反制冷战后美国主导遏制中国崛起的新冷战，较为明晰地反映了多极化与单极化两种趋势的竞争。

俄罗斯在国际事务中，尤其在关涉俄周边安全空间萎缩上，与美国及其领导的同盟针锋相对，虽然在科索沃问题上俄罗斯因当时国力受限难以抵抗美国及北约的攻势，但在格鲁吉亚的南奥塞梯和阿布哈兹问题上，俄断然出兵并操控其独立，而在乌克兰危机中，俄罗斯更是毫不相让，将克里米亚收入版图，并坚决顶住美国为首的同盟国大规模长时间的制裁及频繁的边界军演威慑。

2015 年 7 月世界六大国与伊朗签署核问题协议，之前不久美国与古巴建立大使级外交关系，再往前推是美国与越南的关系缓和、进入“蜜月期”，这些国际关系令人回忆起 20 世纪 70 年代之际的美国与中国关系变化及其对苏联的影响。美国与伊朗、古巴、越南关系的缓和，并不代表美国放松了对这些国家的遏制，戒心也没有消除，而是有利于美国在实力阶段性下降时更好地抽出手来经营亚太“再平衡”战略，同时对俄遏制，更好地运行两洋同盟来实施美国的安全护持战略行为模式。

但是几乎与伊核协议签署同时，上海合作组织乌法峰会扩大成员国、与金砖国家组织归并，建立了全方位的金砖国家关系，重整着国际格局的多极化力量，使之趋向凝聚。还有不可忽略的是，中国不仅启动了“一带一路”的实施，还主导建立运行了亚投行，得到国际社会的高度关注与热烈响应，在国际关系舞台上构成了与美国领导的两大同盟体系的新局面，而且，中国还要积极加入到 TPP 中去，稀释其对华孤立的作用。

上述表明，新冷战虽然不是冷战，但有着冷战的一些特征，其经济合作的一面与政治安全方面的暗斗共生共存着。

主要参考文献

一　中文文献

白建才：《冷战结束时间辨析》，《陕西师范大学学报》（哲学社会科学版）1996 年第 2 期。

陈峰君：《亚太概念辨析》，《当代亚太》1999 年第 7 期。

仇朝兵：《九一一事件后美国对印度尼西亚的公共外交》，《美国研究》2007 年第 2 期。

仇朝兵：《美国对印度尼西亚军政关系民主化改革的影响》，《美国研究》2008 年第 3 期。

达巍：《美对华战略远非“遏制”那么简单》，《环球时报》2014 年 7 月 9 日第 14 版。

戴德铮：《当代世界格局与国际关系》，武汉大学出版社 2001 年版。

归宿：《2014 中美外交是“双倍下注”还是引发“噩梦”?》，《青年参考》2014 年 2 月 19 日第 3 版。

洪邮生：《中美战略竞争如何避免？——从休·怀特的“中美分权”论谈起》，《现代国际关系》2013 年第 12 期。

侯惠勤等：《国外马克思主义意识形态研究著作评析》，中国社会科学出版社 2015 年版。

黄平、倪峰：《美国问题研究报告（2012）：美国全球及亚太战略调整》，社会科学文献出版社 2012 年版。

黄一映：《冷战后美国东亚霸权护持与台湾问题》，《台湾研究集刊》2007 年第 2 期。

李慎明：《全球化背景下的中国国际战略》，人民出版社 2011

年版。

李慎明等：《全球政治与安全报告》，社会科学与文献出版社2014年版。

李向阳：《亚太地区发展报告（2013）》，社会科学文献出版社2012年版。

李晓、李俊久：《美国的霸权地位评估与新兴大国的应对》，《世界经济与政治》2014年第1期。

廖小健：《冷战后的马美关系与马来西亚的外交策略》，《外交评论》2006年第6期。

林毅夫、俞可平等：《大秩序：2015年后的中国格局与世界新趋势》，江苏凤凰文艺出版社2014年版。

刘丰：《大国制衡行为：争论与进展》，《外交评论》2010年第1期。

刘锋：《南海开发与安全战略》，学习出版社/海南出版社2013年版。

刘会军：《权力运用与美国霸权地位的维持——兼论奥巴马政府外交政策的转变》，《美国研究》2010年第4期。

刘卿：《美越关系新发展及前景》，《国际问题研究》2012年第2期。

蒲晓宇：《霸权的印象管理——地位信号、地位困境与美国亚太再平衡战略》，《世界经济与政治》2014年第9期。

祁怀高：《冷战后中美在东亚的制度均势及对中国的启示》，《世界经济与政治》2011年第7期。

秦亚青：《霸权体系与国际冲突——美国在国际武装冲突中的支持行为（1945—1988）》，上海人民出版社1999年版。

秦亚青：《权力·制度·文化：国际关系理论与方法研究文集》，北京大学出版社2005年版。

尚书：《国际格局多极化走向》，时事出版社2010年版。

石斌：《共同安全的困境——论当代国际安全的文化价值基础》，《国际安全研究》2013年第1期。

苏长和：《对外政策的国际根源——读〈霸权体系与国际冲突〉》，《美国研究》2000年第3期。

苏若林、唐世平：《相互制约：联盟管理的核心机制》，《当代亚太》2012 年第 3 期。

唐世平：《国际政治的社会进化：从米尔斯海默到杰维斯》，《当代亚太》2009 年第 4 期。

唐世平、王明国、毛维准：《国际制度研究需要准确地翻译》，《中国社会科学报》2012 年 9 月 12 日第 B03 版。

陶文昭：《信息时代的资本主义研究》，社会科学文献出版社 2011 年版。

王缉思、牛军：《缔造霸权——冷战时期的美国战略与决策》，上海人民出版社 2013 年版。

王义桅：《超越均势：全球治理与大国合作》，上海三联书店 2008 年版。

吴士存：《南沙争端的起源与发展》，中国经济出版社 2013 年版。

吴心伯：《冷战结束之初美国亚太战略的转变》，《美国研究》2002 年第 3 期。

吴泽林、钮维敢：《冷战遗留的美菲同盟与南海局势变化》，《和平与发展》2012 年第 3 期。

许海云：《北约简史》，中国人民大学出版社 2005 年版。

薛力：《“双轨思路”与南海争端的未来》，《世界知识》2014 年第 17 期。

薛志亮：《战略范式的四种基本维度》，《解放军报》2010 年 10 月 7 日第 2 版。

严书翰：《经济全球化背景下社会主义与资本主义关系》，当代世界出版社 2003 年版。

阎学通：《权力中心转移与国际体系转变》，《当代亚太》2012 年第 6 期。

杨卫东：《全球化时代的语言文化帝国主义》，《国际论坛》2013 年第 4 期。

俞邃：《当今围绕世界格局问题的争议》，《当代世界》2012 年第 8 期。

喻常森等:《当代亚太国际关系与地区合作》，中山大学出版社 2008 年版。

张宏毅等:《意识形态与美国对苏联和中国的政策》，人民出版社 2011 年版。

张世平:《金融危机与国际政治格局》，军事科学出版社 2009 年版。

张勇:《为美国霸权的“持续性”而谋——〈对外政策始于国内：打理好美国内务〉评介》，《美国研究》2013 年第 4 期。

赵明昊:《迈向“战略克制”?——“9·11”事件以来美国国内有关大战略的争论》，《国际政治研究》2012 年第 3 期。

中国现代国际关系研究院:《北约的命运》，时事出版社 2004 年版。

周凡:《重读葛兰西的霸权理论》，《马克思主义与现实》2005 年第 5 期。

周丕启:《合法性与霸权的衰落》，《世界经济与政治》2005 年第 3 期。

周丕启、张晓明:《国际关系中的和平、稳定与安全》，《国际政治研究》2004 年第 2 期。

周琪:《冷战后美国南海政策的演变及其根源》，《世界经济与政治》2014 年第 6 期。

周琪、李枏:《约瑟夫·奈的软权力理论及其启示》，《世界经济与政治》2010 年第 4 期。

［美］波斯纳:《资本主义的失败》，北京大学出版社 2009 年版。

［美］布热津斯基:《战略远见：美国与全球权力危机》，新华出版社 2012 年版。

［美］吉原恒淑、詹姆斯·霍姆斯:《红星照耀太平洋——中国崛起与美国海上战略》，钟飞腾、李志斐、黄杨海译，社会科学文献出版社 2014 年版。

［美］肯尼斯·华尔兹:《国际政治理论》，信强译，上海世纪出版集团 2008 年版。

［美］罗伯特·基欧汉：《霸权之后：世界政治经济中的合作与纷争》，苏长和、信强、何曜译，上海世纪出版集团 2012 年版。

［美］罗伯特·基欧汉、约瑟夫·奈：《权力与相互依赖》（第四版），门洪华译，北京大学出版社 2012 年版。

［美］罗伯特·卡根：《美国缔造的世界》，刘若楠译，社会科学文献出版社 2013 年版。

［美］斯蒂芬·沃尔特：《联盟的起源》，周丕启译，北京大学出版社 2007 年版。

［美］亚历山大·温特：《国际政治的社会理论》，秦亚青译，上海世纪出版集团 2008 年版。

［美］约翰·加迪斯：《遏制战略：战后美国国家安全政策评析》，时殷宏、李庆四、樊吉社译，世界知识出版社 2005 年版。

［美］约翰·米尔斯海默：《大国政治的悲剧》，王义桅、唐小松译，上海世纪出版集团 2008 年版。

［美］约瑟夫·奈：《硬权力与软权力》，门洪华译，北京大学出版社 2005 年版。

［美］詹姆斯·多尔蒂、小罗伯特·普法尔茨格拉夫：《争论中的国际关系理论》（第五版），阎学通、陈寒溪等译，世界知识出版社 2013 年版。

［意］马里奥·泰洛：《国际关系理论：欧洲视角》，潘忠岐、简军波、张晓通等译，上海人民出版社 2011 年版。

［英］巴里·布赞：《美国和诸大国：21 世纪的世界政治》，刘永涛译，上海人民出版社 2007 年版。

［英］杰弗里·蒂尔：《21 世纪海权指南》（第二版），师小芹译，上海人民出版社 2013 年版。

［英］苏珊·斯特兰奇：《国家与市场》（第二版），杨宇光等译，上海世纪出版集团 2006 年版。

二　英文文献

Adam B. Lowther, *The Asia-Pacific Century: Challenges and Opportu-*

nities, New York: Taylor & Francis Group, 2013.

Ajey Lele, Namrata Goswami and Rumel Dahiya, *Asia* 2030: *The Unfolding Future*, Harlem Ave. : The Lancer International Inc, 2011.

Amitav Acharya, "Nonhegemonic International Relations: A Preliminary Conceptualization", *SPAIS Working Paper*, 2008.

Andrew A. Michta, *The Limits of Alliance: The United States, NATO, and the EU in North and Central Europe*, New York: Rowman & Littlefield Publishers, Inc. , 2006.

Andrew O'Neil, *Asia, the US and Extended Nuclear Deterrence: Atomic umbrellas in the twenty-first century*, New York: Routledge, 2013.

Arun Bala, *Asia, Europe, And The Emergence of Modern Science: Knowledge Crossing Boundaries*, New York: Palgrave Macmillan, 2012.

Ashley J. Tellis, "Balancing without Containment: A U. S. Strategy for Confronting China's Rise", *The Washington Quarterly*, Fall 2013.

Ashley J. Tellis, Andrew Marble and Travis Tanner edit, "Asia's Rising Power and America's Continued Purpose", *Strategic Asia* 2010 – 11, (Seattle and Washington, D. C: NBR, 2010) .

Ashley J. Tellis, Travis Tanner and Jessica Keough, *Asia Responses To Its Rising Powers: China and India*, Seattle and Washington, D. C. : The National Bureau of Asian Research, 2011.

Bertrand De Montluc, *Asia and Europe Facing The Technological Revolution*, New York: Nova Science Publishers, Inc. , 2013.

Bjørn Lomborg, *Global Crises, Global Solutions*, New York: Cambridge University Press, 2009.

Brendan Taylor, "The South China Sea is Not a Flashpoint", *The Washington Quarterly*, Spring 2014. Clenn H. Snyder, "Mearsheimer's World-Offensive Realism and the Struggle for Security: A Review Essay", *International Security*, Vol. 27, No. 1, 2002.

Charles A. Kupchan, *No One's World: The west, the rising rest and the coming global turn*, New York: Oxford University Press, 2012.

Charles K. Armstrong, Gilbert Rozman, Samuel S. Kim and Stephen Kotkin, *Korea at the Center: Dynamics of Regionalism in Northeast Asia*, New York: M. E. Sharpe, Inc. , 2006.

Christian Reus-Smit and Duncan Snidal, *The Oxford Handbook of International Relations*, Oxford: Oxford University Press, 2008.

Christopher M. Dent and Jörn Dosch, *The Asia-Pacific, Regionalism and the Global System*, Northampton: Edward Elgar Publishing, Inc. , 2012.

Cynthia J. Arnson, *In the Wake of War: Democratization and Internal Armed Conflict in Latin America*, Washington, D. C. : Woodrow Wilson Center Press, 2012.

Darren L. Ewarte, Implications of A Changing Regional Architecture in East Asia, New York: Nova Science Publishers, Inc. , 2010.

David A. Lake, "American Hegemony and the Future of East-West Relations", *International Studies Perspectives*, Vol. 7, No. 1, 2006.

David A. Lake, *Hierarchy in International Relations*, Ithaca and London: Cornell University Press, 2009.

David Lai, *Asia-Pacific: A Strategic Assessment*, Carlisle: U. S. Army War College Press, 2013.

David P. Calleo, *Rethinking Europe's Future*, Princeton: Princeton University Press, 2001.

David Walton, *Australia, Japan and Southeast Asia: Early Post-War Initiatives in Regional Diplomacy*, New York: Nova Science Publishers, Inc. , 2012.

Dilip K. Das, *The Asian Economy: Spreading the recovery from the global financial crisis*, New York: Routledge, 2011.

Duncan Snidal, "The Limits of Hegemonic Stability Theory", *International Organization*, Vol. 39, No. 4, 1985.

Edward Lundquist, "The Power of Teamwork: International Partnerships Foster Better Relations, Build Capacity and Enhance Regional Security",

Seapower, December 2013.

Edward McDonald, *Learning Chinese, Turning Chinese: Challenges to becoming sinophone in a globalised world*, New York: Routledge, 2011.

Elton Skendaj, *Creating Kosovo: International Oversight and the Making of Ethical Institutions*, Washington, D. C.: Woodrow Wilson Center Press, 2014.

Evelyn Goh, "Power, Inertia and Choices: Advancing the Debate about China's Rise", *Security Challenges*, Vol. 9, No. 1, 2013.

Eyal Benvenisti, "The U. S. and the Use of Force: Double-edged Hegemony and the Management of Global Emergencies", *European Journal of International Law*, Vol. 15, No. 4, 2004.

Felix Chin, *Asian Economic and Political Development*, New York: Nova Science Publishers, Inc., 2011.

Felix Chin, *Political and Economic Developments in Asia*, New York: Nova Science Publishers, Inc., 2011.

Ferian A. Bell and Odan L. Richards, *U. S. and the Asia-Pacific Countries: Deepening Relations*, New York: Nova Science Publishers, 2012.

Fred Dallmayr and Zhao Tingyang, *Contemporary Chinese Political Thought: Debates and Perspectives*, Lexington: The University Press of Kentucky, 2012.

G. John Ikenberry, "Power and Liberal Order: America's Postwar World Order in Transition", *International Relations of the Asia-Pacific*, Vol. 5, No. 2, 2005.

G. John Ikenberry, Michael Mastanduno and Willian C. Wohlforth, *International Relations Theory and the Consequences of Unipolarity*, New York: Cambridge University Press, 2009.

G. John Ikenberry, Thomas J. Knock, Anne-Marie Slaughter and Tony Smith, *The Crisis of American Foreign Policy: Wilsonianism in the Twenty-first Century*, Princeton: Princeton University Press, 2009.

Gabriel Lafitte, *Spoiling Tibet: China and Resource Nationalism on the Roof of the World*, London & New York: Zed Books Ltd. , 2013.

Geir Helgesen and Hatla Thelle, *Dialogue With North Korea?: Preconditions for Talking Human Rights With a Hermit Kingdom*, Copenhagen: NIAS Press, 2013.

Geir Lundestad, *International Relations Since the End of the Cold War: New and Old Dimensions*, Oxford: Oxford University Press, 2013.

Geoffrey Till, *Asia's Navel Expansion: An Arms Race in the Making?*, New York: Routledge, 2012.

George W. Baer, *One Hundred Years of Sea Power: The U. S. Navy*, 1890 – 1990, California: Stanford University Press, 1994.

Gilbert Rozman, *East Asian National Identities: Common Roots and Chinese Exceptionalism*, California: Stanford University Press, 2012.

Gilbert Rozman, *National Identities & Bilateral Relations: Widening Gaps in East Asia and Chinese Demonization of the United States*, Washington, D. C. : Woodrow Wilson Center Press, 2013.

Gilbert Rozman, *Northeast Asia's Stunted Regionalism: Bilateral Distrust in the Shadow of Globalization*, Cambridge: Cambridge University Press, 2004.

Gilbert Rozman, *The Sino-Russian Challenge to the World Order: National Identities, Bilateral Relations, and East Versus West in the 2010s*, Washington, D. C. : Woodrow Wilson Center Press, 2014.

Gregory P. Davis, *Bangladesh: Conditions, Issues and U. S. Relations*, New York: Nova Science Publishers, Inc. , 2014.

Guang Wu, *USA-United States of Asia: An Asian Union Initiative*, New York: Nova Science Publishers, 2010.

Gülnur Aybet and Rebecca R. Moore, *NATO in Search of A Vision*, Washington, D. C. : Georgetown University Press, 2010.

Gustav Schmidt, *A History of NATO-The First Fifty Years*, New York: Palgrave, 2001.

Hal Hill and Maria Socorro Gochoco-Bautista, *Asia Rising: Growth and Resilience in an Uncertain Global Economy*, Northampton: Edward Elgar Publishing, Inc. , 2013.

Harinder S. Kohli, Ashok Sharma and Anil Sood, *Asia* 2050: *Realizing the Asian Century*, New Delhi: SAGE Publications India Pvt Ltd, 2011.

Henry R. Nau and Deepa M. Ollapally, *Worldviews of Aspiring Powers: Domestic Foreign Policy Debates in China, India, Iran, Japan and Russia*, New York: Oxford University Press, 2012.

Ian Goldin, *Divided Nations: Why Global Governance is Failing, and What We Can Do About It*, Oxford: Oxford University Press, 2013.

Inderjeet Parmar, "Foundation Networks and American Hegemony", *European Journal of American Studies*, Vol. 7, No. 1, 2012.

Jack F. Matlock, Jr. , *Superpower Illusions: How myths and false ideologies led America astray-and how to return to reality*, New Haven & London: Yale University Press, 2010.

James Bellacqua, *The Future of China-Russia Relations*, Lexington: The University Press of Kentucky, 2010.

James Clay Moltz, *Asia's Space Race: National Motivations, Regional Rivalries, and International Risks*, New York: Columbia University Press, 2011.

James D. Llewelyn, *Japan's Evolving Notion of National Security*, New York: Nova Science Publishers, Inc. , 2010.

James E. Bruno, Osher Doctorow and Christhart H. Kappner, "Use of Dimensional Analysis in Social Science Research", *Socio-Economic Planning Sciences*, Vol. 15, Issue. 3, 1981.

Jeffrey A. Bader, *Obama and China's Rise: An Insider's Account of America's Asia Strategy*, Brookings Institute Press, 2012.

Jeffrey Bader, Kenneth Lieberthal and Michael McDevitt, "Keeping the South China Sea in Perspective", *The Foreign Policy Brief of Brookings*,

August 2014.

Jehoon Park, T. J. Pempel and Geng Xiao, *Asian Responses to Global Financial Crisis: The Impact of Regionalism and the Role of G20*, Northampton: Edward Elgar Publishing, Inc., 2012.

Jin-Hyun Paik, Seok-Woo Lee and Kevin Y. L. Tan, *Asian Approaches to International Law and the Legacy of Capitalism: The law of the sea, territorial disputes and international dispute settlement*, New York: Routledge, 2013.

John Malcolm Dowling and Pradumna Bickram Rana, *Asia and the Global Economic Crisis: Challenges in a Financially Integrated World*, New York: Palgrave Macmillan, 2010.

John R. Deni, "The Future of American Landpower: Does Forward Presence Still Matter? The Case of the Army in Europe", *U. S. Army War College Strategic Studies Institute Monograph*, 2012.

Jørgen Ørstrøm Møller, *How Asia Can Shape The World: From the Era of Plenty to the Era of Scarcities*, Singapore: ISEAS Publishing, 2011.

Joseph S. Nye Jr., *The Paradox of American Power: Why The World's Only Superpower Can't Go It Alone*, New York: Oxford University Press, 2002.

Juliet Eilperin, "U. S., Philippines reach 10 – year defense agreement amid rising tensions", *The Washington Post*, April 27, 2014.

Kemal Dervis, Masahiro Kawai and Domenico Lombardi, *Asia and Policymaking for the Global Economy*, Washington, D. C.: Brookings Institution Press, 2011.

Kent E. Calder, *Asia in Washington: Exploring the Penumbra of Transnational Power*, Washington, D. C.: Brookings Institution Press, 2014.

Kerry Brown, *Ballot Box China: Grassroots democracy in the final major one-party state*, London&New York: Zed Books Ltd., 2011.

Larisa Deriglazova, *Great Powers, Small Wars: Asymmetric Conflict*

Since 1945, Washington, D. C.: Woodrow Wilson Center Press, 2014.

Leong Yew, *Asianism and the Politics of Regional Consciousness in Singapore*, New York: Routledge, 2014.

Leszek Buszynski, "The South China Sea: Oil, Maritime Claims, and U. S. —China Strategic Rivalry", *The Washington Quarterly*, Spring 2012.

Leszek Buszynski, *Asia Pacific Security-Values and Identity*, (London and New York: Routledge Curzon Taylor &Francis Group, 2004).

M. Taylor Fravel, "The United States in the South China Sea Disputes", 6th *Berlin Conference on Asia Security Discussion Paper*, June 2012.

M. Taylor Fravel, "U. S. Policy Towards the Disputes in the South China Sea Since 1995", *RSIS Policy Report*, March 2014.

Margaret E. Stamlin, *Association of Southeast Asian Nations (ASEAN) and U. S. Interests*, New York: Nova Science Publishers, Inc., 2011.

Martin Wagener, "Inshore Balancing in the Asia-Pacific: U. S. Hegemony and the Regional Security Architecture", 5th *Berlin Conference on Asian Security Discussion Paper*, 2010.

Masahiro Kawai and Eswar S. Prasad, *Asian Perspectives on Financial Sector Reforms and Regulation*, Washington, D. C.: Brookings Institution Press, 2011.

Masahiro Kawai and Ganeshan Wignaraja, *Asia's Free Trade Agreement: How is Business Responding?*, Northampton: Edward Elgar Publishing, Inc., 2011.

Meredith A. Costa and Jeremy P. Sliva, *China, Taiwan and the Evolution of "One China" Policy*, New York: Nova Science Publishers, Inc., 2011.

Michael Barr, *Who's Afraid of China?: The Challenge of Chinese Soft Power*, London & New York: Zed Books Ltd., 2011.

Michael Fredholm, *The Shanghai Cooperation Organization and Eurasian Geopolitics: New Directions, Perspectives, and Challenges*, Copenhagen: NIAS Press, 2013.

Michael Haas, *Asian and Pacific Regional Cooperation*: *Turning Zones of Conflict into Arenas of Peace*, New York: Palgrave Macmillan, 2013.

Michael J. Green and Patrick M. Cronin, *The U. S. —Japan Alliance*: *Past*, *Present and Future*, New York: Council on Foreign Relations Press, 1999.

Michael J. Sullivan Ⅲ, *Measuring Global Values*: *The Ranking of* 162 *Countries*, (New York: Greenwood, 1991) .

Michael Quinlan, *European Defense Cooperation*: *Asset or Threat to NATO?*, Washington, D. C. : Woodrow Wilson Center Press, 2001.

Michael W. Dowdle, John Gillespie and Imelda Maher, *Asian Capitalism and the Regulation of Competition*: *Towards a Regulatory Geography of Global Competition Law*, New York: Cambridge University Press, 2013.

Mlada Bukovansky, Ian Clark, Robyn Eckersley, Richard Price, Christian Reus-Smit and Nicholas J. Wheeler, *Special Responsibilities*: *Global Problems and American Power*, Cambridge: Cambridge University Press, 2012.

Moazzem Hossain, Tapan Sarker and Malcolm Mclntosh, *The Asian Century*, *Sustainable Growth and Climate Change*: *Responsible Futures Matter*, Northampton: Edward Elgar Publishing, Inc. , 2013.

Nicholas Kitchen, "The Contradictions of Hegemony: The United States and the Arab Spring", *LSE IDEAS Report*, 2012.

P. Edward Haley, *Strategies of Dominance*: *The Misdirection of U. S. Foreign Policy*, Washington, D. C. : Woodrow Wilson Center Press, 2006.

Parag Khanna, *How to Run the World*: *Charting a Course to the Next Renaissance*, New York: Random House, 2011.

Patrick M. Cronin edits, "Cooperation from Strength: The United States, China and the South China Sea", *CNAS Report*, January 2012.

Patrick M. Cronin, Richard Fontaine, Zachary M. Hosford, Oriana Skylar Mastro, Ely Ratner and Alexander Sullivan, "The Emerging Asia Power Web: The Rise of Bilateral Intra-Asian Security Ties", *CNAS Report*,

June, 2013.

Patrick M. Cronin, *The China Challenge: Military, Economic and Energy Choices Facing the U. S. —Japan Alliance*, Center for a New American Security, April, 2012.

Patrick M. Cronin, "Challenges from US Alliance Management in the Western Pacific", *Security Challenges*, Vol. 2, No. 3, 2006.

Pitman B. Potter, *Assessing Treaty Performance in China: Trade and Human Rights*, Toronto: UBCPress, 2014.

Rand Arroyo Center, "Developing a U. S. Strategy for Dealing with China-Now and into the Future", *Rand Corporation Research Brief*, 2014.

Randall L. Schweller, " Bandwagoning for Profits: Bringing the Revisionist State back in", *International Security*, Vol. 19, No. 1, 1994.

Richard Jackson, "Culture, identity and hegemony: Continuity and (the lack of) change in U. S. Counterterrorism policy from Bush to Obama", *International Politics*, Vol. 48, No. 2/3, 2011.

Richard N. Haass, *Foreign Policy Begins at Home: The Case for Putting America's House in Order*, (New York: Basic Books, 2013) .

Robert Falkner, "American Hegemony and the Global Environment", *International Studies Review*, Vol. 7, No. 4, 2005.

Robert G. Sutter, *U. S. —Chinese Relations: Perilous Past, Pragmatic Present*, New York: Rowman & Littlefield Publishers, Inc. , 2010.

Robert Gilpin, *The Challenge of Global Capitalism: The World Economy in the 21st Century*, Princeton: Princeton University Press, 2000.

Robert Knowles, "American Hegemony and the Foreign Affairs Constitution", New York University Public Law and Legal Theory , *Working Paper*, January 28, 2009.

Robert S. Litwak, *Outlier States: American Strategies to Change, Contain, or Engage Regimes*, Washington, D. C. : Woodrow Wilson Center Press, 2012.

Rosemary Foot, S. Neil MacFarlane and Michael Mastanduno edit, *U. S.*

Hegemony and International Organiza- tions: The United States and Multilateral Institutions, (New York: Oxford University Press, 2003) .

Ross P. Buckley, Richard Weixing Hu and Douglas W. Arner, *East Asian Economic Integration: Law, Trade and Finance*, Northampton: Edward Elgar Publishing, Inc. , 2011.

Ryan Clarke, *Crime-Terror Nexus in South Asia: States, security and non-state actors*, New York: Routledge, 2011.

S. Mahmud Ali, *Asia-Pacific Security Dynamics in the Obama Era: A new world emerging*, New York: Routledge, 2012.

Samantha E. Marshall, *Taiwan-U. S. Relations*, New York: Nova Science Publishers, Inc. , 2010.

Sandra Destradi, "Empire, Hegemony, and Leadership: Developing a Research Framework for the Study of Regional Powers", *GIGA Working Paper*, June, 2008.

Sandra Destradi, Indian Foreign and Security Policy in South Asia: Regional power strategies, New York: Routledge, 2012.

Sandy Gordon, "The Quest for a Concert of Power in Asia", *Security Challenges*, Vol. 8, No. 4, 2012.

Satoshi Inomata, *Asia beyond the Global Economic Crisis: The Transmission Mechanism of Financial Shocks*, Northampton: Edward Elgar Publishing, Inc. , 2011.

Scott B. MacDonald and Jonathan Lemco, *Asia's Rise in the 21st Century*, California: Praeger, 2011.

Scott Jasper, *Conflict and Cooperation in the Global Commons: A Comprehensive Approach for International Security*, Washington, D. C. : Georgetown University Press, 2012.

Scott L. Kastner and Phillip C. Saunders, "Is China a Status Quo or Revisionist State? Leadership Travel as an Empirical Indicator of Foreign Policy Priorities", *International Studies Quarterly*, Vol. 56, No. 1, 2012.

Shi Cunwu and Ke Yuanzou, *Non-Traditional Security Issues and the*

South China Sea: Shaping a New Framework for Cooperation, Burlington: Ashgate Publishing Company, 2014.

Shiping Tang, "A Systemic Theory of the Security Environment", *The Journal of Strategic Studies*, Vol. 27, No. 1, 2004.

Sorpong Peou, *Peace and Security in the Asia-Pacific: Theory and Practice*, (California: Praeger, 2010).

Stacy Takacs, "Jessica Lynch and the Regeneration of American Identity and Power Post -9/11", *Feminist Media Studies*, Vol. 5, No. 3, 2005.

Stanley R. Sloan, *NATO in the* 1990*s*, Virginia: Pergamon-Brassey's International Defense Publishers, Inc., 1989.

Stefan Fröhlich, *The New Geopolitics of Transatlantic Relations: Coordinated Responses to Common Dangers*, Washington, D. C.: Woodrow Wilson Center Press, 2012.

Stephen Kotkin and Bruce A. Elleman, *Mongolia in the Twentieth Century: Landlocked Cosmopolitan*, New York: M. E. Sharpe, Inc., 1999.

Stephen Kotkin and David Wolff, *Rediscovering Russia in Asia: Siberia and the Russian Far East*, New York: M. E. Sharpe, Inc., 1995.

Stephen Kotkin, Steeltown, *USSR: Soviet society in the Gorbachev Era*, Berkeley & Los Angeles: University of California Press, 1991.

Stephen M. Walt, *Taming American Power: The Global Response to U. S. Primacy*, New York & London: W. W. Norton & Company, 2005.

Sumit Ganguly and William R. Thompson, *Asian Rivalries: Conflicts, Escalation, and Limitation on Two-level Games*, California: Stanford University Press, 2011.

Timothy W. Crawford, "Preventing Enemy Coalitions: How Wedge Strategies Shape Power Politics", *International Security*, Vol. 35, No. 4, 2011.

Tsai-Yu Lin, *Cross-cutting Issues under the WTO: Non-economic Concerns and Enhancement of Healthier Trade Ties*, Taipei: Angle Publishing Co. Ltd., 2012.

Tulus Tahi Hamonangan Tambunan, *Economic Crisis and Vulnerability: The Story from Southeast Asia*, New York: Nova Science Publishers, Inc. , 2012.

UYAMA Tomohiko, *Asiatic Russia: Imperial power in regional and international contexts*, New York: Routledge, 2012.

Virginia Cha and Jennifer Lien, *Asia's Entrepreneurs: Dilemmas, risks and opportunities*, New York: Routledge, 2013.

Wallace J. Thies, *Why NATO Endures*, New York: Cambridge University Press, 2009.

William A. Callahan and Elena Barabantseva, *China Orders the World: Normative Soft Power and Foreign Policy*, Baltimore: The Johns Hopkins University Press, 2011.

William Krist, *Globalization and America's Trade Agreements*, Washington, D. C. : Woodrow Wilson Center Press, 2013.

William T. Tow and Brendan Taylor, "What is Asia Security Architecture?", *Review of International Studies*, Vol. 36, No. 1, 2010.

Woosik Moon and Yeongseop Rhee, *Asian Monetary: Coping with a New Monetary Order after the Global Crisis*, Northampton: Edward Elgar Publishing, Inc. , 2012.

Yin-Wong Cheung and Guonan Ma, *Asia and China in the Global Economy*, Singapore: World Scientific Publishing Co. Pte. Ltd, 2011.

Yiping Huang and Shiro Armstrong, *Asian Financial Integration: Impacts of the global crisis and options for regional policies*, New York: Routledge, 2014.

Zbigniew Brzezinski, "Balancing the East, Upgrading the West: U. S. Grand Strategy in an Age of Upheaval", *Foreign Affairs*, January/February, 2012.

Zbigniew Brzezinski, *Strategic Vision: America and the Crisis of Global Power*, New York: Basic Books, 2012.

后　记

本人在长期从事国际关系研究与相关教学的基础上，获得国家社科基金立项、获得江苏政府留学金，并带领着自己的硕士研究生们，在朋友们和同事们的支持下，大家齐心协力，不断发表了一系列成果性论文，最终统合形成拙著。

本专著的研究团队凝心聚力、配合默契。作为本国家课题的主持人，钮维敢负责了课题的申请论证，立项后又独立建构了全部论证框架、确定了主要研究方法和研究视角，确定了每个章节的核心思想及不同章节的逻辑性联系。而且带领硕士研究生孙灿（现为江苏省社会科学院助理研究员、博士）、王学凯（现为中国社会科学院博士后、助理研究员），共同对课题进行研究，尤其是在推进课题研究过程中，在导师指导下，孙灿同学的硕士学位论文，直接被纳入到本书的专章中，最终这个部分的核心内容和思想在国关学界重要刊物《国际安全研究》上发表，还被中央党校《党政干部参考》摘录与推荐阅读，其硕士论文还获得 2015 年度江苏省百优硕士学位论文荣誉称号，产生了一定的学术影响。在全书中，孙灿博士撰写了两万五千字；王学凯同学与主持人合作，在世界经济方面，采用模型与博弈论等计量方法，形成了一系列研究成果，并在重要媒体《美国问题研究》、《国际展望》等学术期刊发表。其中，王学凯同学撰写了两万字；蔡瑞艳副教授不仅对文稿进行了大量资料搜集整理、外文翻译，而且撰写了一万五千字的内容并发表在核心期刊。这些部分之外的其他二十一万字书稿，全部是由钮维敢承担撰写的。除了上述直接撰写者之外，靳利华博士后在信息提供与资料渠道的搭桥方面给予了宝贵的支持。并且，关于出版合同签署，合作团队在态度上与课题主持人及本专著领衔者钮维敢保持一致。

本书作为国家课题研究成果，实际是主持人衍生自己学术体系的一个重要部分，因此，它得益于几位师长的悉心指导。华中师范大学黄正柏教授作为我的博士生导师，在我完成博士学位论文《东亚冷战遗留问题》之后的学术拓展研究中，尤其是在本国家社科基金课题申请的酝酿与论证申请中，多次提出了较为详细的修改建议，对这个课题的成功立项，起到了重要作用。西华师范大学李健教授和王明元教授，南京大学朱瀛泉教授，中国政法大学蔡拓教授和刘贞晔教授，中央党校高祖贵教授、王兆勤教授、赵磊教授和陈积敏博士，都对本研究的推进与成果的修改，给予了支持、鼓励与具体建议，极大地帮助了本课题的顺利完成和本书的出版。

得益于华东师范大学沈志华教授、李丹慧教授和美国长岛大学夏亚峰教授的诸多支持，本课题能够在美国伍德罗·威尔逊研究中心研究。

在威尔逊中心推进课题研究期间，Christian F. Ostermann 先生、J. Stapleton Roy 先生、Robert Daly 先生、Charles Kraus 先生、Susan. Shifflett（詹贻琛）女士、Lindsay Collins 女士、我的房东 Kathleen F. O'Reilly 律师，韩国学者陈浩民（Jin Hwal Min）等国外朋友予以了多方面的帮助与支持。

本书的出版得益于中国社会科学出版社许琳老师的关心、支持与悉心指导，尤其是在矫正与修改过程中给我们提供了宝贵的意见。黑龙江省社会科学院东北亚研究所的学者曹志宏也给本研究提出了许多有益的建议。我谨代表我的研究团队向这些老师们表示由衷敬意与诚挚感谢！同时，中国社会科学出版社的其他几位编辑在设计、编排、校审工作中付出了大量心血，我同样感谢他们的宝贵帮助！

本人现所在单位北京建筑大学与原所在单位中共江苏省委党校的许多同志对课题研究的推进及成果出版提供了一些支持，在此我向这些同志表示衷心感谢。

另外，我读硕士研究生时期的一位值得敬重的老师、挚友谢增寿教授一直关心着我的学术成长，他更加关心我的国家课题研究进展并予以指导。在课题结项的初稿出来时，我千里迢迢前去看望他，不料尊敬的谢老师在之前一月突然辞世。在此，谨以此书的出版，向他致以崇高的敬礼！永远怀念我这位可爱可敬的师长！

本书作者们为了其中的学术爱好而不计成本和得失。虽然本书也难以避免会有缺漏和错误，但全书是我们学术团队在长久爱好与持续学术激情的推动中，秉持着课题主持人的以下观念而完成的。那就是：尽量让每一分钟都充实，是因为我没有时间去浪费！尽力让每个朋友都快乐，是因为这是我的癖好之一！要让每个夜晚都生发出对明天的美好渴望，是因为既然我活着就不应该消沉！希望能让真实真诚注满我们曾经拥有过的每一个美好的日子，融进我们的血液，成为我们日常生活的必需品！此外，尽管我们殚精竭虑，但著述该书在采用和借鉴材料方面如果有疏忽与不当之处，还请各位方家海涵！也敬请相关的同行专家们在原谅我们的同时也请告知我们，我们一定改正！

以上每个人的辛勤与挚诚都凝聚在这本书的出版中，但愿本书能够为人们在认识美国两洋同盟体系在冷战后的演化及其影响到国际格局变迁上有所助益、在推动世界和平与发展及创新全球治理文明方面有帮助，并有利于维护中国的正当国际权益，对此，我一定会倍感荣幸与快乐。这必将是对我们学术爱好的极大满足、对我们研究激情的真实体现！

钮维敢

2020 年 5 月 6 日于北京大兴